开明教育书系

蔡达峰 ◇ 主编

办教育要有精神

吴研因教育文选

吴研因 ◇ 著　刘立德 ◇ 选编

开明出版社

"开明教育书系"丛书编委会

主　　任　　蔡达峰

副 主 任　　朱永新

委　　员　　张雨东　　王　刚　　陶凯元

　　　　　　庞丽娟　　黄　震　　高友东

　　　　　　李玛琳　　刘宽忍　　何志敏

丛书主编　　蔡达峰

"开明教育书系"
总　序

中国民主促进会（以下简称民进）是以从事教育、文化、出版工作的高、中级知识分子为主的参政党。民进创立以后，在中国共产党的指引和帮助下，积极投身爱国民主运动，在这个过程中，发挥自身优势，举办难民补习培训，创办中学招收群众，参加妇女教育活动，在解放区开展扫盲教育，培养青年教师。

新中国成立以后，民进以推进国家教育事业发展为己任，贯彻党的教育方针，倡导呼吁尊师重教。

一方面，坚持不懈地为教育发展建言献策。从马叙伦先生在任教育部长时向毛泽东主席反映学生健康问题，得到了毛主席关于"健康第一"的重要批示，到建议设立教师节、建立健全《教师法》《职业技术教育法》《民办教育促进法》等法律法规、深化教育改革、促进学前教育发展、义务教育均等化、加强教师队伍建设、中小学教材建设、减轻学生课业负担等等，提出了一系列高质量的意见建议。

另一方面，坚持不懈地开展教育服务。改革开放以来，围绕"四化"建设的需要，持续举办了大量讲座和培训，帮助群众学习，为民工子女、下岗职工、贫困家庭子女、军地两用人才、贫困地区教师等提供教育服务，创办了文化补习学校、业余职业大学、专科学校、业余中学等大批学校，出现了当时全国第一所民办高中、规模最大的民办高校、成人教育学院、民办幼儿教育集团等；不断开展"尊师重教"的慰问、宣传和捐赠等活动，拍摄了电视片《托着太阳升起的人》；举办了一系列教育服务的研讨会和交流会。

在为教育事业长期服务的过程中，民进集聚了越来越多的教育界会员，现有的近19万会员中，约60%来自教育界，其中大部分是中小学教师。广大会员怀着崇高的使命感和责任感，爱岗敬业、默默奉献、积极作为，在教育事业和党派工作中取得了卓越的成就，涌现出无数感人的事迹，赢得了无数的赞誉，涌现出大量优秀教师、校长和著名教育家、专家学者、教育管理者等，他们共同写就了民进的光荣历史，铸就了民进的宝贵财富，是民进的自豪和骄傲。

系统地收集和整理民进会员的教育论著和教育贡献，是民进会史研究和教育的重要任务，对于民进发扬优良传统、加强自身建设、激励履职尽责具有积极的意义，对于我们深入学习多党合作历史、深入开展我国现当代教育历史研究，也具有重要的理论和现实意义。民进中央对此高度重视，组织编辑"开明教育书系"，朱永新副主席和民进中央研究室的同志们辛勤工作，邀请会内外专家学者共同参与，历时数年完成了编写工作。谨此，向各位作者和编辑同志，向开明出版社，向所有关心和支持本书编撰工作的同志，表示诚挚的感谢。

全国人大常委会副委员长
民进中央主席　　蔡达峰

2022 年 12 月

吴研因在 20 世纪中国小学教育发展史上的贡献

刘立德

教育家小传

吴研因（1886—1975），江苏江阴人。中国近现代著名教育家、语文教材专家、初等教育研究专家。1903 年起，先后在上海半淞园师范讲习所、上海单级师范讲习所、上海龙门师范学堂学习，历任江阴县立单级小学堂、江阴立本小学堂等学堂教员。1911 年起，参与编辑出版《江阴杂志》《江阴报》。1912 年秋，任江苏省立第一师范学校附小教员。1913 年起，任一师教育学教员兼附小主事，和俞子夷、沈百英等一起开小学编写使用白话文教材之先河。1914 年，赴上海中华书局担任编辑。一年后，又回省立一师附小任教。1918 年 8 月，当选为江苏省教育会干事员。1919 年 5 月 6 日，通电声援五四运动。1922 年，任商务印书馆国文教材编辑部主任、尚公小学校长，开展课程、教材、教法改革。本年当选为中华教育改进社初等教育委员会书记。鉴于其成就突出，在新学制课程改革时，他理所当然地成为《小学校和初级中学校课程草案》的拟订人和新学制课程标准起草委员会委托起草《小学国语课程纲要》的不二人选，并被公推对小学各科课程纲要草案"汇集整理"。1927年，任上海市教育局主任秘书兼督学。1928年，奉调到中华民国大学院，参与议编国定教科书。5月，领衔或单独向第一次全国教育会议提交了《组织中小学课程标准起草委员会起草中小学课程标准案》等一系列提案。之后，又与赵欲仁一起对1923年颁布的《新学制课程标准纲要（小学国语课程纲要)》进行修订（1929年正式颁行）。10月，被擢拔为教育部国民教育司第一科科长，后升任初等教育司司长。他直接领导全国初等教育事业，1932年和1936年版的小学国语课程标准也深深打上了吴氏烙印。全民族抗日战争爆发后，随教育部迁重庆。1941年11月，被教育部以华侨教育专员的名义派至菲律宾考察。抗战胜利后，任教育部国民教育司司长。受革命形势的影响，他逐渐成为支持民主进步事业队伍中的一员。

新中国成立后的1949年12月，被政务院任命为教育部初等教育司司长。1950年，参与筹备创办《人民教育》杂志，参与筹备举办第一次全国初等教育会议。本年加入民进。1951年参与商讨学制改革和主持起草《小学暂行规程（草案)》。1953年3月和1955年3月，周恩来总理两次签署政务院任命书，任命吴研因为教育部小学教育司司长。1955年吴研因参与主持起草了新中国第一个《小学生守则》。1955年3月，当选民进中央文教委员会副主任委员。1956年，当选民进第四届中央委员会常务委员，1958年再次当选。1959年起任全国政协常委。1960年10月，任中央教育科学研究所教材教法研究组组长。1963年参与研讨《全日制小学暂行工作条例》。1964年，他以"中央教育科学研究所吴研因"名义在《文字改革》杂志发表《对整理汉字和减轻学生负担的意见》。1970年6月中央教科所撤销后，他继续担任全国政协常委、民进中央常委。1975年7月13日在北京病逝，享年90岁。

除主编或合编的大量中小学教材外，主要著述有《小学教材研究》《新中华小学教学法》《小学语文教学法概要》《小学生守则和实施原则说明》《辞渊》及《小朋友文库》(与叶圣陶等合编) 等。

吴研因 (1886—1975) 是中国近现代著名教育家、语文教材专家、初等教育研究专家、著名爱国民主人士、社会活动家和诗人。作为 20 世纪中国小学教育的杰出代表人物之一，他不仅有丰富的小学教学实践经验，还从事教育研究、教育著述、教科书编写出版和教育行政管理工作。他是我国近现代小学教育改革的实践者、引领者、决策者、亲历者和见证者，他毕生献身我国基础教育事业，尤其对课程教材建设发挥了直接推动作用，在中国课程教材史上占有重要地位。他的教育思想推动了我国基础教育事业的发展，对当今进一步深化基础教育课程教学改革都有着重要的参考借鉴意义。

一、白话文运动的先驱

吴研因于 1886 年出生于江苏江阴要塞澄江贯庄。7 岁时进私塾读书，深得老师厚爱。老师为他取名"吴辇瀛"，他嫌笔画太多，便按谐音改成"吴研因"。1903 年，吴研因考取上海半淞园师范讲习所。三年后，学习结业，回到江阴担任小学堂教师。后又赴上海单级师范讲习所进修了一年。学成归来后的吴研因，任江阴县立单级小学堂、江阴立本小学堂教员暨单级部主任。1906 年毕业于上海龙门师范学堂。

1911 年，吴研因的同乡刘复初为人师，经验欠缺；而吴研因已教学多年，驾驭课堂游刃有余，并且形成了自己独特的教学风格。刘复便时常向他请教。1911 年夏，吴研因和刘复等编辑《江阴杂志》，1912 年又参与创办《江阴报》。吴研因经常用白话文写诗作文，针砭时弊，提倡新学，以"咄农"为笔名发表文章。刘复很是佩服，自谦才识只及吴的一半，故取笔名为"半农"。

1912 年秋，位于苏州的江苏省立第一师范学校校长杨保恒和一师附属小学主任俞子夷慕名前来，聘请吴研因担任一师附小的老师。于是从 1913 年起，吴研因担任江苏省立第一师范学校教育学教员兼附属小学主事。他和俞子夷等一起首创用白话编写全套小学教材，为小学低年级学生自编油印教材，开小学使用白话文教科书之先河，深受教育界重视。

吴研因为推广白话文教材奔走呼号、据理力争。他反对小学读经，是一个力倡白话文的教育家。他主张让白话文取代文言文，取得主体语言的地位。正如后来吴研因在《以自编教材为主的旧小学语文的回顾与批判》（1973 年手写装订本）中所说："儿童读白话文，比较容易懂，不像文言那么费工夫翻译、讲解。"鉴于此，吴研因不仅在言论上积极宣传白话文，同反对白话文的所谓"圣人"展开"文白之争"，而且对小学语文白话文教材的编写进行了积极的探索和实践。教材中白话文比例的逐步增大反映了白话文取代文言文、白话文教材取代文言文教材的实用化趋势。这对于推动教育内容近代化和普及教育有着极其重要的意义。吴研因在教育近代化过程中对白话文教材编写出版做出的创造性贡献将永载中国教育史册。

二、教学改革的巨擘

吴研因在苏州的江苏省立第一师范学校附属小学任教期间，继承教育家俞子夷的教学改革举措，大力倡导国文等学科的启发式教学，并在学校面向教师的专门研究教学法的刊物《小学校》里设有"研因补白"和"研因答疑"专栏，积极推动一师附小的教学法改革。吴研因认为，不仅学生接受新知需要采取启发诱导的方式，而且教师完善教学方法同样需要采取启发诱导的方式。站在一师附小这所名校的讲台上，吴研因感到责任更重了，机遇也更多了。他充分利用学校自办的刊物《小学校》这个平台，积极撰写教学文章，宣传和推动教学改革。在长期教学实践的基础上，吴研因撰写了《国语教学法》《文字的自然教学法》等著作。

1914 年，28 岁的吴研因赴上海中华书局担任编辑。他参与编纂《新式学生字典》，开创了学生用字典的先河。一年后，吴研因又回江苏省立一师附小担任教员。他继续推行新式教材，探索教改方法，总结教学经验，撰写出版了《国语教法商榷》一书，得到教育界的肯定。1915 年 11 月，苏州一师附小举行十周年校庆。当时正值袁世凯窃国称帝，对此无比愤慨的吴研因让人在校展览馆内布置了封建专制人物的画像，借以反对君主专制，宣传民主共和思想。展览虽遭到政府官员的破坏，但达到了宣传民主共和思想的效果。1915 年前后，吴研因在一师附小继续推动白话文教学，并在 1917 年左右开始用自编教材教学白话的儿童文学作品。1918 年 8 月，当选为江苏省教育会干事员，并一度代理一师附小主事。

1919 年 5 月 6 日，江苏省立一师附小主事吴研因等通电声援五四运动。1921 年江苏省立一师主办第一届暑期讲习会，吴研因以本校教员兼附小主事身份担任"国语国文教学法"课程主讲。1922 年，任商务印书馆国文教材编辑部主任兼商务印书馆附属尚公小学校长。吴研因在商务印书馆附属尚公小学任校长期间，制订改组尚公计划，非常重视组织教师实验语文教材、变革教学方法，强调启发诱导，废除注入式。他要求学校每学期举行两三次教学观摩研讨会，全校教师轮流作一堂示范教学，课后举行评议，就该课的教材、教法、教具运用的优缺点提出意见与修正。

1922 年，吴研因当选为中华教育改进社初等教育委员会书记（相当于秘书长）。同年，他在《教育杂志》上发表《文字的自然教学法》一文。他认为，旧语文教育的弊端是"由教师做主支配，学生跟着做"，表现为机械的、拘泥和死守教材的"不自然"的教学法。所谓的"不自然"，主要是不顾学生的心理发展，如学生兴趣动机等，用千篇一律的"生敲硬打"的法子教学生读书作文。他呼吁，文字的自然教学法要确立三大根据，即"学生的自觉需要""学生已具的动作和经验"和"学生学习的兴趣"。唯其如此来实行的教学法才是"自然"的教学法。他说："缀文写字，应各有动机，各有目的，不教学生专做盲目的机械"。吴研因这些语文教育主张，是在美国实用主义教育家杜威的"儿童中心主义"教育思想影响下产生的，是对传统语文教育中封闭填鸭式的机械教条主义的大胆否定。然而，作为一名有经验的语文教育家，必然不会在教学方法上提倡绝对化，从一个极端走向另一个极端。他说："所谓文字的自然教学法，也并不是绝对地把以前的方法废掉，不过把以前许多费时而无效的方法力求改良罢了。"

三、课程标准制定者

吴研因的语文教学改革实践和主张产生了很大影响，引起了教育界的注意。作为小学国语课程教学改革的重要代表，他对小学语文的四项教学内容（说话、读书、写字、作文）改革都有丰富的经验。他在所著《小学教材及教学法》中以说话教学、读书教学、文字教学和作文教学为依托，分别从四项教学内容的教学目标、教学内容的选择、教学原则、教学方法等方面系统地阐述了自己的小学语文教学思想。为了解读新学制小学国语课程纲要的旨趣和内容，他还在《教育杂志》上发表了《小学国语教学法概要》。该文对五四新文化运动前后小学国语教法改革进行了比较全面的回顾和总结。

1919 年，江苏省教育会推行国语委员会成立，吴研因当选为委员。他与庄俞联合提出《新学制国语学程标准草案》，经推行国语委员会提交全国学制会议。鉴于吴研因的语文教育教学成就，1922 年新学制课程改革时，他自然而然成为《小学校和初级中学校课程草案》的拟订人，同时成为新学制课程标准起草委员会委托的起草《小学国语课程纲要》的唯一人选，并被公推对小学各科课程纲要草案"汇集整理"。1923 年他在《国语课程纲要草案说明书》中提到，教科书可以收录神话仙人妖怪故事，但是他认为这类故事应该破绝妄想，不要惹起惶恐，引起迷信。他主张，儿童文学的内容要与儿童生活经验相符合。《小学国语课程纲要》提出，读文以兴趣为主，所以偏重儿童文学。这个纲要正式颁行后，全国立即掀起了儿童文学教育的热潮。作为中国教育史上第一份比较完备的小学语文课程标准，它成为当时小学语文教学和教材编写出版的直接依据，产生了深远影响。吴研因在《清末以来我国小学教科书概观》中自豪地回忆说："从前的教科书，内容太'现实'，而且用抽象的说明文叙述，好比前几年《申报附刊》的常识，没有几个人要看。"新学制《小学国语课程纲要》实施后，各书局的教材营销都拿儿童文学相号召。以吴研因为代表的一大批教育家力倡"儿童本位"与"儿童文学"，使"儿童文学的高潮"大涨起来。

1928 年 5 月，中华民国大学院在南京召开第一次全国教育会议，吴研因领衔向大会提交了《组织中小学课程标准起草委员会起草中小学课程标准案》，并分别单独提交了《请规定简则组织委员会编订中小学课程标准案》《规定各地方小学用乡土教材补充读物编撰条例并准各地方自编补充读物案》(这是民国时期第一个通过审查并决议办理的关于乡土教材的准官方指导性文件)。他与孟宪承、陈鹤琴、廖世承、陶行知、俞子夷等被聘请为课程标准起草专家。之后，吴研因与赵欲仁一起对 1923 年颁布的《新学制课程标准纲要（小学国语课程纲要）》进行修订［1929 年，修订后的课程标准由教育部以《小学课程暂行标准（小学国语）》为名正式颁行］。1928 年 10 月，大学院改为教育部，吴研因被擢拔为国民政府教育部国民教育司第一科科长，后升任初等教育司司长。同年，受陶行知聘请担任晓庄学校儿童文学指导员。他直接领导全国初等教育，小学国语课程教学改革再次深深打上了吴氏烙印。1932 年和 1936 年的小学国语课程标准，都是吴研因主持修订的。这四个课程标准主要内容和精神基本一致，在强调儿童文学的重要意义和地位上一脉相承，在突出儿童本位与儿童经验上一以贯之。它们都明确把欣赏儿童文学定为目标，"鸟言兽语"在教材中的地位渐次强化，使儿童文学得以健康发展。

四、教材编写的行家里手

1922 年，吴研因发表《新学制建设中小学儿童用书的编辑问题》，这是新学制改革时期第一篇探讨儿童文学教材编写问题的论文。作为教材建设的纲领性文献，它在吴研因教材生涯中有承先启后、继往开来的作用，既总结了他前期的教材编制经验，又为其后来的教材理论研究和教材编写实践奠定了重要基础。该文指出："脑筋简单的人，最该把具体的说话对他说，然后才能够使他的脑筋渐渐复杂。"在该文中他还指出："没一个小学生不喜欢听讲故事，读童话，看小说，足见儿童是需要文学的；假使编书的要投合儿童的需要，那就不可以不把文学方法，运用于教材，使儿童容易读，喜欢读。"吴研因在"儿童中心主义"和"兴趣主义"指导下，主张小学语文教材"文学化"。尽管如此，吴研因没有从一个极端到另一个极端。他反对用神仙、妖魔、迷信来吓唬儿童，以防止儿童形成恐惧怯懦的心。他认为，不要将教育性和趣味性对立起来，"教训主义"和"趣味主义"要辩证统一；教科书中的"鸟言兽语"故事要有趣、有益、好懂，不要损害天真和童心。后来的《教与学》杂志在第1卷第3期介绍吴研因时说他"对于国语儿童文学之提倡，可谓最先之一人，而主张的贯彻，二十年如一日"。

吴研因在商务印书馆不仅编写国文教材，还组织算术、历史、地理等教材的编写。所编之书，贴近学生，贴近生活，深受广大师生的欢迎，一时洛阳纸贵，风靡大江南北。吴研因也因此名声大振，受到沈雁冰、叶圣陶等教育、文学大家的赞扬。他编的《小学国语新读本》《新学制小学国语教科书》《小学历史自习书》，生动有趣，读来朗朗上口，深受学生的喜爱。像他所编《新法教科书》一样，吴研因所编的《新学制教科书》(1923年)等多种小学课本和教员用书为当时广泛使用。

新学制实施以后，儿童本位教育思潮日趋高涨，儿童文学作品全面进军教科书，成为国语教材的主体。国语教材从说明文为主转到"鸟言兽语"为主，照吴研因自己的话说就是从"成人本位"一跃而为"儿童本位"。对此，他在其《小学国语教学法概要》一书中评述说："当此之时，各方面对于课程纲要和国语教科书，虽也有怀疑的，但是初等教育界的有力分子以及提倡教育的名流，大多数都大体赞成。"

针对要把"鸟言兽语"撵出教科书的主张，吴研因等一大批教育工作者和儿童文学工作者给予了有力反击。吴研因先后发表了《致儿童教育社社员讨论儿童读物的一封信——应否用"鸟言兽语"的故事》《读尚仲衣君〈再论儿童读物〉乃知"鸟言兽语"确实不必打破》等文章，以有力的事实说明无论是中国古代还是外国，"鸟言兽语"都有益无害。吴研因在《致儿童教育社社员讨论儿童读物的一封信——应否用"鸟言兽语"的故事》(《申报》1931年4月29日)一文中反驳道："猫狗说话、鸭雀问答这一类故事，或本含教训，或自述生活，何神之有？何怪之有？倘以为'鸟言兽语'，本无其事；而读物以无为有，这就是神怪，那么……《中山狼》《鹬蚌相争》等一类寓言，都在打倒之列。"因此，吴研因认为，儿童不会一直都认为"动植物会说话"，随着年龄的增长，儿童逐渐会认识和接纳科学事实。所以，"鸟言兽语"的艺术性与语文教材内容的科学性是不相悖逆的，两者是统一的、契合的。吴研因于1935年在《教育杂志》读经问题专号上批评说：儿童读不懂文字艰深、字义玄奥的经文，强令读经效果不佳，不如编写一些《龟兔赛跑》《孟母断机》等故事。当时有人认为，儿童本位滋生个人主义，"鸟言兽语"的教材"无关国家社会，徒使儿童迷惑，应加以禁止"。吴研因在《儿童年与儿童教育》一文中指出：儿童本位教育不是个人主义教育，促进儿童发展必须通过儿童本位的儿童文学教育。1936年，吴研因在《清末以来我国小学教科书概观》中指出："一些名流要人，以为小学教科书只是些'鸟言兽语'"，这是不明真相的可笑的看法。

　　吴研因在中国百年语文教科书史上占有重要地位。1917年，吴研因在中华书局出版了自己编写的《新式国文教科书》（8册，初小用，中华书局），在"鸟言兽语"进教材上可谓小试牛刀。1922年以后，他根据自己起草的《小学国语课程标准纲要》，亲自主编了初小用《新学制国语教科书》（共8册，商务印书馆，1923—1924）。他又与人合编了高小用《新学制国语教科书》（共4册，商务印书馆，1924—1926）。他参与编写的小学语文教材还有《基本教科书·国语》（初小8册，高小4册，商务印书馆，1930—1932）、《新标准教科书·国语标准读本》（8册，民智书局，1931—1932）、《国语新读本》（初小1—4年级用，8册，世界书局，1933、1937—1939）等。这几套教材的课文均把儿童文学作品放在重要地位，至今仍不断被翻印再版，产生了深远的影响。吴研因在其丰富的小学语文教科书编写实践的基础上，形成了独到的教科书编写思想。他指出新学制以前的小学教科书的弊病，如语文教科书、儿童用书种类太少；编写闭门造车，不了解儿童的需求和教育的要求等。他主张新学制编制的教科书要实用化、儿童化、文学化。

五、与时俱进　追求光明

1927 年，南京国民政府成立后，吴研因应上海市教育局局长韦悫聘请，任上海市教育局主任秘书兼督学。他与提倡平民教育的陶行知频繁交往，探讨教育热点问题，关注减少文盲、提升国民素质的重大课题。他在小学教育教学改革上建言献策，受到各方好评。1928 年，吴研因奉调到位于南京的中华民国大学院，参与议编国定教科书。

1929 年吴研因担任教育部教育方案编制委员会党义教育组委员。不久，被任命为教育部国民教育司第一科科长，旋又升任初等教育司司长。1931 年他参加由蔡元培、朱经农等为庆祝商务印书馆成立三十五周年而主编的《最近三十五年之中国教育》一书的编写工作，领衔撰写了其中的《最近三十五年之小学教育》。1932 年 7 月中国教育电影协会成立，吴研因等五人当选为常委。11 月，当选为中华儿童教育社理事。吴研因任职教育部期间，两次不顾个人安危得失，反对一些政府要员提出的复古读经的教育方针。在 1934 年的"文言文、白话文"之争的浪潮中，吴研因站在历史的进步的一面，连续在南京、上海诸报撰文，倡导巩固白话文教学成果，反驳改回文言文的主张，倡导继续推动用白话文提高教育教学质量。这一主张得到鲁迅、陶行知、叶圣陶等文化教育界知名人士的赞同。白话文教材从而顺利推行。在教育部工作期间，吴研因还联合有关人士兴办家乡教育。吴研因带头捐助 700 大洋，并向亲朋好友募捐筹款，于 1934 年在江阴建成贯庄小学（著名教育家顾明远先生早年一度在贯庄小学求学）。吴研因亲自撰写了校歌。当年，江阴县县长还题赠匾额对吴研因等造福乡梓的办学兴教功绩给予表彰。

1934 年 1 月，中华乡村教育社在南京召开成立大会，吴研因代表教育部到会祝贺并致辞，并与邰爽秋、梁漱溟等 16 人组成理事会。1935 年，吴研因担任全国义务教育委员会当然委员。同年 9 月与叶圣陶、王志瑞等发起编写《小朋友文库》，旨在为小学生提供合适的课外读物。全民族抗日战争爆发后，吴研因随教育部迁重庆。1941 年 11 月，吴研因被教育部以华侨教育专员的名义派至菲律宾考察，并担任菲律宾华侨中学教导主任、菲律宾《公理报》主编。1945 年，国共两党重庆谈判期间，周恩来会见了在教育部任职的吴研因，称赞他学识渊博，思想进步，是中国教育界的有功之臣，并积极邀请他赴延安。由于夫人病重，有心前往的吴研因未能成行。抗战胜利后，他受命重返南京，任教育部国民教育司司长。受革命形势的影响，对蒋介石反动统治心有不满的吴研因逐渐融入革命洪流，成了支持民主进步事业队伍中的一员。1949 年国民党军政要员纷纷逃往台湾时，吴研因毅然留了下来。

六、积极参加新中国教育建设

凭借着高尚的品德、出众的才华，以及在教育领域卓越的贡献，在新中国成立前夕，吴研因三次接到周恩来召他赴北京任职的电报（参见徐铸成 1985 年在《风雨故人》一书中的有关记载）。1949 年 7 月中旬，吴研因与黄炎培、陈鹤琴、俞庆棠等 11 人被确定为全国教育会议筹备会在沪代表。7 月 26 日吴研因赴北平，与黄炎培同行，29 日到达北平。30 日上午，吴研因与黄炎培、杨卫玉到中南海新政协筹备会秘书处报到。新中国成立后，吴研因以极大的热情和激情投入到新中国教育建设事业中。1949 年 12 月 16 日，吴研因被中央人民政府政务院正式任命为教育部初等教育司司长，后又被任命为教育部教科书编审委员会副主任。1950 年春，参与筹备创办教育部机关刊物《人民教育》，与成仿吾、徐特立、叶圣陶、柳湜等 13 人组成第一届编委会。8 月 27 日—9

月 11 日，教育部召开第一次全国初等教育会议暨第一次全国师范教育会议，吴研因参与筹备和主持。12 月，参加教育部常用字研究组座谈会。同年加入中国民主促进会。

1951 年 5 月，与叶圣陶等出席政务院文化教育委员会学制小组会议，商讨学制改革问题。在 10 月 1 日政务院颁布《关于改革学制的决定》后，吴研因参与主持起草《小学暂行规程（草案）》（1952 年 3 月 18 日由教育部正式公布）。这是新中国第一个全面规范小学课程教学的政府文件，明确了小学教育宗旨，初步奠定了新中国小学教育体系的基础。1951 年 11 月 26 日，吴研因与陈鹤琴、雷洁琼等九人当选为中国人民保卫儿童全国委员会教育界委员。1953 年 3 月 27 日和 1955 年 3 月 3 日，周恩来总理两次签署政务院任命书，任命吴研因为教育部小学教育司司长。1955 年吴研因参与主持起草了新中国第一个《小学生守则》，并亲自编写了《小学生守则和实施原则说明》一书（于 1957 年 6 月由人民教育出版社的副牌文化教育出版社正式出版发行）。1955 年 3 月 7 日，在民进中央常务理事会上，吴研因当选为民进中央文教委员会副主任委员。1956 年 3 月，参加董纯才主持召开的十二年教育科学规划草案初稿座谈会。8 月，吴研因当选为民进第四届中央委员会常务委员。1958 年再次当选民进中央常委。1959 年起任全国政协常委。1959 年 7 月，中央教育科学研究所筹备处拟订《1959 年 7 月—1960 年 7 月研究工作计划》，其中关于研究人员的个人专题研究，有吴研因的"小学语文阅读课的课堂教学的研究"。在 9 月制订的《1959 年 8 月—1962 年 7 月研究工作计划》中有吴研因的"中小学语文教材和教法"。在 10 月中央教科所筹备处党支部专门讨论研究所正式成立问题的汇报中，有关于吴研因担任教学法组组长的建议。同年，吴研因参加全国中师教育学教学大纲和教科书的编写研讨。1960 年 10 月，中央教育科学研究所正式成立，吴研因任教材教法研究组组长。1963 年参与研讨《全日制小学暂行工作条例》(由中共中央 1963 年 3 月 23 日发布)。1964 年，他在《文字改革》杂志发表了《对整理汉字和减轻学生负担的意见》，署名为"中央教育科学研究所吴研因"。1970 年 6 月中央教育科学研究所撤销后，他继续担任全国政协常委、民进中央常委。

1961 年 12 月 28 日，针对国际反华浪潮，吴研因在《光明日报》上发表《咏菊》诗，在诗中，他用菊花在深秋中"嫩红老紫百千盆，蟠错如虬况有根"的景象，来抒发爱国爱党的情怀，展示民进人士的思想境界。毛泽东主席读后十分赞赏，亲笔批示"这几首诗好，印发各同志"。1968 年 11 月，针对当时《人民日报》"公办小学下放到大队办"的大讨论，吴研因冒着被迫害的风险，投书《人民日报》，提出"小学应该由教育局领导；教材应该由国家审定统一；教师工资应该由国家发给"的主张。1969 年 11 月，由周恩来总理特别安排，吴研因与叶圣陶、林励儒归"国务院直属口管理"，由此免遭直接冲击和批斗。

1973 年在 87 岁高龄时，吴研因参加全国政协组织的华东参观团，先后到上海、江西等地参观考察，一路上就所见所感写成几十首诗歌，并编成《华东纪行速成诗》一册，歌颂社会主义建设成就，表达对党和国家的热爱。1975 年 7 月 13 日，吴研因在北京病逝，享年 90 岁。7 月 21 日，吴研因追悼会在京举行，周恩来、叶剑英、郭沫若、许德珩等党和国家领导人以及全国政协、中央统战部、教育部、国务院办公室和民进中央送了花圈。全国人大常委会副委员长乌兰夫、周建人参加了追悼会，全国政协副主席沈雁冰主持追悼会。民进中央副主席杨东莼致悼词，高度评价吴研因对我国文化教育事业的贡献。参加追悼会的还有叶圣陶、林励儒、董纯才、谢冰心、雷洁琼、严济慈、胡愈之、孙起孟、赵朴初、徐伯昕等。为了缅怀这位民进前辈，民进中央将设立在吴研因家乡江阴贯庄小学的"吴研因纪念馆"（严隽琪题写馆名）确定为"民进会史教育基地"；民进江阴市委会则把吴研因一手创办的贯庄小学定为"同心实践基地"。

综上所述，吴研因凭着他的勤奋与对教育的热情和执着，毕生致力于中国的基础教育事业。他没有上过大学，但是他孜孜不倦，不懈探索，刻苦自学，凭着对教育事业的热爱和兴趣，一步步从小学教师成长为大教育家。他一生从事文化教育工作，倡导和推广白话文教育。他以教育的情怀，关注国家和社会，积极参政议政。他为我国小学教育改革发展作出了开拓性的贡献，在历史的紧要关头阻遏了小学语文教材领域的复古倒退，确立了儿童文学在教材中的地位，顺应了语文教材由成人本位向儿童本位发展的趋势，巩固了五四新文化运动和新教育运动的成果，使儿童本位课程观在教材上有了进一步体现和反映。他促进教科书近代化、科学化之功值得重视。"儿童心理""儿童兴趣"是吴研因教育思想的最核心的指导思想，以"儿童本位"为价值导向的小学语文教法科学化和教材内容儿童化成为其主要特色。他以儿童的心理发展特征为基础，不断提出改革旧教育的种种弊端，积极探索适合儿童的教学法，努力编制适合儿童的教科书，直接推动了中国近现代小学教育进步；他还是新中国小学教育事业的开拓者、奠基人和领导者，为新中国小学教育的制度建设和课程教材教法改革发展作出了突出贡献。他在中国小学教育百年发展史上谱写了光辉篇章，值得我们进一步学习、研究和发扬光大。

第四辑　儿童读物研究

第五辑　教学研究

第六辑　师生研究

第一辑

课程标准

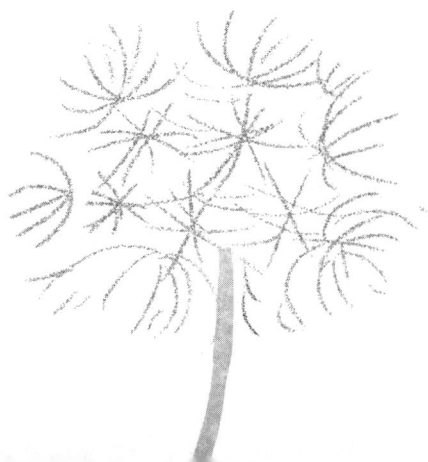

新学制课程标准纲要（小学国语课程纲要）(1923 年)①

一、目的

练习运用通常的语言文字，引起读书趣味，养成发表能力，并涵养性情，启发想象力及思想力。

二、程序

（一）第一学年

1. 演进语练习，简单会话，童话讲演。

2. 记载要项和字句多反复的童话故事，并儿歌、谜语等的诵习。

3. 重要文字的认识。

4. 简单语言的记录发表。

5. 写字的设计练习。

---

① 本纲要由吴研因起草，覆订者为全国教育会联合会新学制课程标准起草委员会。

（二）第二学年

1. 同第一学年。注重会话和童话讲演。

2. 字句多反复的童话故事，和儿歌、谜语的诵习。

3. 同第一学年。加指导阅读浅易图书。

4. 同第一学年。

5. 同第一学年。

（三）第三学年

1. 童话、史话、小说等的演讲。

2. 童话、传记、剧本、儿歌、谜语、故事、诗、杂歌等的诵习。

3. 同第二学年。可加授检查字典的方法。

4. 通信、条告、记录的设计，和实用文、说明文的作法，研究，练习。

5. 楷书的临摹。

（四）第四学年

1. 同第二学年。加普通的演说。

2. 传记、剧本、小说、儿歌、民歌、谜语、故事、诗等的诵习。

3. 加授检查字典的方法，并指导阅儿童报和参考图书。

4. 同第三学年。注重实用文、说明文的作法，研究，练习。

5. 同第三学年。加行楷和简便行书的练习。

（五）第五学年

1. 同第四学年。加辩论会的设计、练习。

2. 同第四学年。注重传记、小说。

3. 注重指导阅报和参考图书。

4. 实用文、记叙文、说明文、议论文的作法研究，练习，设计。

5. 同第四学年。加行书的练习，可临帖。

（六）第六学年

1. 同第五学年。注重演说的练习。

2. 同第五学年。可酌加浅易文言的诗、文的诵习。

3. 同第五学年。注重指导阅读普通的日报。

4. 同第五学年。

5. 同第五学年。注重行书的练习。加通行草书的认识。

三、方法

（一）语言　初年多用演进法，以后多用会话，讲演，表演。

（二）读文　注重欣赏，表演，取材以儿童文学（包含文学化的实用教材）为主。

（三）文字　注重反复练习。

（四）作文　注重应用文的设计，研究和制作。

（五）前三年读文与作文写字合并教学；并与他科联络设计。后三年注重自学辅导。

（六）语言可独立教学，或与作文等联络教学。如无师资。可暂从缺。独立教学时，在方言与标准语相近的地方，其时期可以一年为限。

四、毕业最低限度的标准

初级

语言 能听国语的故事演讲，能用国语作简单的谈话。

文字

读文 识最普通的文字二千个左右，并能使用注音字母。读语体的儿童文学等书八册。（以每年二册计，每册平均四五千字）能用字典看含生字百分之五的语体的儿童书报。试读，答问，准确数在百分之六十以上。

作文 能作语体的简单记叙文，实用文（包含书信日记等），而令人了解大意。

写字 能速写楷书和行楷，方三四分的，每小时二百五十字；方寸许的，每小时七十字。

高级

语言 能听国语的通俗演讲，能用国语演讲。

文字

读文 识字累计至三千五百个左右。读儿童文学等书累计至十二册以上。能用字典看与《儿童世界》或《小朋友》程度相当，生字不过百分之十的语体文，及与日报普通记事程度相当，生字不过百分之十的文体文。标点及答问大意，准确数在百分之六十以上。

作文 能作语体的实用文、记叙文、说明文，而令人了解大意。

写字 能写通行的行书字体。

（选自全国教育会联合会新学制课程标准起草委员会编《新学制课程标准纲要》，商务印书馆 1925 年版）

小学课程暂行标准(小学国语)

(1929 年)①

一、目标

（一）练习运用本国的标准语，以为表情达意的工具，以期全国语言相通。

（二）学习平易的语体文，以增长经验，养成透彻迅速扼要等阅读儿童图书的能力。

（三）欣赏相当的儿童文学，以扩充想象，启发思想，涵养感情，并增长阅读儿童图书的兴趣。

（四）运用平易的口语和语体文，以传达思想，表现感情，而使别人了解。

（五）练习书写，以达于正确清楚匀称和迅速的程度。

---

① 吴研因领衔并与其他学者及组织向 1928 年 5 月召开的全国教育会议提交了《组织中小学课程标准起草委员会起草中小学课程标准案》，并单独提交了《请规定简则组织委员会编订中小学课程标准案》之后，又与赵欲仁共同对 1923 年颁布的《小学国语课程纲要》进行修订，1929 年由大学院颁布。

二、作业类别

(一) 说话

1. 日常的——日常的耳听口说和耳听兼口说的练习。

2. 临时的——特定时间练习，如故事会、演说竞进会和辩论会等。

(附注) 要全国语言相通，所以这一项作业，专教学标准语，仿佛和教学外国语一般，应聘确能操标准语的人为教员，日常教授。倘在方言就是标准语的地方，或在每个教员于授课时都能用标准语的学校，则此项作业，可以一年为限。因师资缺乏而不能确教标准语时，此项作业，可暂从缺。但在可能范围内，应充分用和标准语相近的语言，做各科教授用语，

(二) 读书

1. 精读的——选用适当的教材（由教员拣定读本，或师生共同选定课文）诵习研究。多由教员直接教导，以使儿童由兴感而欣赏，由理解而记忆。——重在质的精审。

2. 略读的——利用许多补充读物参考书和其他儿童图书支配工作，指导读法，令儿童按期概览，再由教员分别考查，并和儿童互相讨论。——重在量的增加。

(附注) 读书阅报，凡和读书类似的作业，都包括在读书作业中。

(三) 作文

1. 练习的——分口述笔述两种：口述的由师生商定范围，练习以国语表情达意，重在矫正语法，整理思想，以为作文的辅助。笔述的随机设计，或临时命题，或自由发表，练习以语体文表情达意。

2. 研究的——普通文、实用文的格式、结构、文法、修辞等分析研究。

（四）写字

1. 练习的——随机设计，书写应用的书信柬帖等文件，及规定时间习写（临摹等）范书或字帖。

2. 认识的——通用字的俗体、破体、草书的认识，书信柬帖等书写格式的辨别。

三、各学年作业要项

要项 学年 类别	第一、二学年	每周时间	第三、四学年	每周时间	第五、六学年	每周时间
说话	一、童话的看图听讲。 二、教室等处日常用语的听讲和仿效。 三、各种有定式的简单语料的演习。 四、简易有趣味的日常会话。 五、童话笑话等的讲述练习。	60分	一、有定式的语料的练习。 二、有趣味的日常会话。 三、故事的讲述练习。 四、普通的演说练习。 五、国音字母的熟习运用。	30—60分	一、日常会话。 二、故事的讲述练习。 三、普通演说的练习。 四、辩论的练习。 五、国音字母和汉字的互译。	30分

（续表）

学年 类别 要项	第一、二学年	每周 时间	第三、四学年	每周 时间	第五、六学年	每周 时间
读书	一、故事图的讲演欣赏。 二、童话、笑话的欣赏表演。 三、儿歌、谜语的欣赏吟咏表情。 四、上两项童话、笑话、儿歌、谜语等中重要词句的熟习和运用。 五、各种浅易儿童图书的指导阅览。 六、简易标点符号的认识。		一、史话、寓言、传说、笑话、游记、短剧的欣赏。 二、杂歌、故事诗、短歌剧、短诗等的欣赏吟咏表情或表演。 三、上两项故事诗歌中重要词句的熟习和运用。 四、各种浅易儿童图书的阅览。 五、普通标点符号的熟习。 六、检查字典辞书的熟习和国音字母的熟习运用。	120 分	一、故事，短篇小说，带文学性质的普通文、实用文的欣赏研究并表演。 二、诗歌，戏曲，鼓词，平易文诗诗词的欣赏吟咏或表演。 三、上两项散文韵文中重要词句的熟习和运用。 四、各种儿童图书及浅易日报等的阅览。 五、选择参考书的指导。	120 分

（续表）

要项 学年 类别	第一、二学年	每周时间	第三、四学年	每周时间	第五、六学年	每周时间
作文	七、图画故事的口述或笔述说明。 八、故事和日常事项的口述或笔述。（包括日记） 九、简易记叙文实用文的练习研究。 十、其他作文的设计练习。	共270分	一、图画，模型，实物，实事等的口述和笔述说明。 二、故事和日常事项偶发事项的记述。（包括日记） 三、读书笔记。 四、儿童刊物拟稿。 五、普通文实用文（注重寻常信札的练习）的练习研究。	90分	一、日常事项和偶发事项等的笔述。（包括日记） 二、读书笔记。 三、儿童刊物和学级或学校新闻的拟稿。 四、演说辩论稿的拟具。 五、剧本的编辑。 六、对于某事的计划。 七、普通文实用文的练习研究。	120分
写字	十一、布告标识的书写。 十二、简易熟字的书写练习。 十三、其他写字的设计练习。		一、布告标识书信柬帖等的书写。 二、正书中小字习写。 三、简便行书的学写。 四、行书的认识。 五、俗体破体帖体字等的认识。	120分	一、实用文的书写。（注重书信格式） 二、正书中小字习写。 三、简便行书中小字习写。 四、通用字行书草书的认识。 五、继续三、四学年。	120分

（续表）

学年 类别 要项	第一、二学年	每周时间	第三、四学年	每周时间	第五、六学年	每周时间
附注	一、"各种有定式的简单语料"指演进语、命令语等而言。 二、童话包括物话神话。 三、故事为童话、史话、寓言、传记等的总称。 四、演为诗歌的故事称故事诗。 五、普通文为记叙文、说明文、议论文的总称，或称"通用文"。实用文为书信条告的总称，或称"特用文"。 六、说话，年龄小的较为容易学习，所以第一学年便开始教学。 七、时间支配以在课内由教员直接指导的计算。 八、一、二学年读作写作业应混合，所以上表一、二年作业要项从一至十三顺次排列，时间也不分别。 九、第三、四年起读作写虽分列，但仍可混合教学，如实行分别教学时，也应互相联络。					

四、教学方法要点

（一）说话

1. 学习的程序要先用耳多听，后用口多说。

2. 语料，初学开始，就要用完整的语句，后乃用成段的话。有定式的演进语料，每套要有一个题目；每句要单说动作的一步；但不要太烦琐，要从一个主位说起（例如"我开门"的一套，内容为"我走过去，我站在门后边，我用手转动门把儿，我拉开门来……"都是从一个我的主位说起），并且要容易看容易做（例如"我决定要向着门跑去"，"决定"的意义是不容易看不容易做的）。每套的句子不要太多（简短的五六句，最长的不过二十四五句）。会话的语料，要集中于一件有趣味的事情上，而且有一个有趣味的题目。故事的语料，要含有儿童文学趣味，而不违反党义。

3. 语料要用自然的口语（不要拘泥于文字的斟酌而受文字的束缚）。并且要注意儿童语和成人语的不同。

4. 说话要生动而有情景；教学和动作，要结合表现；已经讲过的故事，要使儿童表演。……在实际的动境中练习，可以增进学生的努力。

5. 凡容易错误的话，要格外说得清楚，听得多，练习得多；意义不明显的话，可用实物、图型、动作、说明、翻译等表示意义。

（二）读书

6. 教材教科书的选择，应注意下列各点：

（甲）不背本党主义，或足以奋兴民族精神，启发民权思想，养成民生观念的。

（乙）积极前进，乐观解放，而非消极退缩，悲观束缚的。

（丙）提倡合作，互助，勇敢，劳动，规律，而非自私自利懒惰浪漫的。

（丁）是有曲折有含蓄而且含有优美壮美滑稽美等的儿童文学，但不取可怕而无寓意的纯粹神话。

（戊）是流利的国语的语体文。

（己）合于儿童学习心理，并便于教学的。

7. 教材排列的程序，要注意下列各点：

（甲）初学先用口述故事，次用演进连续的图画故事（每图有简单语句的），再次用语句多反复的故事，到三、四年级才可多用通常的故事。

（乙）开始用一段故事入手，不用单字单句入手（学过一段故事以后，从故事里认识句子，再从句子里认识单字）；后来用完整成段或成篇的文章，更不用零碎的字句。

（丙）各文体错综排列，低年级诗歌宜多，高年级逐渐减少。

8. 读书教学，要先全体而后分析，先内容的吸取而后形式的探求，先理解而后记忆。

9. 欣赏材料的教学，要充分地补助想象，并随机设计表演，把内容情景显露无遗，以引儿童入胜。

10. 读法练习，低年级默读朗读并重，二年级以上，默读的时机要较朗读的为多。

11. 要设法训练增进读书的速率和读书的组织力。（就是提纲挈领，如分段落寻求要点等。）

12. 文字的分析，应约略指点文字构成的意义（例如吃从口，烧从火，且为日从地平线上出现之类），以帮助儿童的记忆。

13. 略读的图书，须欣赏的，实用的，参考的三项并重，但依年级而异其分量。

（三）作文

14. 作文的研究材料，须以可做模范（思想无误，层次清楚，格式恰合……）的实用文，普通文为主。

15. 文法语法的研究，要用归纳的过程，把国语文中已习过的材料做基础，并搜集类似的材料，比较研究。

16. 口述和笔述并重。低年级口述多于笔述，高年级口述可少于笔述。但在教学标准语的学校，口述的分量可减少。

17. 口述的用语，以近乎标准的语言为原则。

18. 口述笔述的材料，以儿童经验所及或想象所及的为依归。

19. 无论口述或笔述，都要注重内容的价值，而不仅着眼于方式。

20. 要养成思想贯注和起腹稿的习惯。

21. 如命题：一应取有趣味的，二应多出题目，以备选择，三应常由儿童自己命题。

22. 低年级作文的指导可多用"助作法"，中年级可多用"共作法"。

23. 研究口述应和笔述常相联络，例如同一题材，先演讲（口述），继以记述（笔述），再继以讨论（研究）；或先演讲，继以记述；或先记述，继以讨论。

24. 为矫正巨大的错误起见，可将容易错误的文法句法，用听写法仿作法等充分练习。

（四）写字

25. 写字的材料，应用习用字和易误写的字，组成有意义的句子，以减少机械的作用。

26. 写字的姿势，工具的应用，以及字的笔顺、结构、位置等，开始的时候，就应注意指导。

27. 临写，摹写（或称印写），自由写（不用样本），应交互参用。

（五）总则

28. 说话写字和读书作业中文字练习等时间的排列，都应恰合分布练习的原则。

29. 各种作业都须有自然的动机，明确的目的；作文写字尤需以实际的需要为动机。

30. 语言文字多须充分的练习。（整个的欣赏材料，不宜熟习。应熟习的，以文字文法为限。）练习的方法要多变换，练习的机会要普遍均匀。

31. 语法、文法、作文法、格式等一切规则，要在发生困难或实际需要时，从已经熟习的材料中指点，不要死教。

32. 读书、作文、写字等各项作业成绩的批评指导，应充分利用现成的量表，使儿童知道自己的程度和进步量。

33. 利用课外的表演，讲演会，读书会，展览会，作文比赛会，写字竞进会，刊物投稿等，以增加学习的效率。

五、最低限度

（一）初级结束

1. 说话，能听国语的通俗演讲，能用国语谈话。

2. 读书

（甲）知道最通用的词类＿＿个到＿＿个左右。（或精读教育部所审定的初级小学国语教科书八册，略读倍于初小国语教科书的儿童图书二倍以上）

（乙）能自由使用国音字母和浅易的字典。

（丙）能阅读小朋友和其他类似的书报。

（丁）默读速度，每分钟能阅一百八十字到二百字。

（戊）默读标准测验分数在 4.5 以上。

3. 作文，能作语体的书信和简单的记叙文，而文法没有重大的错误。或作文标准测验分数在 4.5 以上。

4. 写字，能写正书和行书，依照俞子夷氏书法测验（商务印书馆出版）快慢能达到 T 分数 48，优劣能达到 T 分数 45。

（二）高级毕业

1. 说话，能用国语演说。

2. 读书。

（甲）知道通用的辞累计至＿＿＿个左右。（或精读教育部所审定的高级小学国语教科书四册，略读倍于高小国语教科书的儿童图书三倍以上。）

（乙）能阅读少年杂志和普通的日报。

（丙）默读速度，每分钟能阅二百四十字至二百六十字。

（丁）默读标准测验分数在 6.5 以上。

3. 作文，能作语体的实用文普通文而文法没有错误，或作文标准测验分数在 6.5 以上。

4. 写字，能用行书写普通的书信，依照俞子夷氏书法测验，快慢能达 T 分数 54，优劣能达 T 分数 45。

[选自教育部中小学课程标准起草委员会编订《中小学课程暂行标准》（第一册　幼稚园及小学之部），卿云图书公司 1929 年版]

小学课程标准（国语）(1932 年)[①]

一、目标

（一）指导儿童练习运用国语，养成其正确的听力和发表力。

（二）指导儿童学习平易的语体文，并欣赏儿童文学，以培养其阅读的能力和兴趣。

（三）指导儿童练习作文，以养成其发表情意的能力。

（四）指导儿童练习写字，以养成其正确、敏捷的书写能力。

二、作业类别

（一）说话

1. 日常谈话的耳听口说。

[①] 1931 年 6 月，教育部将原中小学课程标准起草委员会改组为中小学课程及设备标准编订委员会，负责研究修订课程标准，吴研因为尽力于这项工作的主要专家之一。1932 年教育部重起因九一八事变而搁置的审核修改工作。吴研因参与主持研讨全部各科课程标准，周予同、夏丏尊、赵景深、顾均正、顾树林具体审核了小学国语课程标准。1932 年 10 月颁行全国。

2. 演说、辩论、报告和讲述故事等的练习。

【附注】这项作业，应用标准语教学，以期全国语言相通。倘师资缺乏，不能用标准语时，亦应充分用近于标准语的口语教学。

（二）读书

1. 精读——选取适当的教材指导儿童阅读深究或熟读，使儿童欣赏理解，或由理解而记忆。——重在质的精审。

2. 略读——选取适当的教材或补充读物，限定时间，指导儿童阅读，再由教员分别考查，并和儿童互相讨论。——重在量的增加。

（三）作文

1. 利用环境随机设计，使儿童口述或笔述，练习叙事、说理、达意。

2. 使儿童对于普通文实用文的格式、结构、文法、修辞、标点等，能理解和运用。

（四）写字

1. 练习——规定时间练习正书行书，并随机设计习写应用的书信、公告等。

2. 认识——通用字的行书、草书及俗体的认识。

三、各学年作业要项

学年 类别 \ 要项	第一、二学年	每周时间	第三、四学年	每周时间	第五、六学年	每周时间
说话	一、看图讲述。 二、日常用语的练习。 三、有组织的语言材料的演习。 四、简易有趣味的日常会话。 五、故事等的讲述练习。	60分	一、有组织的语言材料的练习。 二、有趣味的日常会话。 三、故事等的讲述练习。 四、简短的演说练习。 五、国音注音符号的练习。	30分	一、日常会话。 二、故事的讲述练习。 三、普通演说的练习。 四、辩论的练习。 五、国音注音符号的熟习运用。	30分
读书	一、故事图的讲述和欣赏。 二、生活故事、童话、自然故事、笑话等的欣赏表演。 三、儿歌、杂歌、谜语的欣赏吟咏和表演。 四、上两项教材中重要词句的熟习和运用。 五、各种浅易儿童图书的阅览。 六、简易标点符号的认识。		一、自然故事、历史故事、生活故事、寓言、传说、笑话、剧本、杂记、游记、书信等的欣赏或表演。 二、儿歌、杂歌、民歌、短歌剧、短诗等的欣赏吟咏表演。 三、上两项教材中重要词句的熟习和运用。 四、简易普通文实用文的阅读。 五、各种浅易儿童图书的阅览。 六、普通标点符号的熟习。 七、检查字典词书的练习及国音注音符号的熟习和运用。	210分	一、历史故事、生活故事、自然故事、传说、寓言、笑话、剧本、游记、杂记、书信的欣赏研究或表演。 二、诗歌、歌曲的欣赏吟咏或表演。 三、上两项教材中重要词句的熟习和运用。 四、普通文实用文的阅读和法式的理解。 五、各种儿童图书及浅易日报小说等的阅览。 六、选择课外读物的练习。 七、继续标点符号的熟习。 八、检查字典词书的熟习。	210分

（续表）

学年 类别 \ 要项	第一、二学年	每周时间	第三、四学年	每周时间	第五、六学年	每周时间
作文	一、图画故事的说明。 二、故事和日常事项的口述或笔述（包括日记）。 三、简易普通文实用文的练习。 四、其他作文的设计练习。	二二年共330分	一、图画、模型、实物等的笔述说明。 二、故事和日常事项偶发事项的记述。 三、读书报告。 四、儿童刊物拟稿。 五、普通文实用文（注重寻常书信的练习）的练习。 六、普通标点符号的运用练习。	90分	一、日常事项和偶发事项的笔述和讨论。 二、读书笔记。 三、儿童刊物和级报或学校新闻的拟稿。 四、演说辩论的拟稿。 五、诗歌、故事、剧本等的试作。 六、普通文实用文（注重计划书和报告书）的练习。 七、标点符号的运用练习。	90分
写字	一、简易熟字的书写练习。 二、布告标识的习写。 三、其他写字的设计练习。		一、布告、标识、书信、柬帖等的习写。 二、正书中小字的习写。 三、行书的认识。 四、俗体破体字等的认识。	60分	一、正书中小字习写。 二、实用文（注重书信格式）的习写。 三、简便行书的习写。 四、通用字行书草书的认识。 五、俗体破体字等的认识。	

（续表）

要项 类别　学年	第一、二学年	每周 时间	第三、四学年	每周 时间	第五、六学年	每周 时间
附注	一、读书项精读的教材，以儿童文学为中心，兼及含有文学性质的普通文和 实用文。 二、时间支配以在课内由教员直接指导的计算。 三、第一、二学年说话、读书、作文、写字应混合教学。 四、第三、四学年起，说话、读书、作文、写字仍可混合教学。如分别教学 时也应互相联络。 五、重要的史地材料，应加入普通文实用文及诗歌内。					

【附件一】各种文体说明

甲、普通文

（一）记叙文

1. 生活故事　以儿童等为主角记叙现实生活的故事。

2. 自然故事　关于自然物的生活和特征的故事（科学发明的故事也归入此类）。

3. 历史故事　合于史实的记人或记事的故事（传记轶事及发明家个人事迹等也归入此类）。

4. 童话　超自然的假设故事。

5. 传说　民间传说故事（原始故事也归入此类）。

6. 寓言　含有道德意义的简短故事。

7. 笑话　滑稽可笑的简短故事。

8. 日记

9. 游记

10. 其他

（二）说明文

（三）议论文

乙、实用文

（一）书信　儿童和家属亲朋教师同学等往来的信札。

（二）布告　学校或儿童自治团体等的通告广告。

（三）其他

丙、诗歌

（一）儿歌　合于儿童心理的趁韵歌辞（急口令等也归入此类）。

（二）民歌　民间流传的歌谣（拟作的民歌也归入此类）。

（三）杂歌　一切写景抒情叙述故事等的歌辞（弹词鼓词也归入此类）。

（四）谜语　包含拟作。

（五）诗歌　近人的所谓新诗和古人的白话诗。

丁、剧本

（一）话剧

（二）歌剧

【附件二】读书教材分量支配

甲、关于文体的

百分比 年级 类别	一、二学年	三、四学年	五、六学年
普通	70	70	70
实用	0	10	15
诗歌	30	15	10
戏剧	0	5	5

乙、关于内容的

百分比　　类别 ＼ 年级	一、二学年	三、四学年	五、六学年
公　民	30	30	30
自　然	35	20	10
历　史	0	20	25
文　艺	20	10	5
党　义	10	10	15
卫　生	5	5	5
地　理	0	5	10

【附件三】 教材的编选，应注意下列各点

（一）依据本党的主义，尽量使教材富有牺牲及互助的精神。凡含有自私、自利、掠夺、斗争、消极、退缩、悲观、束缚、封建思想、贵族化、资本主义化等的教材，一律避免。关于如下列的党义教材，尤须积极采用：

1. 关于孙中山先生的故事诗歌；

（甲）幼年生活；

（乙）学生生活；

（丙）革命大事；

（丁）生辰和忌辰；

（戊）其他。

2. 关于国民革命的故事诗歌：

（甲）国旗和党旗；

（乙）各个重要的革命纪念日（如黄花岗之役，武昌首义等）；

（丙）其他。

3. 关于奋发民族精神的故事诗歌：

（甲）爱国兴国和有关民族革命的事实；

（乙）和中华民族的构成及文化有关的；

（丙）重要的国耻纪念；

（丁）关于帝国主义者侮辱我国民和侨胞的；

（戊）其他。

4. 关于启发民权思想的故事诗歌：

（甲）破除神权的迷信的；

（乙）打破君权的信仰和封建思想封建残余势力的；

（丙）倡导平等、互助、规律等的：

（丁）关于民权运动的；

（戊）其他。

5. 关于养成民生观念的故事诗歌：

（甲）劳动节和有关农工运动的；

（乙）有关造林运动、改良农业、工业运动的；

（丙）有关提倡国货的；

（丁）有关合作生产、合作消费的；

（戊）其他。

（二）依据增长儿童阅读能力的原则，想象性的教材（如寓言物语等），和现实的教材（如自然故事、生活故事、历史故事等），应调和而平均。凡带有恐怖性的，应尽量避免。

（三）依据增长儿童阅读趣味的原则，尽量使教材富有艺术兴趣。其条件如下：

1. 事实连接一贯而不芜杂；

2. 趣味深切隽永而不浅薄；

3. 叙述曲折生动而不枯窘呆板；

4. 措辞真实恳切而不浮泛游移；

5. 描写和事实应"一致的和谐"而不扞格不相称；

6. 搭配奇特（如鸟与叫相配搭，便是平凡，鸟与唱歌或说话相配搭，便觉奇特），而使儿童不易直接推知；

7. 结构严密圆满而不疏散奇零。

（四）依据儿童心理，尽量使教材切于儿童生活。其条件如下：

1. 以儿童或儿童切近的人物为教材中的主角；

2. 将抽象的大事，编辑成具体的片段事实；

3. 读了之后有工作可做，有事理可想象或研究；

4. 低年级应多用童话、诗歌和故事；

5. 依时令季节排列，以便随时教学，易于直观；

6. 文字深浅，恰合儿童程度。

（五）依据运用标准语学习语体文的原则，文字组织等，以标准语法为准，诗歌押韵等，以标准音韵为准。

四、教学要点

（一）说话

1. 开始教学时，就用完整的语句，后用成段的说话。

2. 教师应预编案例，作为语言材料。语料分三种如下：

（甲）有组织的演进语料，每套要有一个题目；每句要单说动作的一步，但不可太繁琐；要从一个主位说起，并且要容易看容易做；每套的句子不可太多。

（乙）会话的语料，要集中于一件有趣味的事情上，而且有一个有趣味的题目。

（丙）故事的语料，要含有儿童文学趣味，而不违反党义。

3. 说话要自然（不可拘泥于文字的斟酌而受文字的束缚），并且要注意儿童语和成人语的不同。

4. 说话要生动而有情景；教学和动作，要结合表现；已经讲过的故事，最好要使儿童表演。

5. 凡容易错误的音或话，要格外说得清楚，听得多，练习得多，并根据发音部位指导矫正；意义不明显的话，要用实物、图型、动作、说明、翻译等表示意义。

（二）读书

6. 教材排列的程序，要注意下列各点：

（甲）开始用演进连续的图画故事，次用半图半文的故事，到三、四年级所用的故事，文字可逐渐增多，图画可逐渐减少。

（乙）文字教学用整段故事入手，不用单字单句入手（学过整段故事以后，从故事里认识句子，再从句子里认识词和单字），后来用完整成段或成篇的文章。

（丙）各文体错综排列，低年级诗歌宜多，高年级逐渐减少。

7. 读书教学，要先全体的概览而后局部的分析，先内容的吸取而后形式的探求，先理解而后记忆。

8. 文艺材料的教学，要多方的补充想象，并随机设计表演，把内容情景显露无遗，使儿童得充分的欣赏。

9. 每周除精读外，应有定时指导儿童略读。精读教材，低年级朗读默读并重；二年级以上，默读的时机，要较朗读的为多。教学朗读宜注意发音和语调；教学默读，宜注意正确、迅速、扼要（就是提纲挈领，如划分段落、寻求要点等）。

10 自二年级起，得视相当机会约略指点文字构成的意义（例如吃从口，烧从火，旦为日从地平线上出现之类），以帮助儿童的记忆。并约略指导简易的文法，以增进儿童阅读和发表的能力。

11. 略读的图书，须欣赏的、实用的、参考的三项并重。但依年级而异其分量。除课内指导外，应督励儿童课外阅读，并作读书报告。

12. 自四年级起，应指导儿童练习读书笔记。

（三）作文

13. 无论口述或笔述，都要注重内容的价值，而不仅着眼于方式。

14. 口述应和笔述常相联络。例如同一题材，先演讲（口述），继以记述（笔述），再继以讨论（研究）；或先演讲，继以记述；或先记述，继以讨论。

15. 低年级作文的指导可多用"助作法"，中年级可多用"共作法"。

16. 要养成起腹稿的习惯。

17. 命题方法应注意：（1）利用机会命题。（2）常由儿童自己命题。（3）多出题目，以备选择。

18. 命题性质应注意：（一）合于儿童生活的。（2）便于儿童发挥的。（3）富于兴趣的。

19. 批改成绩应认真，应多保留儿童本意，并予儿童以共同批改研究的机会。并得于高年级中酌用"订正符号"，使儿童自己修改。

20. 订正错误应多个别指导。如有巨大的错误，可将其容易错误的文法句法，用听写法仿作法等充分练习。

21. 文法语法的指导，要用归纳的过程，把国语文中已习过的材料做基础。并搜集类似的材料，比较研究。

22. 作文的范例，须以模范（思想无误、层次清楚、格式恰合……）的实用文、普通文为主，

23. 开始练习作文时，就应指导儿童练习日记。

（四）写字

24. 写字的材料，初学时应采习用的字、易误的字，组成有意义的句子，以减少机械的作用。

25. 写字的姿势，工具的应用，以及字的笔顺、结构、位置等，开始的时候，就应注意指导。

26. 初学写字应用铅笔，以便操纵。至二年级，除铅笔字仍须练习外，开始注意毛笔字的训练。至五、六年级得兼课钢笔字的训练。

27. 摹写（或称印写）、临写（用范书字帖）、自由写（不用样本），应交互参用。

28. 须时常定期举行比赛练习。

（选自《幼稚园小学课程标准》，教育部 1932 年 10 月颁行）

小学国语课程标准 （1936年）①

一、目标

（一）指导儿童练习国语，熟谙国语的语气语调和拟势作用，养成其正确的听力和发表力。

（二）指导儿童由环境事物和当前的活动，认识基本文字获得自动读书的基本能力，进而欣赏儿童文学，以开拓其阅读的能力和兴趣。

（三）指导儿童从阅读有关国家民族等的文艺中，激发其救国求生存的意识和情绪。

（四）指导儿童体会字句的用法，篇章的结构，实用文的格式，习作普通文和实用文，养成其发表情意的能力。

（五）指导儿童习写范字和应用文字，养成其正确、敏捷的书写能力。

二、作业类别

（一）说话

1. 日常谈话的耳听口说。

2. 问答、报告、讲述故事、演说、辩论等的练习。

【附注】这项作业，在原来使用标准语的地方，不用设置；在不使

---

① 1935年3月，教育部启动新一轮课程标准修订，1936年6月全部修正完成，7月正式颁行。吴研因是主持修订工作的专家之一，不仅参加了修改课程标准会议，牵头负责修改总纲并担任各科标准整理者，而且还领衔具体负责修正了国语和公民训练两科标准。

用标准语的地方，以设置为原则。教学时应用标准语；倘师资缺乏，不能用标准语时，也应充分用近于标准语的口语教学。

（二）读书

1. 习见文字、注音符号、标点符号等基本工具的熟习和运用。
2. 想象性的普通文、实用文、诗歌等的欣赏、理解。
3. 现实的普通文、实用文等的精读和略读。
4. 补助读物的课外阅读。

（三）作文

1. 应用的普通文、实用文格式、结构、文法、修辞等的理解和运用。
2. 经历、计划、感想等的叙述抒发。
3. 普通文、实用文等的习作。

（四）写字

1. 正书、行书的习写。
2. 实用文的抄写。
3. 通用字行书、草书及简体字的认识。

三、各学年作业要项

学年 类别	第一、二学年	每周时间	第三、四学年	每周时间	第五、六学年	每周时间
说话	一、日常用语的练习。 二、有组织的语言材料的演习。 三、简易有趣味的日常会话。 四、简短故事的表述练习。 五、国音注音符号的熟习。	60 分	一、有组织的语言材料的练习。 二、有趣味的日常会话。 三、故事的表述练习。 四、简短演说的练习。 五、国音注音符号的运用。	30 分	一、日常会话。 三、故事的表述练习。 三、普通演说的练习。 四、辩论的练习。 五、话剧的练习。	30 分

（续表）

学年\类别\要项	第一、二学年	每周时间	第三、四学年	每周时间	第五、六学年	每周时间
读书	一、连续故事图的讲述、欣赏。二、有关儿童生活、道德教训等富于想象性的童话、寓言、自然故事、生活故事、儿歌、杂歌、谜语等的欣赏、演习或吟咏。三、有关学校生活的浅易布告书信等的阅读理解。四、上两项教材中重要词句和单字的熟习运用。五、各种浅易儿童图书的课内或课外阅览。六、简易标点符号的认识。	一二年共360分	一、有关儿童生活及含有道德教训或国家民族意识等的自然故事、生活故事、历史故事、传说、寓言、笑话、剧本、杂记、游记、儿歌、杂歌、民歌、短歌剧、小诗等的欣赏演习或吟咏。二、有关日常生活的浅易重要书信、布告等的阅读理解。三、上两项教材中重要词句和单字的熟习运用。四、各种浅易儿童图书的课内或课外阅览。五、普通标点符号的理解熟习。六、字典词书的练习使用。	210分	一、有关儿童生活、道德教训、读书指导及含有国家民族意识等的历史故事、生活故事、自然故事、传说、小说、笑活、剧本、游记、杂记、诗歌、歌曲等的欣赏、演习、理解或吟咏。二、普通的浅易重要书信布告等的阅读理解。三、上两项教材中重要词句修词及简易语法的熟习运用。四、各种儿童图书及浅易日报小说等的课内或课外阅览。五、选择课外读物的练习。六、检查字典词书的使用。	240分
作文	一、对照图片实物等的口述或笔述。二、日常生活偶发事项、游戏动作、集会、故事等的口述或笔述。三、简易说明文书信等的分析并试作。		一、对照图片、模型、实物等的笔述。二、日常生活、游戏动作、偶发事项、集会、故事、时事、读书要点等的记述。三、对于家庭、学校、社会的建设改进计划或感想的发表。四、书信等的分析试作。五、普通标点符号的运用练习。	90分	一、日常事项、偶发事项、读书心得等的笔述。二、各种小问题的评述。三、继续第三、四学年第三项。四、演说辩论的拟稿。五、应用的普通文实用文（注重书信报告书）的分析习作。六、文艺文的试作。	90分

（续表）

学年 类别 要项	第一、二学年	每周时间	第三、四学年	每周时间	第五、六学年	每周时间
写字	一、简易熟字的硬笔（铅笔或石笔）习写。 二、毛笔写字的基本训练（执笔、运笔、姿势等）。 三、单体及合体字笔顺、偏旁冠脚、部位等的辨认练习。 四、正书中字的影写、仿写。		一、毛笔写字的基本训练。 二、字的结构部位等的辨认练习。 三、正书中小字的仿写。 四、中小字的应用练习。 五、简便行书的认识并试写。	70 分	一、正书中小字习写。 二、实用文（注重书信的格式）的习写。 三、简便行书的写字习写。 四、通用字行书草书的认识。	60 分
附注	一、读书教材、应以儿童文学为主体。 二、第一、二学年说话、读书、作文、写字以混合教学为原则。 三、第三、四学年起，说话、读书、作文、写字仍可混合教学。如分别教学时也应互相联络。 四、在原用标准语的地方，说话作业从缺，把省下来的时间加在读书写字等作业中。					

【附件一】读书教材各种文体的说明

甲、普通文

（一）记叙文

1. 生活故事　以儿童等为主角，记叙现实生活的故事。

2. 自然故事　关于自然物的生活和特征的故事（科学机械等发明的故事也归入此类）。

3. 历史故事　合于史实的记人或记事的故事（传记、轶事等也归入此类)。

4. 童话　超自然的假设故事(神仙故事、物语也归入此类)。

5. 传说　民间传说的故事(原始故事也归入此类)。

6. 小说　冒险、侦探、战争等富于艺术描写的故事。

7. 寓言　含有道德意义的简短故事。

8. 笑话　滑稽可笑的简短故事。

9. 日记

10. 游记

11. 其他

(二)说明文

(三)议论文

乙、实用文

(一)书信　儿童和家属亲朋教师同学等往来的信札。

(二)布告　学校或儿童自治团体等的通告广告。

(三)其他

丙、诗歌

(一)儿歌　合于儿童心理的趁韵歌辞(急口令等也归入此类)。

(二)民歌　民间流传的歌谣(拟作的民歌也归入此类)。

(三)杂歌　一切写景抒情叙述故事等的歌辞(弹词鼓词也归入此
类)。

(四)谜语　包含拟作。

(五)小诗　简短的,近人的所谓新诗和古人的白话诗。

丁、剧本

(一)话剧

(二)歌剧

【附件二】读书教材编选的注意点

（一）根据本党的主义，尽量使教材富有牺牲、互助、奋发、图强的精神。凡含有自私、自利、浪漫、消极、退缩、悲观、封建思想、贵族化（如王子公主……之类）、资本主义化（如发财……之类）等的教材，一律避免。关于下列的教材，尤应积极采用：

1. 关于国民革命的，例如：

（甲）国旗；

（乙）中山先生革命生活；

（丙）重要的革命纪念日（如黄花岗之役，武昌首义等）；

（丁）其他。

2. 关于奋发民族精神的，例如：

（甲）爱国、兴国和民族革命、民族复兴有关的；

（乙）和中华民族的构成及文化有关的；

（丙）和国耻国难有关的，但以根据历史事实，不流于感情叫嚣者为限；

（丁）其他。

3. 关于启发民权思想的，例如：

（甲）破除神权的迷信的；

（乙）打破君权的信仰和封建思想封建残余势力的；

（丙）倡导平等、互助、规律等的；

（丁）关于民权运动的；

（戊）其他。

4. 关于养成民生观念的，例如：

（甲）劳动节和有关农工运动的；

（乙）有关造林运动、改良农业、工业运动的；

（丙）有关提倡国货的；

（丁）有关合作生产、合作消费的；

（戊）其他。

（二）根据儿童心理，尽量使教材切合儿童生活和儿童阅读能力及兴趣。其条件如下：

1. 意义方面

（甲）适合我国自然和社会环境等一般情形，并不与现时代相违背；

（乙）适合我国教育目标或富于道德教训；

（丙）适合儿童经验和阅读兴趣（初年级喜富于想象性的教材，中年级渐喜现实的教材，高年级喜性质奇特的教材如战争、探险、英雄伟绩、机械发明等）；

（丁）奇警而有充分的真实性；

（戊）具体而有深切隽永的趣味；

（己）有引导儿童动作、思考等的功用。

2. 文字方面

（甲）确是国语，不杂土语、方音（诗歌韵取国音）；

（乙）语句明白顺适，合于语言的自然；

（丙）措辞生动而不呆板；

（丁）叙述曲折而不太平直；

（戊）描写真切而不浮泛，并且和所叙的事实"一致的和谐"；

（己）情节一贯，层次井然；

（庚）结构严密完整而不疏散奇零；

（辛）体裁多用"拟人"的描写（例如用凭媒嫁娶拟蜂传花粉，用唱歌拟鸟叫等）和直接语的叙述（例如动物的生活，不用第三者的口吻转述，而由动物自述等），以使儿童设身处地亲切体味。

（壬）生字依据部颁的儿童字汇，支配大体均衡，并且多复习的机会；

（癸）文字的深浅恰合儿童程度。

3. 插图方面

（甲）插图必须多，最好和文字各占一半；

（乙）图幅的大小：低年级用的，占全面的二分之一；中、高年级用的，可小些，但至少占全面四分之一；

（丙）在可能范围内，中、低年级多用彩色图；

（丁）单色图以浓淡深浅分别；

（戊）图中的主体，特别明显；

（己）生动而富于滑稽性。

4. 编排方面

（甲）低年级开始用的课文，先是演进连续的图画故事，次是半图半文的"反复故事"；初用的故事诗歌，从完整成段或成篇的文字入手，不从单字单句入手；

（乙）除了欣赏的材料之外，还得有参考的材料；

（丙）想象性的材料和现实的材料，大约是一与五之比；

（丁）避免足以引起恐怖或确实足以养成儿童迷信观念的材料；

（戊）文体错综排列，支配约如下表，但不必十分拘泥；

类别 百分比 年级		低	中	高
普通文	记叙	70	67	60
	说明		5	10
	议论			5
实用文		3	10	12
诗歌		27	15	10
戏剧		0	3	3

（己）全书各册最好都有组织，最好都把儿童或儿童切近的人物做

教材中的主角；

（庚）依时令季节排列，以便随时教学，易于直观；

（辛）附问题和练习课文，高年级用的并附语法和各种实用文格式；

（壬）有注解或并有索引；

（癸）分量足用（每本在一百面以上），多留用者的选择余地。

四、教学要点

（一）说话

1. 教师应预编案例，作为语言材料。语料分三种如下：

（甲）有组织的演进语料，每套要有一个题目；每句要单说动作的一步，但不可太烦琐；要从一个主位说起，并且要容易看容易做；每套的句子不可太多。

（乙）会话的语料，要集中于一件有趣味的事情上，而且有一个有趣味的题目。

（丙）故事的语料，要含有儿童文学趣味，而不违反党义。

2. 开始教学时，尤应注意于语句的完整和姿势的活泼自然，并须使儿童熟知问答的法则。

3. 听熟了，然后学说；说熟了，然后换别种教材；所换的教材，应当和已教的教材充分地联络，充分地用已熟习的词句。

4. 说话要自然（不可拘泥于文字的斟酌而受文字的束缚）。并且要注意儿童语和成人语的不同。

5. 说话要生动，有情景；教学和动作，要结合表现：已经讲过的故事，最好要使儿童表演。

6. 凡容易错误的音或话，要格外说得清楚，听得多，练习得多，并根据发音部位指导矫正；意义不明显的话，要用实物、图型、动作、说明、翻译等表示意义。

（二）读书

7. 在可能范围内，可不必用国语课本，教学程序如下：

（甲）低年级开始，从环境和季节的单元活动入手，在观察、动作、谈话的时候，就实物、动作、图画等得到的观念里，抽出主要的词和语句来，做儿童学习的资料，进而加以练习；

（乙）主要文字所含的部首音系，指导儿童随机辨认；

（丙）约经过相当时期后，就阅读"反复故事"（由儿童自读）；

（丁）再经过相当时期后，乃采取普通读物，分期配置，指导儿童自由阅读；

（戊）常识类的普通读物，逐渐加多分量。

8. 国音注音符号，在可能范围内，应比汉字先教。教学时，应注意下列各点：

（甲）从用注音符号写成的完整的语句入手，等语句熟习了而且读得多了，再分析辨认各个符号的音和形；不得开始就教各个符号的形和音；

（乙）辨音时，不必过于注意四声，但开齐合撮的口腔，必须注意；

（丙）应领导儿童多练习，多写；

（丁）应用符号编座位号次和笔记簿号码……

（戊）教学时应多用教具。

9. 读书教学，须先全体的概览而后局部的分析，先内容的吸取而后形式的探求，先理解而后记忆。

10. 文艺材料的教学，须多方的补充想象，并随机设计表演，把内容情景显露无遗，使儿童得充分的欣赏。

11. 读书教学的顺序如下：

（甲）概览全文，将生字难语弄个明白；

（乙）分段阅读解答；

（丙）了解全文；

（丁）摘要表述（即写纲领，作报告或笔记心得等）。

12. 每周除精读外，应定时指导儿童略读。略读，以默读为原则。

13. 诵读，低年级朗读应多于默读；中年级朗读默读各半；高年级默读的时机，要较朗读为多。教学朗读，宜注意发音和语调；教学默读，宜注意训练儿童读得正确、迅速（养成有规则的眼动，免除暗发喉音，注意阅读时间的减缩……）而扼要（就是提纲挈领，如划分段落、寻求要点等）。

14. 文字的记忆，应用"生字练习片"，反复练习；不得动辄责令儿童背诵全文或一大段。生字练习片，大约三公寸长，两公寸宽，上写一字或一词。

15. 自二年级起，得视相当机会约略指点文字构成的意义（例如吃从口，烧从火，旦为日从地平线上出现之类），以减少儿童书写时的错误。遇有需要时，并约略指导简易的文法，以增进儿童阅读和发表的能力。

16. 略读的图书，须欣赏的、实用的、参考的三项并重，但依年级而异其分量。除课内指导外，应督励儿童课外阅读，并作读书报告。

17. 课外阅读的读物，须与课内的读书教材相应，或有补助的关系；并须同样考核成绩。

18. 自四年级起，应指导儿童练习读书笔记。

（三）作文

19. 无论口述或笔述，都得注重内容的价值，而不仅着眼于语言文字的形式的练习。

20. 口述应和笔述常相联络。例如同一题材，先演讲（口述），继以记述（笔述），再继以讨论（研究）；或先演讲，继以记述；或先记述，继以讨论。

21. 低年级作文的指导可多用"助作法"，中年级可多用"共作法"。

22. 须养成起腹稿或先做大纲的习惯。

23. 命题方法应注意：（1）利用机会命题。（2）常由儿童自己命题。（3）多出题目，以备选择。

24. 命题性质应注意：（1）合于儿童生活的。（2）便于儿童发挥的。（3）富于兴趣的。

25. 批改成绩应认真，应多保留儿童本意，并予儿童以共同批改研究的机会。并得于高年级中酌用"订正符号"，使儿童自己修改。又誊清手续，非有特殊需要时，应省去。

26. 订正错误应多个别指导。如有巨大的错误，可将其容易错误的文法句法、用听写法仿作法等充分练习。

27. 文法语法的指导，须在需要时提出；指导时，须用归纳的过程，把国语文中已习过的材料做基础。并搜集类似的材料，比较研究。

28. 作文的范例，须以模范（思想无误、层次清楚、格式恰合……）的实用文、普通文为主。

29. 开始练习作文时，就应指导儿童笔记当前的活动。

30. 须随机或特殊设计，多多指导儿童习作实用文。

31. 作文须与各科（如笔记各科的讲述等）联络，并须与课外活动（如学校新闻、学级刊物的拟稿等）联络。

（四）写字

32. 写字的材料，初学应采习用的字、易误的字。其自由写或速写的练习，应组成有意义的句子，以减少机械的作用。字体，得充分用简体字，以求简易迅速。

33. 写字练习，应以中楷（正书中字）为主要教材。

34. 写字的姿势，工具的应用，桌椅的排列，以及字的笔顺、结构、位置等，开始的时候，就应当严密注意指导，不得懈怠。写中字时，尤应注意如下的各点：

（甲）用羊毫笔，以笔锋细直的为宜。写时开通三分之二，写完后，把墨洗净。

（乙）砚以细致而不粗糙、光滑为善。墨必磨浓，宿墨最好常常洗去。

（丙）执笔法如图。大指中指做成一个圆形（大指节向外突），各用指尖将笔杆夹住；食指在中指上和中指相并，把第一节里面的中间段倾斜地枕搁在笔杆外面；无名指指背的指甲和肉相交处贴住笔杆的里面，小指更贴住无名指。虎口朝天，作圆形；掌心空虚，可以放一个大鸡蛋；手臂搁在桌上，手腕稍稍悬空。写字时，五指一起用力：大指向外拒，中指向内抵，食指向内钩，无名指向外弹，小指帮助无名指。凡写横直撇捺等，用中指向右或下或左右微微地用力压迫，食指小指便微微地退却；写钩和回笔用无名指斜弹，中指稍放松。

（丁）写字时，时时把指尖盘旋笔杆，以使笔锋面面用到，不易损坏。

（戊）横、直、撇等的起笔处，横和垂露式直的收笔处，最好各有回笔。

35. 摹写（或称印写）、临写（用范书字帖）、自由写（不用样本），应交互参用。但初学时得从摹写入手，以便学习执笔运笔等方法。

36. 练习时，须依照年龄能力，分组分团。高年级尤应多采用合于儿童个性的范本指导儿童临摹。

37. 写字教学的时间支配，应采用"分布练习"的原则（就是每周次数多，时间少……）。

38. 应令儿童参观教师和同学的写字的实际动作，以便指导改进。

39. 须时常定期举行比赛练习。

［选自《幼稚园小学课程标准》，正中书局1936年版］

第
二
辑

教
材
研
究
（
上
）

新学制建设中小学儿童用书的
编辑问题

新学制草案，已从讨论时代，渐渐趋于建设时代了。

在建设时代中，有两个当前顶要紧的问题：一是课程怎样订定，一就是学生用书怎样编辑。

学生用书的关系，非常重大，小学校儿童用书的关系，尤其重大。我国二十年来，在教育上着实占势力的，就是学生用书；最占势力的，也就是儿童用书。无论到哪一个学校去参观，所闻所见的，第一件就是书本的教学；即使最新式的学校，也脱不了书本问题。我想新学制实行之后，在教育上占势力的，也仍是书本为大。因为没有一个学校不要用书本；而大多数的学校，除掉书本以外，也实在没有教育可说。这样说来，学生用书，假使编辑得好的，教育的效果也就好些；否则学制好了，课程也定得很好了，而学生用书没有改良，教育能有多大的效果呢？

有人说课程没有定好，就先讨论学生用书，未免太早了。我以为课程要定得很完善，恐怕非有四五年的工夫不行。在这时代，一面从容讨论课程，一面也就要计划编辑新的学生用书，双方并进，那才不致徒延岁月呢。我且把我对于小学儿童用书的编辑问题，写在后面，然后一一依次讨论。

第一，小学儿童用书由谁编辑？

第二，小学儿童用书怎样着手编辑？

第三，小学儿童用书的内容该怎样？

第四，小学儿童用书怎样实验和审定？

第一，小学儿童用书由谁编辑的问题，我们可以从几方面设想，哪一方面比较适切些，就由哪一方面编辑，或者由几方面共进。

编辑的机关，在我国可以有如下几处：

一，教育部。二，书坊。三，著名学校。四，各省各县所组织的教育团体。

以上四方面，最不适切的是由教育部编辑：一则在教育部行走的人员，往往是大而无当，没有初等教育学识和经验的人，他们编出来的东西，未必合式，清末学部编辑的教科书是一个证例；二则教育部总有些官气，人家已跑到二百码以外，进步得很远了，他往往还在那里摆姿势，说是持重进行，所以他们编不出好书来，人家也不容易信任他；三则偌大的中华民国，各地方的需要不同，由教育部一个机关垄断了，也很不合民国的精神。——我想以后教育部自己也决不做这种笨事了。民国四五年，也曾经做过这一回的笨事，后来书虽编成，觉得不合，也就至今没有出版。——最适切的似乎是由各省各县所组织教育团体编辑：一则可以斟酌本地方的社会需要而定材料；二则以本地方的材料编辑书籍给本地方的儿童用，必很合儿童的环境。但是有几个困难之点：一则在教育幼稚的时代，各省各县能有几个能够编辑儿童用书的人才？二则本地方人，目光只注射在本地方一个小范围内，往往要把全国社会通共的需要遗漏了；三则各地方各设一个编辑机关，经济上也似乎有些劳师动众。其次最适切的，似乎是著名学校：他们一面实验，一面编辑，编出来的书本，自然很合儿童心理，教育上的见解也不可差。但是也有几个困难之点：一则教员的根柢，也未必个个可靠；二则他们事忙，在百忙中编辑的东西，往往目光只注射在本校一校，要适宜多数学校通用，是很不容易的；三则他们人数少，即使有好书编出，每一书不是两年三年不办，在我国学校的需要，能够这样从容坐待吗？这样说来：自然编书最适切的，还是书坊家。他们的编辑先生是专门编辑的；他们的资本也大，容易印刷发行。不过他们以前所编的书，很受教育界的抨击：说他没有教育的根据，简直在那里东抄西袭的胡闹；简直只顾垄断赚钱，不顾旁的。我以为赚钱是不免的，说他有意胡闹，却也不是个个机关如此；至于垄断，也是实情，不过偌大的中华民国，几万个用书的学校，一两个书坊要想永久垄断下去，这是不可能的，他们或者也渐渐地幡然悔悟了。"人之欲善，谁不如我？"我们只该希望他真的悔悟。我们觉得书坊家所出的书本，所以发生缺点缘故：一则他们招请的编辑先生，没有教育根柢；二则他们的编书程序不完善，单凭坐在编辑室里的编辑先生们空想，所以编的书没有善本了。（但也不是绝对的）但我说这两个弊病，第一个是不免的，中国的教育，程度幼稚得很，几年前的人物，即使现在的人物，能有几个真有教育根柢的人？只要教育界对于编辑先生监督责备得严，使他们虚心而不自大，也就可以望他们对于教育仔细注意了。——教育家好比政治界的官员，或者家里的主人翁；编辑员好比官员的秘书，或者主人翁的佣书者。官员和主人翁因为事忙，不能亲办书记，往往假手于秘书和佣书者。官员和主人翁有什么意思，要起一角公文或一封私信的稿子，只要告诉了秘书和佣书者，不怕他不照了官员和主人翁的意思办去。教育家有什么意思，要教编辑员遵照，编辑员若不遵照，他的书就要被教育家挥之门外，他因要吃饭要赚钱的缘故，还怕他不"改弦更张"吗？一笑。——第二个弊病，我以为也只要教育界，分一些冷嘲热骂的工夫，热心给他们指导一下，使他们知道些编书的程序，或者也就可以免除的。——所谓编书的程序怎样呢？以下第二第三第四个问题就是。（按我以上说的话，我并不是说编书事业，只该由编辑员一手包办；我不过说在现时的中国，编辑员编书比较适切些罢了。我除不赞成教育部编书之外，很希望著名学校和各省各县组织的教育团体也编书，请阅者不要误解。）

第二，小学儿童用书怎样着手编辑的问题，我们先假定由书坊家担任编辑，他们就该有以下许多办法：

1. 编辑什么书，先要定一个范围。我以为小学儿童用书，该编许多种类。往时书坊家的编辑书籍，真有一个"春秋大一统"主义。他们往往想单编某一种教科书，盈千累万的销售到二三十年。他们扭于以前的某一种书，销数很多，赚钱很足，也时时希望这一种机会复活。不知道以前学校初办，除掉四书五经三字经千字文外，没有可以供学校用的书，所以他那教科书一出，就自然不胫而走，风行一时了。现在可就不比从前，编辑教科书的机关，也渐渐多了；研究教科书，知道教科书的好坏的，也渐渐多了：要单靠某一种书，成本轻，赚钱多，那是不容易的事情。再从教育界方面说，二十年教育的结果，他们有许多人，已感有一个公共的痛苦：就是学生所用的书，只有寥寥几本教科书，实在嫌其太少；因为学生读书太少的缘故，学生的文字成绩，难怪他们坏了。近两年来，嫌儿童用书太少的声浪，已一天高似一天，江苏师范附属小学联合会，已有一个编辑补助读本的结合。他们要编的书，已有一百多种，足见各学校的需要书多，已远非从前可比了。再者新学制是一个很活动的学制，学制既是活动的，儿童用书还不是种类愈多，愈活动，愈好吗？我的意思，以后的儿童用书，该有以下的几种：

（1）是全国通用的教科书。——选全国通共需要的教材，供全国学校通用。

（2）是各省各区域特用的教科书。——选某一区域需要的教材，供某一区域学校特用。

（3）是各种补助读本。就是自习书参考书之类，种类愈多愈好。

以上三类书，尤该注意第三类，多编多出。能够多编多出，学校也可自由采用，不愁没有书本可取了。有人说若是多编多出了，恐怕成本太大，销数有限。我以为不妨事的，书编得好，寿命一定也长些，现在销路虽狭，多销几年，也就不见得不合算了。

2. 怎样编法，要集思广益。一天到晚，足不出编辑所的门限，但凭一两个人的理想，要编出很好的书来，这是不可能的。我想一定要有以下的几个办法：

（1）征求教育专家的意见。

（2）调查国内教育界的舆论，和各学校的需要。

（3）采集外国人的经验：一则访问外国有经验的编辑家，一则参考外国人编书的方法，求得编辑儿童用书的原理原则。

（4）编辑员除自己多看教育书外，也要有一个公共结合，就是时常开会讨论，交换意见。

我国人有一个通共的弊病：就是自己有了一知半解，往往就想变卖许多钱，好比医生传秘方的一般。近来教育家和编辑家也有这一个现象，他约略知道些编书的方法了，就守着这个秘诀，不肯轻易告人。

这种垄断的态度，似乎在这竭力文化运动的时代，不大适用了，还望教育家和编辑家，揭除了这一重障蔽。

3. 怎样选材，要各方面分途并进。选材也是很要紧的问题。我所见到的，也有几个办法：

（1）征求各学校各省各区域教育界人，所制作的教材，而加以甄别选择。

（2）选集我国编辑界所已有而适用的教材，加以整理。

（3）调查外国的小学用书，拣它适于我国儿童用的，翻译出来。——要注意本国化。

（4）创作。——这种最不容易。

以上四个办法，最容易得到许多资料的，就是翻译。欧美小学校用书，也已有汗牛充栋的趋势了，我们拣它适合于我国儿童用的，翻译成书，必有许多可以便宜的地方。不过调查外国书是不大容易的，也要有专家特别研究才行。

第三，小学校儿童用书内容该怎样的问题，我以为最要紧的，选材要十分精审。我国人脑筋中，常常有一个潜伏的见解，以为教育儿童要把国民必需的知识技能给他。所谓国民必需的知识技能，又没有什么界说，大概以为是人生日用所该有的一个概要罢了。甲以为青菜萝卜是国民必须知道的，就把青菜萝卜编在书本里；乙以为本国历史大要，各省疆域名称，是国民必需识得的，就把本国历史大要和各省疆域名称编在书本里；甚而至于把公文广告一切成人也觉读了头痛的东西，放在书本里，说这也是社会通行国民必需的，不可不采做教材：这种办法，完全不顾儿童的需要，实足以戕贼儿童，败坏教育而有余的。我们以后该留意这点，竭力把这个潜伏的成见打破。要换一个见解说：教育儿童，要选社会经验中极精粹极经济，儿童极需要并且一定能够学习的材料给他。怎就可以说是社会经验中极精粹极经济，儿童极需要并且一定能够学习的材料呢？最好有一个客观标准。例如文字应用，是一个社会经验，我们要调查社会上最用得到的文字（例如到普通印刷所排字间里去调查，哪一个字模数目最多，就可知这字是社会最需要的）教授儿童，方才可以算是极精粹极需要的材料。但是这又太偏于社会一方面了，教材是教育儿童的工具，不是教育儿童的目的物，所以一方面又要问儿童需要不需要，能学不能学。要问儿童需要不需要，能学不能学，只有一个办法，就是代办一个试验学校，把这教材试验一下，那就靠得住了。如调查试验太嫌迂远，还有一个比较直捷的办法，就是选好了，还要给学问专家和心理学专家审查一次，以定去取。总之选材要精粹，不外乎以下几个办法，就是：（1）调查社会需要。（2）试验学生学习。（3）给专家审定。三种能够并行，那更不消说是最好的办法了。此外还有几个要点，是儿童用书内容上一定要注意的：

1. 要用语体文，不要用文言文。试想小学校儿童在小学的时期，不过从六周岁起到十二周岁。在这幼稚的时期，假使要用两种文字——语体、文言——那还能够胜任吗？与其兼用文言，而夺了语体文的一席地，使语体文的成绩，受它牵制，不如竟用一种，倒觉直捷了当。（按我以前的见解，以为不妨高年级文言和语体兼用，这是目光看了七年小学高年生年长的人而设想的。从来觉得确合学龄的儿童，对于语体文，也要到四、五年级方才能够通得，所以改变主张，以为小学里索性单用语体文为善。）如为年龄超过小学学龄的儿童设想，另编一两种文言教科书，以备各校采用，那也未为不可，不过这是例外，不是正则。

2. 要含文学趣味，不要实实辟辟。所选的教材，无论如何，大部分总免不了社会需要而儿童现在不需要的东西。例如文字的应用，成人觉得很重要的，而儿童不然；假使我们就把社会极需要的文字，一个个或者一章章把和千字文日用杂字书一般的东西教儿童，虽说不见得毫无益处，然而儿童所受的影响是很薄弱的。没一个小学生不喜欢听讲故事，读童话，看小说，足见儿童是需要文学的；假使编书的要投合儿童的需要，那就不可以不把文学方法，运用于教材，使儿童容易读，喜欢读。非但文字要含文学趣味，就是自然研究地理社会各种，也该含文学趣味。例如旧教科书中往往有蛙之自述，水之自述等，假托蛙和水等自己叙述一生的经历，述来好比小说一般，这就是自然研究含文学趣味的；给儿童，一样能够使儿童明白蛙体的构造和水的变化等。假使这种实实辟辟的材料，又用实实辟辟的文字记述，"蛙体的构造""水的变化"……试问和儿童有什么关系，儿童怎肯认真去研究呢？可惜旧教科书中这种材料不多，而理科教科书等，尤其绝无用这种方法编辑的，这是从来的一个大缺憾。我们成人，住在家里，并不需要买票乘火车；假使有一个朋友，来和我们刺刺不休地谈论票要怎样买的，上车下车要怎样的，寄行李要怎样的，说了许多和我不相干的话，我们必然不喜欢听。但是乘火车的知识，我们在家里的时候，固然不需要，将来难道终身不出门？这将来需要的知识，我们成人为什么也拒绝呢？原来这就是没有文学趣味的缘故。假使那位朋友是一个能言舌辩的人，他说的话，却用游记体的叙述法的，说我某天到什么地方去，要乘什么火车，碰到什么什么的许多问题，后来如何如何解决，夹叙自己，夹叙风景，夹叙出门情形，那就带了文学趣味；我们虽然不需要也要听的了。成人听演说不见得比听说书热心，看语录不见得比看小说高兴：成人尚且如此，何况儿童？总之：教材不见得件件是儿童现在需要的，为了他们将来的需要，现在也往往不能不教；果然能够含些文学趣味，将来需要的，也就可以使他化为现在需要的了。

3. 要多鼓励而且留余地的。旧教科书多消极的叙述。例如修身教科书，往往说光阴要爱惜，劳苦要忍耐，农工要怜悯。……这种叙述法，适足以惹起儿童的疑惑。倘使换一个口气，叙述爱迪生幼时在火车上一间小屋子里排印小报，天天乐此不疲；或者说一个磨面郎，在茅屋中天天不绝地磨面，国王也羡慕他的快乐而去问他快乐的方法；……那就带鼓励，有兴趣，而少消极的抑制了。又旧教科书往往多武断的口气，例如修身例话之后，必要判断是非，或赞美几句；理科地理等书不用问题研究式，不要儿童设想，不要儿童调查观察，就直接给他说明了：这种方法，也足以减杀儿童的学习兴味，把他的心思——创造的，态度——研究的——都窒塞了，弄木了。假使换一方法，修身只述故事，每一节前不用德目，后不加按语；理科地理等不但叙述，而且每一节前有问题，中述观察调查的途径，后有种种创制工作的动机：……那就可有四个好影响给儿童：（1）可以发育他的判断力；（2）可以保养他的创造力；（3）可以使儿童亲身参加教材，不致视教材是身外的一件死物；（4）可以得到种种研究学问的方法。

4. 要单元少而叙述详。旧教科书中，一本书往往有三四十个不相连属的题目，就是有三四十个单元；而且每一单元的叙述，十分简略，不过叙述一个概要。例如地理历史理科寥寥数十字，却把一省一时代一物类的材料叙述完了。在编书的以为儿童脑筋简单，记忆不了许多，而一个大概又不能不使他知晓，所以不敢多费笔墨，略略叙述了几句，好比名人的画兰，着墨不多，而大意了了。不知他所叙述的概要，是他从许多具体的东西抽象出来的，是学问的结果，不是学的历程；这种抽象的结果，好比算术里的公式，学生不知算理，但记忆些公式，是要食而不化，枉费时间的。脑筋简单的人，最该把具体的说话对他说，然后才能够使他的脑筋渐渐复杂；否则因他脑筋简单，就把抽象而简单的东西教他，这好比军官教练粗笨的兵士，只把举枪放枪的呆法子做教材，将来他除掉用这呆法子打仗以外，没有一些别的用场了。粗笨的兵士，用呆法教他，将来还可以打仗；脑筋简单的小学生，用抽象的公式教他，充乎其量，不过记忆了许多名词成语，好比收藏了许多讣文，日历，旧字纸，将来究竟做什么用呢？所以我的意思，新教科书的编辑，单元要少而叙述要详。例如历史，尽不必把一时代一时代的材料，都要搜集，只须搜集某几时代的某几件事实，详细叙述，做几个给学生学习的代表物也就够了。地理理科都是如此。有人说这样偏而不全挂一漏万的办法，将来学生的知识，未免太少了。不知知识是天下无尽藏的东西，你无论如何教学，总是要挂一漏万偏而不全的。所贵乎教育儿童的，不是一个一个的知识，要拿知识当工具，使他能够用这工具，那就虽然偏漏也不妨了。孔老先生的教学法，也只举一隅，其余三隅，要学生自反的；编书先生怎么把这老文章也忘了！

5. 要用心理的方法排列。旧教科书每单元，所以单述一个概要的缘故，就是因为编辑先生的意思，要儿童得到每一学科教材全体的大概，前节已经说过。要儿童得知每一学科全体的大概，所以地理必要一流域一省一区地排列了编过去；历史必要从上古一时代一时代排列了编下来；理科必要一物类一系统排列了编过去；甚而至于农业商业，也是这样：这就所谓论理的排列，很有系统，其实很呆板的。

并且有的先总说，后分论，用演绎法叙述，更觉得痴人说梦。这种排列法，教学起来，好比规定的苦工，在某一日，必定要做某一事，不问你今天的精神怎样，身体怎样，一定要做下去。学生不需要，毫无学习动机的，也只得跟着敷衍，结果学生不过无精打采，做了一辈子的机械。我的意思，这种排列法，新教科书，一定要将它打破。历史要把某一种合于某一年的儿童心理的排在某一年，不要问它分量偏全，也不要问它时代的先后；地理理科……也是如此，不问它省区的先后，系统的正反，一以心理的次序做次序。

但是这样排列，编辑先生一定要说，结果时代的观念系统的观念都要模糊杂乱而不得要领了。实则时代系统，都是死板板的东西，很容易明白的，只要到高年级零碎的知识学习得既多的时候，画一张图，画一个表，揭示指点一下就完了。平日要依了时代，按照系统，一章一节的学下去很无谓的。——心理的排列之中，有人还主张归类排列，例如文学：诗歌编在一起，童话编在一起，传说编在一起，由用书的随需要而向各门类去选习，这就愈觉得活动，便于设计教学法了。我以为如此也是很好的。不过这样排列，材料一定要格外丰富，本子一定要格外加多，学生家庭经济的担负，恐怕很不容易的。补助读本，能用这个排列最好，教科书，或者不必如此。能用设计法教学的，就是论理的排列法的书，只要书中叙述得很详，他也会用，也会选用；否则却就左不是，右不是，反觉"治丝而棼之"了。

6. 要插图多，而且想象图多。旧教科书上的插图，比了欧美小学用书，篇幅太少；并且很少是像《西游记》《三国演义》般的想象图；这是很不合儿童心理的。要知儿童每得一书，必先看图，图愈多的，兴味愈浓，愈能引起读书动机；而想象图如生翅膀的仙人，着衣冠的禽兽……尤足以补助想象，使儿童兴味增加。我国印刷不及欧美精良，那是无可如何的，但是多几个图，多几个想象图，并非难事，以后新教科书不可不如此。

7. 要装订轻巧。这层意思，书坊家都做得到的，而且已经能够做到了。例如商务《童话集》和《儿童世界》，装订都很轻巧的。各种教科书都能如此，不限定一学期用一本，每本材料不妨轻，本子册数要多。以便学生有常读新书的趣味，学校采用起来，也多去取选择的余地。

第四，小学儿童用书怎样实验和审定的问题，前面已经说过了，要办一个试验学校将教材试用，并且给心理学专家审定。这种办法的次序：例如由编辑员把材料搜集了，先交给心理学专家审定去取；然后编辑成书，一节节给试验学校试验，编辑员如肯自己去试教更好。有人说这种办法，恐怕出书太缓；我以为不要紧的，所谓试验，并不要把全部的教材通通去试，不过拣重要的去试，那总比不试的好得多。试验之后，编辑成书；成书之后，交给重要的教育机关再审查一次，或者竟不审查，就可以发行了。（已经试验，不再审查也好。）至于交中央教育部审定，似乎可以不必的。老实说中央政府没有改造之前，教育部的官员，虽然总比别部清廉谨慎些；但是他们的脑筋，新的未必多，学问也未必个个都是专家，新编的书，或者反不能入他们的眼，所以不如不要他审定的为是。

以上四个问题，都是很普通的。照鄙意解决，是否合宜，我却不敢断定，还望一般教育家和编辑者，加以考虑。总之：新学制建设时，编辑书籍，决不可不把旧教科书的精神形式，大大改革一番了。否则纯用投机手段，把旧教科书，换一个名目，什么新教育，新学制乱叫，这完全是不合的，无怪一般教育界要骂为专为营业了。我个人本也是不满意旧教科书的一个人，但现在也兼任编辑教科书的职务了。我深知现时的书坊家，除掉敷衍不彻底的几家外，中间确有极要彻底改造的，所以我放论如此。否则他们并不想彻底改造教科书，我这捣乱旧教科书的分子，他们也决不延揽我；即使延揽我，我也和袁政府的孙毓筠一般，"噤若寒蝉"，不敢再说旧教科书的不好，而主张趁新学制建设时代改良儿童用书的编辑法了。

（原载于《新教育》1922 年第 1、2 期合刊）

关于"小学国语教材的批评"的检讨

数月前，柳诒征先生曾在本刊三卷五、六期合刊《国文教学专号》上，发表《小学国语教材之疑问》一文，而任叔永先生在《独立评论》上亦附和其说。他们批评小学国语的缺点，可归纳为如下各端。

一、态度欠庄重：如鸟言兽语，"花猫先生""妖怪吃人"等等故事，"使儿童思想为滑稽性所蒙蔽，不暇推索其真趣"。

二、设境不自然：如"三只小松鼠"的着衣裳，换颜色，其目的不过是要说明配色合色之理，但何必造出红尾巴绿眼睛的怪物，使儿童发生极不自然的感想。

三、选材滥恶：如违反时代性引起儿童卑劣凶暴的性质的词句，"差役不由分说抓人""小的""把膝一屈""把惊堂木一拍""大打一顿""抓到教会里去拷打"；粗鄙不大方温雅的骂人词句，"打死你这小东西""小东西……你滚罢""给我滚开""不是好东西"；愚笨欺骗的故事，"相成买酒和油，而不知哪六个铜元应买酒，哪六个铜元应买油，哪一只碗盛酒哪一只碗盛油，……""一只盲目的龟用计逃脱狐狸的猎获"；虚妄迷信的故事，"小孩梦游月宫，见有仙兔、仙女、仙童""后羿射日""嫦娥奔月"；崇拜与恐惧外国的心理，"木屐儿抢黄民生的球，木屐儿的父亲出来帮凶，而黄民生只得走了，不过永远不忘记这一回事""小燕子游上海租界见到帝国主义种种侵略的真相，想到'九一八'日人在闸北的杀人放火，而心里很吓。……"

四、用字不适宜：如一年级而用"啯""叽"等字。

五、白话文恶劣：如"司马光拿了一个胡桃，叫姐姐替他剥去皮。姐姐剥了好久也剥不掉，他就走开了"。胡桃是否胡桃仁，第二个他字何指，都是糊涂的文字，"敌人用飞机大炮来破坏我们土地"，飞机所能残害的并不止土地一项。

这些批评，虽然和信口雌黄的不可同日而语，但究竟是否正确无误呢？这个，我们却不能不检讨一下。

凡是讨论的题材，大概可分为两大类：一是当前的事实，例如鹿是鹿，马是马，要是没有别的势力夹杂在内，断断乎不容指鹿为马的；一是各人的意见，例如穿衣吃饭，你喜欢西装西餐，我喜欢中装中餐，所谓"此亦一是非，彼亦一是非"，就不能把你以为是的，强别人也跟着你称是了。批评小学国语的诸位所列举的五个缺点，在我个人看来，除第五项所谓"白话文恶劣"所举的例是事实，不容置辩外，其余的都是意见，在小学国语编辑者，实在有词以对，而且振振有词的。

"白话文恶劣"，据所举的例而言，确实是恶劣不堪。但可惜举例的人，只在许多小学国语中，找到了两个实例；其中的一个，而且出于确实是"民国十五六年的政治大革命以后，各家书店争着编纂……没有细心考究……更潦草"（见《独立评论》一○九号胡适先生的话）的一种非现行的教科书（世界《新主义国语》），实在也不足为例了。再者文字这东西，虽然再三斟酌，有时候也免不了"不通"的"毛病"的。桐城派作文的法则，素称谨严，但是方望溪的"吾桐……"句，尚且有人说他容易使桐城和桐庐桐乡等地相混而斥为不通，小学国语教科书，怎么保得住没有失检之处呢？胡适先生说："平心而论，今日的白话文，固然有许多毛病可以指摘，今日报纸公文的文言文不通的才多哩……"（见《独立评论》一〇九号《编辑后记》），这真是最公允的言论。但是小学国语究竟是"给小学生当作金科玉律的念"的书，总应当一点也没有不通的毛病；有了两个实例，自然不容你不自承"白话文恶劣"了；所以我个人也雅不愿代替别人多所辩论（我自己编的小学国语，因为是"南方作者勉强作白话"，自然有不很妥帖的句子，例如写嘴为嘴巴，写肚子为肚皮，写剪子为剪刀等。但一经北方人指点，除了韵脚的关系，便也乐于更正。可惜北方的朋友热心"为全国儿童请命"的太少了，所以在不知不觉之间，仍多错误，这也是无可如何的）。我所希望的，只希望批评小学国语"白话文恶劣"的人，真能"自动地集合几个人来把现行的（按《新主义国语》非现行的，请注意）各种小学教科书审查改正一下"，"以替全国的小学生造下无量的幸福"，而不"空口说白话"！

至于其余的四项，我以为都有辩论的余地，现在陈述我个人的意见如下：

甲、态度欠庄重

我以为小学国语，并不是圣经贤传，也不是《太上感应篇》《科学杂志》……而是以"儿童的文学"为骨干，供儿童阅读欣赏的东西，本来应当有庄有谐，不必全部没有一处不庄重的。即使说小学国语，真是"金科玉律"，实在和圣经贤传相仿佛，但是圣经贤传也不是绝对没有"滑稽性"的教材的，《孟子》"日攘一鸡"和"齐人有一妻一妾"之喻……便多少带有一点滑稽性；《史记》并且有《滑稽列传》：试问我们可以"态度欠庄重"一语，抹杀《孟子》《史记》……的一切吗？况且各种小学国语，带滑稽性的材料，实在也不过百分之一二；摭拾百分之一二的滑稽性教材，便概括批评现在的小学国语为"态度欠庄重"，这也是不公允的态度！"妖怪吃人"的故事，我们在欧美小学教科书中确曾见过，但在中国现行的小学国语中，并未见有这些实例。"花猫先生"的称呼确是有的，但我不知在拟人体的儿童文字中，花猫为甚么不可以称为先生？以"先生"二字是士大夫所专有的尊严名称吗？俱是在尊王主义的中国传统观念下。蜂蚁的首领也被称为王、后；我们小时候由故老口授的儿歌中，也曾听到过"织布娘得病在园中，……蝴蝶先生来搏脉"等语；至于外国儿童文学中，"青蛙博士""狐狸先生"……那更是常见的。"先生"本是普通名称（业师在国语通称为老师，）而竟靳而不予，怕"花猫"夺了去，这是多么可笑的思想啊！在批评者的真意，或者厌恶整个的"鸟言兽语"所以发为此言。诚然有一两种小学国语，鸟言兽语的分量或者太多了，但是多数的小学国语，除了供六七岁儿童读的第一、二、三、四册外，鸟言兽语就不多见。至于"六七岁的儿童为甚么要教鸟言兽语？"这答案太长了，一时也说不完，还是请反对者稍读一点教育常识书，再看看欧美日本各国的小学读本，然后发言罢。(有一位先生他断定小学国语的鸟言兽语是学美国，他大约没有看过英法德日的小学教科书。按日本文部省编的寻常小学国语第一册，便有桃太郎等故事，不但鸟言兽语，而且鬼话连篇。苏俄在革命后小学读本都取现实故事而禁止想象故事如鸟言兽语之类；但是近年来，儿童文学界也提倡想象故事不禁鸟言兽语了!) 所谓"使儿童思想为滑稽性所蒙蔽，不暇推索其真趣"，这更是毫无根据的主观武断之谈。试问课文中如有"真趣"，一课书读三两个钟头，而前有教师为之指导，旁有同学相与推求，还会因"花猫先生"一语而竟蒙蔽得不知所云吗？

乙、设境不自然

"设境不自然"，想来就是所谓"不合自然原则"的儿童文学禁律。我以为如说小兔能革狮王的命，工蜂能革蜂王的命……这自然是"不合自然原则"；至于称松鼠为红尾巴或绿眼睛，这是未尝不合自然原则的。有些松鼠的尾巴带些赭色，有些松鼠的眼睛，确是碧色，称为红尾巴，绿眼睛，这正和称西洋人为"黄髯公""碧眼儿"一样，有甚么可怪呢？"不过说明配色合色之理，但何必造出红尾巴绿眼睛等怪物……"来，这正是"道学家"和"科学家"……的成人见解。要是他们有些文学见地的话，我便要问他们"不过说明'至诚可以格天'，但何必造出愚公、智叟、操蛇之神、李蛾氏二子等许多假人怪物来？""不过说明两国相争的非计，但何必造出'鹬、蚌、渔翁'等许多怪物假人来？"……以此类推，"不过……但何必……"的例子太多了，有文学见地的人一定会回答出来的。更有自以为"好学不甘藏拙"的人，提出"猫大哥"何不易为"张大哥"，"小兔说"何不易为"小王说"等问题来见质（见本刊三卷第五、六期合刊），我也可以用上述不答的方法答他。但是他的态度太诚恳了，不容我不在这里附带地答他一下。我的答案是儿童文学的定律："把平常的事实，用奇异的方法去支配穿插，以便引起儿童的兴趣，"否则家常便饭，老生常谈，连成人也不愿意去观去听的。用电影来作比喻，许多画片，内容实在是常事，但是主角配角往往是"鼠姑娘"或者"猫先生"，何不易为"崔娘""张生"呢？就儿童的习惯说，拿竹竿当马骑，拿小枕头当小孩抱，这是常见的想象模拟作用。要是说何不易竹马为竹竿，易小孩为枕头而不许他们想象模拟，这是何等的斫丧儿童的兴趣啊！至于"使儿童生极不自然的感想"之说，那也是一种成人的主观武断之谈，毫无根据的。不信，且问问你自己，看过了鼠姑娘猫先生的电影画片，你会"生极不自然的感想"没有？（按鸟言兽语实是无可非难的，虽主张文言的汪懋祖先生，也不绝端反对它。不过分量和与儿童的年龄的关系，那可大有斟酌余地。倘使中高年级读物，还有许多鸟言兽语，其失正和低年级绝对不用鸟言兽语一样。）

丙、选材滥恶

就所举的例而言：自己的文章上满口称"仆"，而以小学国语有

"小的""差役"等字为不合时代性；自己的文章上，骂人为"市井无赖"，而以小学有"你这小东西""不是好东西"等句为骂人的粗鄙语；日夜所崇奉的圣经贤传上有"老而不死是为贼""以杖扣其胫""小子鸣鼓而攻之""野哉由也""小人哉樊须也""天子""诸侯""卿""士""大夫""拜下礼也"……等词句，而以小学国语有"抓人""小的""屈膝""拍惊堂木""打一顿""拷打""滚"等为凶暴卑劣；这真令人"莫测高深"了！要是说凡违反时代性的字眼都不可编入小学国语，那么小学中便不该有充满帝王臣仆的本国历史教材。要是说有了"抓人""小的""屈膝""拷打"等词句，便会使儿童学习抓人、称小的、屈膝、打人，那么在儿童的字汇中便不该有消极性质的如"盗""贼""怒""骂""打""杀"等字。试问我们从小研究过不合时代的历史的，现在的脑海中是否还有"臣罪当诛，天王圣明"的观念？从小念过"贼""杀""掠""奸"等字的，后来的习惯中是否学会过作贼、杀人、奸淫、掳掠？小学国语的愚笨故事（龟用计脱逃，也属此类）不过聊以取笑，所谓"滑稽故事"而已；"梦游月宫"不过引起美趣，所谓"想象故事"而已；"后羿射日""嫦娥奔月"，不过传述古人的不经之谈，所谓"传说"而已。此类教材在小学国语中所占的分量极少；况且有当前的教师为儿童指导说明（教授书也常有正面的说明）；儿童读了，怎么会有不良的影响呢？自然"后羿射日""嫦娥奔月""龟用诡计脱身"等，并非十分良好的教材，但如说这类教材会引起迷信欺诈，那也未免太过虑了！小学儿童往往喜欢读《西游记》说部，问他们"孙行者一个筋斗翻十万八千里路"有其人有其事否？他们往往答为"没有"；问他们既然没有，何必看它，他们往往答为"好玩呀"。《西游记》中的神话，还不能迷乱现在的小学儿童，"后羿射日""嫦娥奔月"……怎能引起儿童的迷信呢？龟是弱者，狐狸是强者，强者要吃弱者的肉，弱者无法抵抗于是以计脱身，这也不能算是欺骗；要是目诡辞而脱离虎口为欺骗，那么我们也惟有向这些不了解被侵略者的痛苦的大人先生们"为全世界弱者请命"了。至于所谓"崇拜与畏惧外国心理"一层：我觉得各小学国语除推崇外国的个人如爱迪生李文霍……发明家外，实在绝少"推崇外国"的教材，对于帝国主义的形容而加以咒诅，也不能说是"恐惧外国"。就所举的例而论：如果说一个小孩（黄民生）被外国的大人（木屐儿的父亲）恫吓而走而不忘是恐惧示弱，那我真不知这身为小孩的除了走和不忘之外，还有甚么应付的方法？和他对打吗？势力不敌；和他讲理吗？他不理你；向领事馆或租界当局请求伸雪吗？顾正红……的"前车可鉴"；请政府提出交涉吗？失陷的东四省还没法收回，哪有工夫管这小事闲事。抗敌，实在也不是个人单独能做的事；个人遇大敌，自然应当走，应当不忘，以待全国"一致团结"复仇雪耻的时候到来。否则个人遇敌而便要和敌拼命，我想批评家一定又会大说其"暴虎凭河，死而无悔者，吾不与也"的。如果说小燕子见了帝国主义的枪炮子弹而逃避是恐惧示弱，那我也不知身为小燕子的除了逃避之外，还有甚么应付的方法？况且恐惧示弱的是小燕子，并不是小学生，小学生即使应当"暴虎凭河死而无悔"，我们又安能连小燕子也要它和小学生一样呢？要是暴露帝国主义的狰狞面目，便说是容易引起儿童的恐怖的话，那么小学国语中就应当把国耻史料完全删除，将"满洲国"文教部所审定的小学国语来给儿童读；日本南洋英荷属政府对于那些类于《小燕子流寓上海记》的教材，也当欢迎之不暇，而不必惶惶然斥为"排外"或者禁止侨校通用。况且立言总得有些根据，请批评家去考验读过《小燕子流寓上海记》的小学生，问他们对于帝国主义者究竟是怕还是恨，想逃避还是想复仇？我确问过许多儿童，所得的答案是"可恨""想复仇"。——以毫无根据"想当然耳"的言词，批评指斥《小燕子流寓上海记》一类的教材，我不知其心何居？是否为帝国主义者张目而要编辑者不暴露他们的真相以使我们的儿童认识？

丁、用字不适宜

所谓适宜与否，不知有何标准？中国虽有人编过《儿童字汇》《民众字汇》……但完善而可作编辑小学国语的标准的，实在还未曾有。没有标准可据，但以自己的主观为凭，那么你说用这字不适宜，我也可说用这字很适宜，这官司打到一百年也解决不了的。就喟叽二字而言，本是形容母鸡和小鸡的叫声，可用注音符号的ㄍㄛㄐ一来表出的；但注音符号迄未通行，而表声又为儿童所喜，所以不得不取，"喟""叽"二字。"国""几"本为社会所通用，取声加口变作"喟""叽"作为儿童字汇；儿童即使多认识了这两个不大通用的生字，也不见得就浪费了许多光阴罢！——但是这一项因为没有儿童字汇做标准，偶用"喟""叽"二字是否错误的问题，我却愿意保留，等待研究儿童字汇的人下最后的断语，不愿多所辩论。

小学国语教材当然有许多可以批评的地方，例如鸟言兽语的分量多少之间，究竟应当怎样支配？关于民族复兴的教材，究竟应当如何充实？……真要仔细批评，问题自然很多。上面的几项批评，我不敢说他们是"破落户迷恋大门外半根旗杆的威风"的心理，故意"吹毛求疵"，而有要打倒白话，"复兴文言"的意思在内；但是我觉得他们对于教育的概念，也太陈旧了。他们以为儿童是一张死的白纸，染朱则红，近墨则黑，着不得一点灰尘，所以见有似乎不很合乎科学的教材，便怕儿童受了贻误；他们又似乎把小学儿童视为金丝笼里的小鸟，或者高楼上的旧式千金小姐，娇生惯养在他们所说的道德怀抱中，而不能和外界接近，所以见有似乎不很合乎他们的所谓道德的教材，便怕学了坏样，玷了门风。须知儿童是有生命、有脑子的社会分子，对于不很合乎科学或所谓道德的教材，也会抉择取去。用不着这么小心谨慎，怕杨树叶掉下来打破他们的头的。就是说小学国语确有不合道德和科学的教材在内，但是"三人同行，必有我师焉，择其善者而从之，其不善者去之"，儿童即使不能如此，难道教师也不能引导他们如此吗？何况小学国语是以儿童的文学为骨干的，并不是纯讲道德等的公民教材，或叙述科学的自然课本，本不必拘拘乎现实，更何况平心而论，小学国语教材不道德不科学的程度，也不如批评者所说之甚。

最后，我得声明，我的所以发言，不是因为我编的小学国语也受了别人的批评的缘故；须知我编的书已经国立编译馆审查教育部审定，我个人尽可不负责任了，别人的批评，用不着我发急。也不是因为我是教育部主管小学教育的小职员，替这些审定本分责"打官话"，须知教育部的长官，没有一位愿意他们的小职员和别人吵架的；我个人也向来绝对不审查小学教科书，不负审查小学国语的任何责任（按审查教科书完全是国立编译馆的事，教育部员并不参加一字一句的意见），更用不着由我为审定本辩护。我所以刺刺不休的，不过复现我十多年前促进语文教学提倡儿童文学的故态，"恶紫夺朱"，不甘让小学国语被别人一笔抹杀罢了。

（原载于《时代公论》1934 第 3 卷第 26 期）

规定各地方小学用乡土教材补充读物编撰条例准各地方自编补充读物案

【理由】

（一）小学儿童的读物，应该顾到两方面：甲是全国公共的教材，乙是本地方特有的教材。国定的课程和国家审定的教科书，当然只顾及全国公共的一方面，但本地方所特有的一方面，却是儿童耳濡目染的切身的东西，自也不可放弃。所以除将本地方所特有的教材，在教学时和全国公共的教材对比研究等外，可准各地方教育行政机关自编关于本地方特有的乡土教材的补充读物。

（二）但是漫无标准，各编各的，实在也有许多流弊。例如乡土教材，分量太多，容易把全国公共的教材放弃；又如你编你的，我编我的，不但内容轻重参差，文字也或者有草率不通的……所以应该由国家规定《乡土教材补充读物编撰条例》，以便各地方自编补充读物时有所遵循。

【办法】

由大学院规定《各地方小学用乡土特有教材补充读物编撰条例》，要点如次：

（一）乡土教材补充读物，以下列各项为范围：

1. 本地方特有的儿歌、民歌、传说；

2. 本地方的风景古迹；

3. 本地方的先贤传记；

4. 本地方的区域、交通、物产、行政组织、重要机关；

5. 本地方特有的婚丧喜庆时节等风俗习惯；

6. 本地方和他处不同的一切衣食住行事项。

（二）编撰乡土教材补充读物，须注意如下各项：

1. 内容

（1）不违背国民党党义；

（2）不涉及淫猥迷信等恶习；

（3）含有改进社会的意义；

（4）顾及儿童的学习心理。

2. 形式

（1）文字以汉字国语为主；

（2）意义浅显，和教科书程度差不多；

（3）文理通畅；

（4）印刷纸张装订，和教科书差不多。

3. 乡土教材补充读物，依学科的性质分别装订。

4. 乡土教材补充读物，册数分量不拘。但加入教学时间内正式教学的，不得超过教科书的十分之三。

5. 乡土教材补充类物，由各地方教育行政机关编辑。个人编辑的，如未经地方教育行政机关审定，不准发行。学校编辑的，未经审定之前，可在本校试用；但地方教育行政机关认为不当的，可随时令其改正或停止试用。

6. 各地方审定的乡土教材补充读物，须呈请大学院备案。大学院认为不合的，得令其改正或禁止其发行采用。

（选自中华民国大学院编《全国教育会议报告》，商务印书馆 1928 年版）

清末以来我国小学教科书概观

　　清朝末年，学校没有兴办的以前，我国的儿童读物，大约分两种，一种是启蒙的，例如《三字经》《百家姓》《千字文》《神童诗》《千家诗》《日用杂字书》《日记故事》《幼学》等，一种是预备应科举的考试的，例如四书，五经，史鉴，古文辞之类。这些读物，有的没有教育的意义，有的陈义过高，不合儿童生活，而且文字都很艰深，教学时除了死读、死背诵之外，也不能使儿童们明了到底读的是些甚么。儿童读这些书，一定要花上了七八年的工夫，读得烂熟了，再由老师开讲，然后才能渐渐地明白一点字义跟章句，至于圣贤的大道理，往往读了一辈子读到老死，也读不出甚么来。固然从这些读本读起，再读下去也会读出几个所谓"通儒"来，但是一则成功的只是少数的天才，一则这些少数的天才也往往书读通了，天才也成为废才弃才了。这些废才弃才，有的迂腐昏庸不辨粟麦，有的狂妄放肆不近人情……比了外国天才成为发明家科学家……有益于国计民生的真是不胜可怜之至！学校既兴，这些读物，自然应当渐渐地退出了儿童教育的领域，另有新兴的小学教科书，给儿童们做增进智识的食粮。

　　新兴的小学教科书从清末到现在，可以说常常在改革进步之中。究竟怎么样的改革进步呢，这个最好把现在的小学教科书跟从前的小学教科书，互相比较研究，再跟现代各国的小学教科书，互相比较研究，然后详细地分析说明。现在我没有分析说明的工夫，只能笼统地凭自己所见到的，说一个大概出来，我觉得小学教科书最重大的改革进步，大概有下列的几点。

一、白话文崛起

清朝末年跟民国六年以前的小学教科书，都是文言。商务印书馆最新教科书的文言，虽然比蒙学读本、蒙学课本的文言，简明了些，但是要儿童了解，仍是很不容易，所以接着商务印书馆等又有材料比较减少，文字比较浅显的所谓《简明教科书》等出版。民国元年，中华书局崛起，发行一套《新中华教科书》，这类教科书，文字反不简明，虽然因为政治的关系，很被小学教育界所采用，但是不旋踵而就自然消灭。商务、中华为求适应时势需要起见，又各编了材料更少文字更浅显的教科书，所谓《共和国教科书》《新制教科书》《实用教科书》《新式教科书》等等相继出版。但是文言无论如何浅显，儿童总不能直接了解，小学教课，把五分之四的工夫，用在读书上面，结果也只造成了少数勉强能文的高才生，跟所谓国民教育相差太远。民国六年左右，我们觉得文字是一种工具，文言白话，功用差不多，但是白话文是用语言写出来的，读时容易明了，不必花去翻译讲解的工夫，作文也容易要说甚么就写甚么，因此，主张小学用白话文编教科书，就在所办的小学里，自编白话教材，教授儿童。坊间教科书，首先加入一两课白话课文的，就是中华的《新式教科书》，办法很不彻底。到了五四运动以后，文学革命和国语运动的高潮掀起，北京教育部也竭力提倡国语，于是民国九年以后出版的小学教科书，例如商务的《新法教科书》、中华的《新体教科书》等，就都用白话编辑，文言教科书就渐渐地归于自然淘汰了。

现在文言教科书几乎完全绝迹，即使有一两本还被书坊私卖，保守派私用，但是力量究竟薄弱得很，不久的将来怕也一定会因不便教学，归于自然淘汰的。小学教科书改文言为白话，这是一种重大的进步，也是小学教学的自然趋势，教育部的提倡不过是促其速成罢了。教育部即使不提倡，这趋势也一定自然会来的，所以现在虽然还有人主张小学教科书参用文言，或者竟强迫用文言甚至读经，我想这不过是一时的现象，将来也一定会自然消灭。小学教科书改用白话的结果，小学儿童读书的能力，确实增进了许多，低年级六七岁的小孩也居然会自动地看起各种补充读物来，高小毕业生虽然没有读过文言，可是用浅近文字写作的书报，他们也粗枝大叶能够阅读了。读白话能收得这样的效果，似乎不近情理。其实原因是很简单的，因为高年级读的白话课文，跟报纸记事体的文言很相接近，所以结果，读了白话也能看文言书报，这自然是就大体说，要是有人反说过来说"自己从前在小学读文言，结果能看文言书报，并且能写很好的文言或白话论文，自己的儿子现在在小学读白话，却就不但不能作文，并且不能看报了。"那是他们父子两个人的特殊情形，不能概括多数。

二、儿童文学抬头

民国十年以前的教科书，中间也有些童话寓言一类的故事，例如《鹬蚌相争》《愚公移山》《永某氏之鼠》《黔驴之技》等，但是分量很少。那时的初小国文，包括一切常识，大半是说明文，高小各种教科书，更多数是说明文。说明文是很干燥乏味的，读的人对它生不出兴味来，所以小学用这类教科书，儿童大概兴趣索然，大有"言者谆谆、听者藐藐"的现象。有经验的小学教员，都知道这并不是一个好办法，所以主张给儿童多读些有趣的文字——尤其是在国文中，一方面要儿童强记文字符号获得运用文字的能力，一方面要儿童了解内容，获得杂俎式的知识，未免"事倍功半""吃力而不讨好"，所谓"两败俱伤"，倒不如编些轻松的故事给儿童读，使儿童只觉故事有趣就不知不觉地肯去努力阅读，无形中把文字符号也熟习了。因为有这主张，所以民国四五年时的国文教科书中就有了煤炭谈话、水之自述等一类的课文。这类课文，把煤和炭的成因功用、水的变态等用拟人的对话体或自述体做出，这就是所谓"儿童文学化"，跟说明文根本不同了。民十左右又有人提倡儿童文学，他们以为儿童一样爱好文学需要文学，我们应当把儿童的文学给予儿童，因此儿童文学的高潮就大涨起来。所谓新学制的小学国语课程就把"儿童文学"做了中心，各书坊的国语教科书，例如商务的"新学制"，中华的"新教材""新教育"，世界的"新学制"……也就拿儿童文学做标榜，采入了物话、寓言、笑话、自然故事、生活故事、传说历史故事、儿歌民歌，等等。别的教科书如历史地理等，也有人主张渗入此种文学的趣味，但是没有完全做到，自然，那时的所谓儿童文学是很幼稚的。不过从前的教科书，内容太"现实"而且用抽象的说明文叙述，好比前几年《申报》附刊的常识，没有几个人要看。民十以后的教科书，采入了和儿童生活比较接近的故事诗歌，好比是比较有趣的画报、电影刊物，要看的人，也当然多起来了。儿童文学在教科书中抬头，一直到现在，并没有改变，近几年来，虽然有人因为反对所谓"鸟言兽语"反对整个的儿童文学（"鸟言兽语"不能代表整个的儿童文学），恨不得把儿童文学撵出小学教科书去，可是据教育部去年拟了问题发交各省市小学教育界研究的结果，小学教育界仍旧全国一致地主张国语课程，应当把儿童文学做中心。我们环顾欧美各国的小学教科书，差不多早已"儿童文学化"了，美国的小学教科书尤甚，苏联文坛近来也竭力提倡儿童文学，创造儿童文学。可见儿童文学决不会跟小学教科书分起家来，即使有时被强迫而分家，也只是一时的现象。

三、教育目的逐渐正确

最初的小学教科书，很注重修身忠君爱国等的材料。民国以后，把忠君崇满和不合民国宗旨的材料革去，加入了关于民主政治的自由思想。民国四年因为袁世凯要做皇帝，各书店也有所谓"实用教科书"等出版，避去了民国共和等的字样。因为第一次世界大战的结束，和国内军阀屡次内战的恐怖，国内外都倡导和平。我国民十以后的小学的教科书，例如"新学制""新教育""新教材"等，就几乎成了无目的、无宗旨之世界通用读本，很缺少民族精神和国家思想的表现，这确是当时教科书的最大的缺点。民国十六年以后，革命空气弥漫了全国，小学教科书例如商务的"新时代"，中华的"新中华"，世界的"新主义"等，就充满了许多国民革命跟三民主义等的教材。不过那时的教科书，文字既很草率，内容又未免多了些叫口号式的叫嚣。民国二十年以后的教科书，例如世界的"新标准"，开明的"开明"，商务的"复兴"，中华的"新小学"，大东的"新生活"等，叫嚣的气焰低了些，目的也逐渐正确了。各科教科书，大概都能依照部定的各科课程标准编辑，国语教科书，也能把民族精神做骨干，特别注重救国雪耻等的教材，而以发明故事、科学故事、读书方法指导等等掺杂其间。外界不明真相，对于现行的小学教科书，有两种极矛盾可笑的看法，一方面一部分名流要人，以为小学教科书只是些"鸟言兽语"，没有民族思想，不能养成国民的民族意识。一方面日本人却以为民族思想太浓了，认为是"仇日教育"，逼着中国政府，要求修改小学教科书。其实，我国的小学教科书，虽然有些"鸟言兽语"，和民族思想并不冲突，例如羊拒狗，狗拒狼等，就隐喻弱者抵抗强暴的意识。至于彰明较著关于民族思想的教育，例如"李牧却匈奴""苏武牧羊""班超定西域""泗水之战""岳飞拒金""采石矶虞允文却敌""袁崇焕却满""戚继光平寇"……等课文，在小学教科书中真是不胜枚举。国耻教材，例如"鸦片之战""中法联军之役""甲午之战"……"五三""五九""九一八""一·二八"等等也无不应有尽有。我以为说现在教科书没有民族思想，是盲目的，说现在的教科书是"仇日"，也是一种诬罔。一个民族有一个民族的独立精神跟光荣历史，我们要独立，我们亦是抵抗侵略，并不想侵略人家，我们只是根据历史事实立言，并非虚构叫嚣，如果世界上的公理还没有完全毁灭的话，谁可说我们不应如此呢。

四、教材分量逐渐增加

最初的教科书如《最新国文》《蒙学课本》等，分量原不算少，后来，觉得文言文难于教学，才逐渐把分量减轻了。民十以前的小学教科书，分量实在太少，差不多只有一点枯骨，没有筋肉。民九以后，改文言为白话，小学教科书的分量，仍旧没有增加，一本教科书，往往只有一张新闻纸三十二开的四十八面，差不多一张半新闻纸，就可以装订成一本教科书，最多的也不过六十四面，少的甚至只有三十二面。因此，各种教材，都不能用文字充分的叙述，就是所谓儿童文学，也只是平铺直叙，没有什么描写，实在当不起"文学"两个字，儿童读了这样贫弱得可怜的教科书，所获得的，实在太少了。六年毕了业，跟初级中学也衔接不起来，最显然的，初中教科书上大约每本有二三百面，而小学六年级的教科书，只有五六十面，两相比较，大概是五与一之比，你想分量相差到如此之多，怎么衔接得起来呢！民国二十年以后，小学教科书的分量，才逐渐增加了，其中以一两种国语教科书，例如世界的《国语新读本》、儿童的《儿童国语读本》等，增加得算最多，有的初级国语，多到一百七八十面，有的高级国语多到二百多面，比了以前，分量增加了好几倍，内容也自然充实了。不过，有几家的教科书，分量仍旧极少，尤其是算术教科书，连练习，也没有几个。

　　近年各地方小学会考成绩，要算算术成绩最差，算术教科书分量太少未尝不是一个重要的原因。小学教科书分量不能充分增加，有两个缘故，一则书商不肯增加成本，减省一面，好一面，有些"偷工减料"的情景，一则大多数的小学教员教学方法太无聊了，白话文也要儿童背诵，因为材料多的教科书，课文篇幅很长，儿童背诵困难，就认为不合用，宁愿采用贫弱的教科书，这实在是阻碍教科书进步的重大原因。我希望书店跟小学教员双方注意，别再"习守故常"不求进步。

五、写作渐多艺术兴趣

　　平常没有经验的人，总以为薄薄的一本小学教科书，花不了几个黄昏就可以写成，要是听说写成一部书，卖上了几千块钱，那就不免疑神疑鬼，大为诧异了。其实长篇大论的鸿文，要说就说，不必句斟字酌，倒很容易写出来。薄物小篇的小学教科书，选材既然十分严格，用字措辞，也得句斟字酌，处处顾到儿童的程度跟兴趣，却不能随便下笔。所以一课课文写成，往往再三易稿，一本书的写成，往往花上个把月的工夫。一部书的写成，在比较有信用的书店，也往往花上几千块钱编校费，尤其是写国文或国语教科书，限制更严，束缚更甚，即使是名家的诗文，也不容易入选，偶然选了一两篇，也得再三斟酌，使他没有一个字晦涩含糊，没有一句句子杂乱敷衍，不能合用。所以有人说编小学教科书，写散文无异做科举时代的八股文，写诗歌无异做科举时代的"试帖诗"，往往"挖空心思"，也写不出好东西来。因此，清末以来写成的教科书课文，大概枯窘呆板，或者浮泛疏散，无所谓"艺术""文学"，至多不过字句很斟酌，毛病极少罢了。可是中间经过两次的解放，第一次从文言改为白话，第二次教材分量不受限制，最近出版的小学教科书，尤其是高年级的国语读本，也居然有一两种的许多课文，写作得"事实一贯""趣味隽永""叙述曲折生动""措辞诚恳切实""描写和事实和谐""结构严密圆满"……很有一点文艺的手腕，非旧时的教科书所能企及了。小学教科书文字居然能写到这样，这不能说不是一种很大的进步。只可惜这一种的写作，现在还是很少，我很希望学养有素文笔巧妙的人，多多从事于小学教科书的写作，以使小学教科书彻底地改观。

六、编制渐趋手脑并用

某君有读书跟用书之说，他以为书是应当供用，不应当徒然供读的，读书只是死读，用书乃是活用。他在小学教科书的编辑方面，虽然没有提出甚么具体的方案来，可是他的议论，是很值得我们注意的。我们觉得徒然叫小学生死读教科书，实在不是一个好办法，我们必须叫小学生能够用书。可是从前的小学教科书，只是供读的，不是供用的，所以除了课文之外，没有一点别的附属品，既没有启发思想的问题，也没有指导工作的启示。至于练习课文，也是很少很少，"工作簿"或"练习簿"，除了算术之外，更是绝无仅有。这样的教科书，自然只有死教，死读，没有活用的余地。民国二十年以后，可就有几种供读兼可供用的教科书出版了。例如各种国语教科书在几课课文之后，就有一课附课，有的供儿童填写补充，有的供儿童选择答案，有的指导儿童画图，上颜色，有的指导儿童剪贴，有的指导儿童笔答，有的指导儿童造句修辞……不但要儿童用脑，并且要儿童用手动笔动剪子等等。又如社会自然等常识教科书，也有在课文前面列启发的问题和搜寻材料的方法，课文后面附制作试验等方法的。这些教科书一面可以使儿童看文字，一面可以使儿童照着所指示的方法，手脑并用，实行所谓教学做的做字。现在，美国和日本等小学教科书，也有在读本之外，附有工作簿的，他们的工作簿，列入许多要用手去做的种种有趣的工作，和教科书相附而行，供儿童画、写、剪、贴……我们的教科书，还没有附有工作簿，这是一个缺憾，但是教科书中附有工作材料，却已逐渐见诸事实了。这里应当辨明的，工作簿和笔记簿不同。工作簿是手脑并用的练习簿，笔记簿只是徒记怕遗忘的材料的簿子，一活，一死，一有趣，一呆板，完全不同。我国小学教育界现在盛行笔记簿，实在于儿童害多益少，我很希望将来另有一种工作簿代笔记簿而兴。

七、国语读本从单字起进而为从整段的故事起

从前的国文教科书，第一册开头是"天地日月""人尺刀弓"等许多不成语句的单字。这些单字给儿童读，无异读方块字，生不出兴趣来。后来改成"大狗叫小狗跳"或者"来，来，来，来看"等，虽然不是故事，却就具体得多了。再后来改成从图画故事起，在故事图中夹些成句的文字。例如小红上学图，便有"小红上学"一句给儿童读，一个小孩看羊骑狗图，便有"啊！真好玩"的完全句子给儿童读。成课的课文，更往往编作成篇的故事，用囫囵的句子开头，小学国语课程标准说，"开始用演进连续的图画故事，次用半图半文的故事……"，又说"文字教学从整段的故事入手，不用单字单句入手"，这是文字教学的普通原则，现在总算是逐渐做到了。普通人看不惯现在的教科书，以为从"天"到"人"从"人"变"狗"……愈趋愈下，这实在是一种绝对外行的话。

八、国语教材的编排由无组织进而为有组织

从前的教科书，各课课文，除了国文国语的生字稍有联络以外，其余都不相关联，可以说是没有组织的，各课互相独立的课文，自然散漫得很，不易使儿童得到连类阅读、互相比较的机会。民国二十年以后出版的教科书，就有几种顾到教材的组织，有的将性质相近的教材排在一起，例如关于民族英雄的故事，关于发明的故事，关于名山大川的游记，关于读书的方法的指导，三四课各成一组，有的以儿童一二人为全

本主角，每一组将开同乐会等做导言，小朋友们你讲故事，我说笑话，你唱歌，我猜谜语，每一举动编成一课，而故事，笑话，诗歌，谜语，应有尽有，各自联络。这样的编制，儿童读时，不但可以发生类化作用，而且读了这课要看下一课，动机自然不必督促。

九、插图从单色进而为复色或彩色数量增加形式也生动了

从前的教科书，只有单色插图很少彩色图，而且数量很少，图幅也不大。现在的教科书，就不同了，低年级用书的插图，往往占全面或半面，而且几乎面面有图，纯粹黑色的图也分出浓淡深浅的复色来。书坊均有全本彩色图的教科书发行，尤非从前的教科书所能及。不过有几家的教科书插图，还没有改善，有一家的某种高小国语，简直一个插图也没有，真是令人惊奇。

十、课文之外的粗边线书名页目等一切足以妨碍
儿童视线或有损书的美观东西都逐渐取消了

这似乎是一个无关宏旨的问题，但是很粗的边线，冗长的书名用四号字排印的页目，还有所谓"生字"栏等，五花八门，杂印在课本里实在也太不雅观了，自然以取消为是。现在虽然还有几家很保守，没有把这些无聊的东西取消，但是有好多家出版的书，却已取消了。连教科书的夹缝里也注意到，这不能说不是教科书的进步的表现。总而言之，我国的小学教科书，大体上确实时时刻刻在改良进步之中。据从欧美考察教育回国的某君说，"我国小学教科书较之欧洲各国，殊无逊色"。这虽然是大体的估量，仔细地分析起来，未必尽然，可是几十年来，我国小学教科书，确实有惊人的进步，这是稍注意教科书的人都知道的。

不过我国小学教科书，跟欧美各国最进步的教科书仔细地比较，还有许多"望尘莫及"的地方，例如：

（一）欧美最进步的小学国语教科书，生字复习次数很多，我国的国语教科书生字，复习次数较少，这是由于我国的文字形体复杂取用为难的缘故。在我国文字没有改用"新文字"以前，实在是无从和欧美最进步的小学教科书比较的。

（二）欧美小学教科书的教材分量多，插图彩色图也多而精美，我国小学教科书的教材分量少，插图也比较的少而草率。在欧美各国经济情形比我国好，教科书的定价不妨高昂（美国一本小学教科书，有定价高到美金一元以上的），所以教材分量也不妨增加，插图彩色图也不妨加多。我国经济情形太坏，教科书的定价不能过高（我国一本小学教科书定价大概只法币一角，实价抵不到一本美国教科书定价的三四十分之一），所以教材分量也不能过于增加，插图也只得少些，彩色图更不能增加，至于插图的精美与否，是与技术很有关系的，自然我们的技术比较差些，毋庸讳言。

（三）欧美的小学教科书，印刷精良，装订坚固，我国的小学教科书，印刷装订都比较草率得多，这是跟经济以及技术都有关系的，技术还可改进，经济很少办法。

（四）欧美的小学教科书，各科都能平均发展，我国的小学教科书，只有国语科用书进步得最多，其余各科用书进步很少。各国的社会习惯，各科并重，我国的社会习惯，只重视国文国语，所以各书坊也往往只把国文国语改进，做自己的门面，其余各科用书，就不急急地改进了。

此外，我国的小学教科书，现在还有一个奇怪的现象，就是差不多各科都有教科书，不但国语，算术，常识（或社会自然）有教科书，连卫生，美术，劳作也有教科书。因此儿童读的书，种类很多，小学教员的教学方法又不很好，只是死读记忆，逼得儿童一天到晚读书背书，忙不过来，造成了许多麻木或神经衰弱的小国民。照我的意思，小学低年级只消国语用教科书，算术不必用教科书，只用练习簿，常识也不必用教科书，只用工作簿，其余各科，重在"即学即做"，更用不到教科书。中年级国语常识两科用教科书，其余跟低年级一样，只用工作簿或参考书。高年级只有国语，社会，自然，卫生用教科书，其余都用参考书或工作簿等。最理想的办法，其实中高年级，都可以只有国语一科用教科书，常识或社会自然等也都用参考书，各小学喜欢多用教科书，大概因为看见各书店多出版各种教科书的缘故，各书店喜欢多出各种教科书，大概因为营业的关系，所谓"有生意总得做"的缘故。因为营业，多出教科书，因为多出版教科书，学校就多用教科书，这实在不是一个好办法，我希望将来各书店多编各科参考书工作簿，以供各小学采用。

最后我还有两层意思。

（一）小学教科书，固不免有粗制滥造的，但是有些人带着颜色眼镜或者存着破坏的心思，批评小学教科书，说它这样不好，那样不对，甚至把最进步的教科书，也批评得"体无完肤"，这也不是一个好现象。我以为小学教科书，批评易而编辑难，与其空空地批评别人的作品，倒不如自己拿些货色出来给别人看看。至少也要用建设的态度真正客观的科学方法把如何改进的意见向编辑者诚恳陈说，没有一点"歪曲"，没有一点别的作用，以使别人心服。

（二）我国小学教科书，还没有十分进步，比较进步的教科书，也不见得被小学教育界争先采用，所以某商人说，"小学教科书无所谓好坏，讲销路只在乎营业手段，即使编了好的小学教科书，小学教员们也未必识货，也未必会用"。这些话，固然骂得太凶，但是小学教员不会选择教科书，或者因为被营业手段所笼罩，对于教科书竟不加选择，这也确是事实。我希望小学教员们，以后对于教科书的选择，十分注意，别再盲目。

（原载于《同行月刊》1935 年第 4 卷第 1—4 期）

旧中国的小学语文教材

一、旧中国的小学语文教材

清末兴学之初，学校（时称"洋学堂"）新兴，学塾习用的语文教材如《三字经》《百家姓》《千字文》和"四书"（《大学》《中庸》《论语》《孟子》）"五经"（《诗》《书》《易》《礼》《春秋》——以《左传》为主）等都不适用了，新编语文教科书就成为必要。

从清末到新中国成立前的 70 年间，小学语文教材的编行经过了一段摸索试探时期，教材定型以后，可以分为三个时期：一是 1903 年开始的"国文"教科书时期；二是 1921 年前后开始的"国语"教科书时期；三是 1931 年"九一八"后的"国语"读本时期。这三个时期的小学语文教材，随时代而改头换面，种类繁多，要开出一个书目单也实在不容易。现就我所知道的，并主要结合着我主编的三部小学语文教材，概述如下：

小学语文教材的摸索试探时期的情况。早在清同治、光绪年间，帝国主义在中国传教的基督教会，多附设学堂传教。1876 年（光绪二年）他们举行传教士大会时，议决组织学堂教科书委员会，从此，我国就有了教科书的名称。到科举废除前后（废科举兴学校是1905年，即光绪三十一年八月），新式的语文教材相继出现，"有由学堂自编应用者，有由私人编辑者，有由书商发行者，有由日本教科书直译而成者"，教材的名称种类很多。其中较早的有《蒙学课本》，上海南洋公学外院（即小学部）陈懋治、杜嗣程、沈庆鸿等编辑，1897年（光绪二十三年）出版，该书共三册；有《字课图说》，刘树屏编，上海澄衷蒙学堂出版，1901年（光绪二十七年）10月石印。较为差强人意的有《蒙学读本》，江苏省无锡县三等学堂俞复、丁宝书、杜嗣程、吴眺等编辑，共编七册，小学七年，每年用一册，1898年，先由上海文渊书局出版，1902年改由上海文明书局出版。到1903年《最新国文教科书》出版后，《蒙学读本》和其他语文教材才先后退出历中舞台。

1903年，上海商务印书馆开始印发《最新国文教科书》，是由张元济、高凤谦、蒋维乔等编辑的。《最新国文教科书》的编辑印发，标志着小学语文教材的定型。由于当时各地学校刚刚开办，入学的学生大多数是从学塾转来的，年龄往往较大，已经认识了好些字，这书又比《蒙学读本》浅易得多，教学起来比较便利，所以它和别种教科书（修身、算术等）各销行到几百万套。后来，学校越办越多，入学儿童的年龄越来越正常（6岁入学），用《最新国文教科书》教学觉得字句太深，材料太多了，所以商务印书馆又由高凤谦、庄俞、沈颐、陆费逵等另编了《简明国文教科书》，和《最新国文教科书》相辅发行。一直发行到民国初年，国体号称"共和"。那时陆费逵、戴克敦等另成立中华书局，把陆费逵、沈颐等在商务时暗中编的教材，定名为《中华小学教科书》印刷发行，商务印书馆才有了竞争的对手。商务印书馆的张元济是维新派，不相信孙中山的旧民主主义革命会成功，对改编适合民国的教科书一点没有准备；而中华书局的《中华小学教科书》，虽然粗制滥造，但却是符合所谓共和政体的，所以它一出版，就使"商务"的旧教科书黯然失色。这时，"商务"才赶编了《共和国教科书》，和"中华"竞争，挽回了失败的局面，并凌驾在"中华"之上。"商务""中华"成了劲敌。书商看到教科书有利可图，把它当作科杂书中（教科书称为"科"，非教科书称为"杂"）的主要商品，他们不择手段地相互竞争得更加剧烈。其后 20 多年间，又有世界书局、大东书局、开明书店、儿童书局等等先后开设，各编各的教科书，各自发行，直到国民党统治的抗日战争后期，由所谓"国定教科书"取而代之，各书商才停止了教科书的编辑，只在发行"国定教科书"方面，互相争夺发行份额以图利。

至于共产党毛主席领导的解放区，教科书才改变了商品的性质，成为为革命、为工农兵服务的书本。在第二次国内革命战争时期，江西红色区域有《列宁小学教科书》，可惜我没有看到过。抗日战争和解放战争时期，各抗日根据地或老解放区，如陕甘宁、晋察冀、晋冀鲁豫、东北、山东等都各自编辑出版了课本，我也没看到。毛主席在抗日战争初期，曾提出："改变教育的旧制度、旧课程，实行以抗日救国为目标的新制度、新课程。"（《为动员一切力量争取抗战胜利而斗争》）解放后，我见到各解放区的不多几种课本，内容确实都是照着这个精神编的。

旧中国许多小学语文教科书中，有我编的三部在内。它可以代表着旧中国小学语文教科书的三个时期，三种类型，现在概述如下：

（一）《新式国文教科书》，初级小学秋季始业用八册，是我在中华书局编辑的。它是文言文，比当时的一般语文教科书多些故事体课文且行文更浅近活泼些，每册有四课白话文附课，是简明的带有一点"文学化"色彩的类型。教授法仍是清末以来从日本学来的统治欧洲大陆的德国海尔巴特的"五段教学法"。

（二）《新学制国语教科书》，初小八册，高小四册，由商务印书馆发行，是五四运动之后军阀混战时期的 1921 年我在商务印书馆编辑的，到 1924 年才完全出版。除了高小部分的旧诗词和我仿做的旧诗词用文言文之外,散文和初小部分的散文诗歌完全是用白话文编写的。所谓"文学化"就在教科书里正式突出地抬头。内容虽然受五四运动的提倡白话文、反对旧教条、提倡科学和民主的影响,有爱国、反封建、反军阀内战等的一面;但是另一方面受崇美思潮影响,因为当时正处于第一次世界大战之后,美帝国主义想称霸世界的所谓"世界主义"时期,同时亲美崇美的留美学生回国带来了杜威的实用主义,我是莫名其妙地跟着留美回国学生瞎走,一点也没有觉悟到五四运动的意义。这部教科书的类型也是美国式的所谓"儿童文学",其实也是杜威教育的"唯趣味主义",以玩乐投儿童之所好。而且这部教科书影响很大,使别家(书商)的编辑者也跟着走。教学方法改用异于大陆派(指欧洲)的所谓美国的"新教育"——杜威的设计教学法。

(三)《国语新读本》,初小八册,高小四册,由世界书局发行,1929 年开始编辑,到 1931 年出版发行,1933 年修订,1934 年再版发行。这部书由我主编,也请几位小学有经验的老教师协商、帮助,想抽版税而没有抽成,结果卖稿子给世界书局印行。开始,只编初小八册,就想向书商接洽抽少些版税,以图独立生活而不仰给于国民党反动派的给养(当时我在国民党教育部工作)。可是出版发行权掌握在书商手里,我要抽版税的主观愿望当然不会实现。托人问商务印书馆,总经理兼总编辑王云五说:"教科书不能抽版税,多卖些稿费倒是可以的。"(其实教科书如周某的《英语模范读本》是抽过版税的。那是当初当权者认为那书编得不好,连卖稿也不要;但由于周是编辑员,情面难却,姑为允抽版税而出版,认为销路一定不会广的。不料一印行,却销路大畅,抽的版税很多。因此商务就再也不让教科书抽版税了。)问中华书局,总编辑舒新城说:"小学教科书的经营是靠营业手段的,小学教师也不问教科书的好坏。我们根本不要那种教科书。"世界书局沈知方却怕我的稿子被别家买去，于是由总编辑范云天来和我商量；我没法，只得卖给了世界书局，加编了高小部分。这书当然也是用白话文编的，"文学化"更甚于《新学制国语教科书》。这部教科书编于全国人民掀起抗日救亡运动时期，课文内容比较正经，不大开玩笑，形式也比较多样。但是缺点很多（下文另行说明）。至于它的影响，不比《新学制国语教科书》为大，因为它只销行在南京、上海等大城市，发行的时期不长。教学法仍是杜威的一套。

二、教材的政治思想的两面性和所谓"宣传共产"的查办

确实，一切人为的东西是不能没有思想性，不能不打上阶级烙印，不能不表明政治上是为谁服务的。语文教材尤其不能例外。清末到解放前的旧中国（除了解放区），成了半封建、半殖民地和殖民地，所有的语文教科书，不能不是为半封建、半殖民地和殖民地的反动统治者服务的。清末的《蒙学课本》有所谓"德育"，《最新国文》有所谓"修身""政治"，分别出于维新派的吴朓（即吴稚晖）、张元济等之手，除了忠、孝、仁义、尊孔、崇道和自由、平等、博爱等等之外，还会有别的什么字样呢？民国以后的中华书局的"中华"教科书、商务印书馆的"共和国"教科书，尊孔崇道还是有的，不过加上了些"共和""民主""宪法"等等字样而已。到袁世凯称帝时，商务的"实用"、中华的"新式"等教科书（连我编的在内），连"共和""民主"也不敢提了。袁世凯失败后，课本又连忙加上了些"共和""民主"等等字样。"五四"运动后，商务的"新学制"、中华书局的"新教育"等小学教材，不但不反映五四以后的国民革命，而且为胡适、蒋梦麟等从美国贩卖回来的杜威实用主义作宣传，为亲美崇美服务了。1927年大革命之后，商务连忙赶出"新时代"、中华赶出"新中华"，世界书局赶出"新主义"等教材，都草草地加入了"三民主义"之类的内容，孙中山

也才开始在小学语文教科书中有了名位。1931 年以后，日本帝国主义侵占了中国的东北，非沦陷区的中国人懔于国难严重，编小学语文教科书的才加入了抗日救国的内容，商务的"复兴"、中华的"新小学"、世界的"新标准"（包括我编的《国语新读本》）、开明的"开明"、大东的"新生活"，也都将日帝对我国的侵略、全国人民的抗日救国运动，或多或少地反映在小学教材上。日本帝国主义者还收集了这些教材，诬为"仇日教育"的资料，印成了小册子，一面向国际联盟控诉，一面向国民党政府抗议。国民党政府马上下令要各书商删除这些课文。各书商有的遵令删除，有的像《国语新读本》就改头换面，不提日本字样，只用"敌国""敌人"来代替"日本"和"日军"，不予认真删改。我当时曾站出来辩护这些教材"教育目的逐渐正确"，并且说："说现在的教科书是'仇日'，也是一种诬罔。一个民族有一个民族的独立精神跟光荣历史。我们要独立，我们只是抵抗侵略，并不想侵略人家。我们只是根据历史事实立言，并非虚构叫嚣。如果世界上的公理还没有完全毁灭的话，谁可说我们不应如此呢?"（见 1936 年《申报·全国儿童读物展览特刊》）但是，这些教科书除了爱国抗日的内容以外，也大谈三民主义，直到抗日战争时期，国民党消极抗日积极反共的特务统治加强，陈立夫等认为这些教科书不能"统制思想"，甚至怕《国语新读本》之类有"宣传共产"的作用，于是另发行所谓"国定教科书"，其他教科书一股脑儿丢进垃圾箱去，根本不许再用了。沦陷区印发的教科书，是删除了抗日内容的本本，由留在那里的书商发行，专为日本帝国主义和它卵翼下的汉奸政权服务。当时各书商编的教科书为了营业谋利，总是要逢迎统治阶级，以便容易审定、推销，编书者也不得不听命于书商。

　　我编的三部小学语文教科书，正反映了其两面性：既有要求进步的一面，也有落后的一面，和当时的各种小学语文教科书并没有多大的区别。说"有要求进步的一面",主要是指反封建主义方面的,如在文言白话之争中,坚决主张白话文;在"鸟言兽语"之争中,坚决提倡"鸟言兽语"的童话、寓言等;这一些在当时的历史条件下是有进步性的。这种争论实质上是封建和反封建两种思想在教科书这个文化领域的一场又一场的斗争。它的政治意义是要封建主义还是要资产阶级的民主主义。又如在教科书里宣传抗日救国这种民族正义感,也是"进步"的。说有"落后的一面",因为我的立场、观点是资产阶级的,因而使"进步的一面"有很大的局限性。我在 1921 年后编的《新学制国语教科书》等,是受了杜威实用主义影响,使许多教材充满了资产阶级的思想、情调。现就这三部教科书举例说明。

要求进步的一面,三部教科书都有所反映。如反对封建帝王的:在1911 年辛亥革命后,政体号称"共和",是在袁世凯称帝、张勋复辟前后,在《新式国文》中编进《国会》《宪法》等资产阶级旧民主主义所要求的课文。在《新学制国语》中有较多的反封建帝王的教材,如根据安徒生童话《皇帝的新衣》改写的《波斯国王的新衣》(初小第六册),说明帝王将相上下相蒙,自欺欺人,闹了一场大笑话;《可怜的乞丐》(高小第二册),用《凤阳花鼓》调改编而成,说凤阳出了皇帝朱元璋,害得人民连年遭兵灾、天祸。后来的《国语新读本》,把这类课文另外换成了一些反对称霸、反对法西斯的内容。如《打倒小霸王》(初小第四册),说自称"小霸王"的王村长的儿子在学校里强凶霸道,不少学生怕他,送他东西并附和他。但是结果一些学生把附和他的人争取过来,大家联合着要和他打,终于他被逼得不敢称霸王了。这课文虽然说的是对王村长儿子的斗争,只是到那个人认输而止。但是在蒋介石反动统治下,村长就是具体而微的蒋介石,具体而微的蒋介石能让儿子被穷学生真打倒而不卷土重来吗?当然不打倒蒋介石,也就打不倒具体而微的蒋介石。这种课文的问题还是很多的。

又如反对剥削压迫和同情农民、手工业者的：《新学制国语》有《奇怪的爸爸》（初小第四册），说木匠的儿子问母亲为什么父亲只造高楼大厦给富人住，而自己住矮小的房子。《小螃蟹》（第五册）课文里说，小螃蟹横行来，横行去，终于被渔翁捉去。《妖人跟妖法》（第六册）说保守的封建手工业头子，勾结封建官僚，禁毁了新发明的同时能织十条五色带的织带机，还惩办了发明人，说他是妖人妖法。《煮盐的灶户》（第八册），说："浸在欢乐热闹中的人，是没有机会听到另外许多人的痛苦呻吟的。……走进另一世界……会看到……正在为着生活的艰苦而哀号。这些人像疲乏的牛，驮着重担，拖着笨重的脚步，擦破颈上的皮肉，一步一步走不容易的道路！——整个中国的农民，都是匍匐在天灾人祸中。但是……还有比……农民更辛苦的人呢，那就是所谓'煮海为盐'的'灶户'。"

反对迷信的：《国语新读本》中较多，如《研究真理的盖力略》（第七册）、《我们的老师达尔文》（同上册），他们都受到了天主教的迫害。还有反对求神、怕鬼、靠天吃饭等故事。

这些课文有破除封建迷信的作用，但是也有两个缺点：一是宗教是西方资本主义、帝国主义对本国劳动人民麻醉、对外国进行文化侵略的工具，当然我是知道的，但没有提出来（因为怕得罪教徒）；二是国内的许多封建迷信，是地主阶级利用来愚弄吓唬劳动人民，使劳动人民安于被剥削的地位而不反抗的，当时我不很了解，甚至认为没有知识的农民等等才会迷信，那就带有根本性的错误了。

还有反帝、反殖、反侵略的（包括孙中山三大政策）、抗日等等的。如：称颂爱国的历史人物的，《新式国文》有《文天祥》《史可法》《鸦片之战》等等；《新学制国语》有《不辱国的使臣》（晏婴使楚）、《苏武牧羊》、《淝水之战》等等。《国语新读本》有不少孙中山的故事，有《卧薪尝胆》《张骞冒险通西域》《戚继光平倭》《林觉民的遗书》

等等。课文都是根据历史或传说写的。《国语新读本》有些课文还在课文前加"前言"，课文后加"问题"等。如《郑成功攻守台湾》，前言是："'四百万人（按当时台湾人口是四百万）同一哭，去年今日割台湾。'这是台湾爱国诗人邱沧海的两句诗。那时的台湾，在中日战后，划归日本才一年；到现在将近五十年了，谁还哭着想起割台湾的一回事呢?"《南宋君臣亡国泪》的前言是"我们的祖先，国全亡了，还能拼命不怕死。现在，辽吉黑热四省虽亡，但是国未全亡，我们为什么不趁早拼命救国呢?"这类课文，可以激发儿童的爱国抗敌精神，也讽刺了蒋介石消极抗日、惧敌、投敌的思想。但是，关于农民起义，如三元里人民抗敌、太平天国竟没有提到。

《国语新读本》是"九一八"前后编的，抗日教材就更多了。如《大雁南飞记》（第七册），用大雁自述口气，说明"九一八"事变。附问题："……（2）大雁在北大营附近看见些什么? 到底是怎么一回事?"又如《小朋友寄衣物给战士的信》（第八册），写小朋友准备了衣物寄给前方抗敌的战士，后面附问题：1."敌人"指谁?"失地"是何处?……

孙中山实行联苏、联共、扶助农工三大政策，蒋介石叛变革命后，一改而为从事反苏、反共、压迫工农的反动活动。我当然不敢正面提出三大政策，只在《国语新读本》中含蓄地插入了反映三大政策的一些亲苏、亲共、重视工农的教材。如：《热闹的劳动节》（第八册）、《明日的农场》（同上册）。还有根据孙中山《民族主义》的一部分材料编成的《中国人的能力》（同上册），说中国从前发明了烹调法、养蚕、拱门、吊桥、瓷器、指南针、印刷术、火药等等，能力比当时的外国人强。今后只要研究科学、利用机器，一定会迎头赶上去，后来居上。最后说苏联也是一介比较落后的国家，"现在已有后来居上的趋势，我们应急起直追，发挥我们自己的能力。"

这些教材并不多，一则我对苏联知识不多，说不出更多的东西；二则怕招惹时忌，不敢提列宁、斯大林在苏联的领导作用，仅仅旁敲侧击一下。

此外，还有重视工农、赞美工农的课文，甚至有反帝、反殖、反对资本主义的倾向，可以说在当时的小学课文中是最突出的。但有些课文只要求劳动者努力劳动，不敢鼓动他们起来和剥削者作斗争。

我的课本里还有散布封建余毒、丑化工农、亲美崇美等反动教材。如《新学制国语》第五册里的《朱姓人家嫁女儿》的民间歌谣中有："为何不杀牛？牛说'我耕田地你收租，为何不杀猪？'"的句子，把收租剥削说成了理所当然。但国民党反动统治者还是把《国语新读本》看成是肉中刺、眼中钉，非把它拔去不可。因此，它遭到了打击，还引起另编"国定教科书"，等于"罢黜万家，定于一尊"的变相的"焚书"而几乎"坑儒"的大变、特变。

《国语新读本》是推销在上海、南京等大城市的，除了引起商务、中华、开明等书局嫉妒，联名用广告抨击，并且利用龚德柏办的《救国日报》造谣诬蔑，进行人身攻击之外，还受到一贯想统治思想的 CC 头子们的十分注意。不知是 CC 勾结书商，还是书商怂恿 CC，忽然有人从武昌查无其门牌号码的某某街，发出一个电报给正在南昌的蒋介石，说这部书"宣传共产"请予查办。蒋介石就电行政院和教育部彻查。当时我在教育部做主管小学教育的科长。对于这事一点也不知道，只知道教育部长王世杰委托北京大学教授杨振声等另编一套高小教科书，没有要我参加，连《小学国语课程标准草案》的讨论，也没有我的份儿。大概在 1939 年，有一天，常务次长钱昌照（钱先生后来是反蒋站到共产党和人民一边来的）参加庐山会议回来，找我谈话，说：庐山会议有人攻击你，说你编了小学国语教科书，却卖了好几千块钱，是利用职权，勾结书商，无异贪污。我说明了编书是想抽版税，可以不做职官的原因。并且说：不抽版税而卖到几千块钱，怎么能说贪污呢？他说：无论如何，你不能再编教科书了，既然做了"官"，就不能和书商打交道。我当时很不服气，说："抽不到版税我当然不再编；如果能抽到版税的话，我还是要编的，我本来不想做官。"辞出后，我去找政务次长段锡朋，告诉他钱的意见。段是比较油滑的，而且和钱有矛盾，就说：你不要理他，你做的是教育"官"，编的是教科书，办教育行政的就不能编教科书吗？又说：庐山会议时确实有人攻击你，但是没有人接口，我们（指他和王世杰、钱昌照）也没有说什么，就过去了。又说："不但如此，你编的国语教科书，蒋总司令还来电叫我们查办，说那教科书宣传共产呐。我和王部长都看了你编的那书，有两课是可以借口的，一课是《热闹的劳动节》，一课是《明日农场》。但是我和王部长以为前一课主要是说苏联的工人生活，其实资本主义国家的工人生活也差不多，甚至可能比苏联好些；后一课是'集体农场'，我们中国也确实可以办，算不得什么，所以我们已经给你答复了。"这时我才知道，我编的书已经以所谓"宣传共产"而查办了。后来我想，AB团头子段锡朋为什么对我这样好！原来有他们的想法：一则《国语新读本》是教育部所属国立编译馆审定而且给予好评的，真正查办起来，他们自己也有责任；二则在他们看来，这教科书即使有一点儿小刺，也触不痛反动的统治，用不着大惊小怪；三则他们另有打算，那就是请北大教授杨振声等另编一套教科书，取代书商编的一切教科书。因此，一面复蒋说教科书应当由"国家"自编，书商编的总难免流弊，对付了蒋介石；一面把我冷起来，不让我过问"小学课程标准"和杨振声等编的教科书。当我问到段锡朋时，他却假意地说：你要编的话，你编你的吧（他明知我不会再编，乐得说漂亮话来敷衍我）。但是陈立夫一则是法西斯反动统治的一个大员，心目中容不下哪怕只是一根小刺；二则又是官僚资本四大家族的一家，办了一个正中书局，正想包办中小学教科书的发行。

因此，他就嗾使他的走狗在庐山会议上说我贪污，并且和何键同唱所谓"鸟言兽语"违反"科学"的论调，逢场必骂，也加速了他另编"国定教科书"。他想把杨振声等编的一套高小教科书、陆殿扬等编的一套初小教科书，都由正中书局垄断发行，因抗日战争发生而没有实现。到他在重庆任教育部部长时，便组织"国定教科书编辑委员会"，迅速编辑成套教科书，以正中书局为首联合各书商正式发行了。

三、白话文的先行和文白之战以及读经与否之争

用半文半白的文字"语录"，是宋朝开始的。用白话文写小说，是宋元以来就有了。用白话文普及文化，则在清朝末年甲午战争之后，始有人提倡。他们认为日本所以富强，由于"无人不学，通国皆兵"。中国则汉字难学，文言深奥，要开通民智，必须先用"白话文"表达北京的通俗语"官话"，以推行全国。还创造了一种新式文字，叫作"官话合声字母"（又叫"简字"）以便推行。这个做法，其实在当时文言文的汪洋大海中也是行不通的。不但行不通，还遭到了清王朝的下令禁止（辛亥革命前夕下令的）。当时也有以白话文私编小学教科书印刷发行的，但是没有人采用。民国成立后的1915年左右，由俞子夷发起，我们在江苏苏州的省立第一师范附属小学私自用白话文自编油印教材，教初小低年级生。当时，北京的北洋政府教育部，也有不少人如黎锦熙等主张用白话文教小学生的。北洋教育部总长张一麟，也是主张用白话文教小学生的。张是苏州人，曾写了一封长信给苏州教育界，要求苏州教育界向一师附小学习。但是教科书是用文言编辑的，苏州公私立学校即使不保守，实在也没有条件自编白话教材应用。所以张一麟的信，并没有获得相应的响应。但是一师附小却得到了鼓舞，后来索性连中年级也用白话文教学了。一师附小的校址在三元坊，学生多数是贫寒子弟，家长们对用白话教材，没有意见。少数家长也许是反对的，但是他们可

以让子女转学到别的学校去。所以我们一直没有听到反对白话文的声音。到 1917 年我亲自主办一师附小的时候，除了高小语文仍用文言教学以外，高小其他科目和初小各科，凡是要用文字教学的，一律改用白话文。这不是我们特别爱好白话文提倡什么"新文学"，主要是从教育着眼，认为白话和文言，同样是表达思想感情的工具，而白话文明白如话，即使在方言区，普通识字的人，也一看就能了解。儿童读白话文，比较容易懂，不像文言那么要费工夫翻译、讲解。当时，也不是主张废止文言，只是主张先从白话文学起，到有了基础，再学文言，白话、文言分阶段教学。我个人又主张从小学中年级起，教学少数的不用典故而实际是文言的旧诗词和用文言创作类似旧诗的诗歌。认为诗歌的语法，根本不同于散文，把这些诗歌教儿童，使儿童欣赏一点儿，不会影响他们写作白话散文。

以教科书而论：最初的《蒙学课本》《蒙学读本》《最新国文》《简明国文》等，都是用文言编成的。1917 年左右，北洋教育部黎锦熙等竭力提倡"国语"，成立"国语统一筹备会"，主张用白话文教学儿童，我们不约而同地在南方和北方互相呼应，白话文教科书就有了产生的趋势。到 1919 年五四运动后，全国教育联合会和国语统一筹备会建议北洋教育部改小学"国文"为"国语"，1920 年北洋政府教育部就明令把小学一、二年级的"国文"改为"语体文"（白话），并规定于 1922 年废止旧时的小学文言教科书。于是各书商就着手编辑起白话文教科书来了。

就我编的语文教科书而论：

（一）《新式国文》正课是用文言编的，力求浅显，句不倒装，字不精简，以使接近白话。附课每册四课，完全是用白话文编的。白话文的附课不是我首创的，沈颐等编的春季始业《新式国文》早就有白话文附课了。为什么用白话文附课呢？原来他们鉴于南北双方在提倡用白话文教儿童，为了适应需要，又怕全国不能通行，所以仍以文言为本，附上白话文应景。虽然如此，但是在语文教科书历史上，这也不能不算是可以一提的创举。

（二）《新学制国语》是开始完全用白话文编写的教科书。1919 年五四运动前，《新青年》杂志提倡"新文学"，主张改用白话文写文章。当时，虽然引起了以林纾（琴南）为代表的保守派的反对，但是白话文确实取得了抬起头来的地位。"五四"以后，杂志的正文、报纸的副刊多数改用了白话文。虽然北有《甲寅》、南有《学衡》两个刊物顽强地反对白话文，但是大势所趋，并没有反对得了。1920 年北洋教育部既然改小学国文为国语科，各书商认为另编白话文教科书的时机已经成熟，我们在一师附小编过白话文教材，就被商务邀请去编这部《新学制国语教科书》了。我一面编，一面还为全国教育联合会成立的"小学课程纲要起草委员会"起草了《小学国语科课程纲要》，因此，我就得以顺利地用白话文编辑了这部书。我是江南人，不会说普通话，所编的不免南腔北调，如把"爸爸"写成"爹爹"，把"知道"写成"晓得"等等。在那时提倡白话文，只主张用一般的"普通话"，没有提出"以北京普通话为标准"的原则。杂志、报纸的白话文，也往往南腔北调，所以我在用语上不但没有受到非难，而且居然被北洋政府教育部审定了。

（三）《国语新读本》除了一部分诗歌，完全用白话文编的。当时，各报纸的副刊和各杂志，大多数已完全用白话文，一般人的私人通信也往往用白话文，可以说白话文已经通行无阻了。而且黎锦熙等也强调了白话文要"以北京普通话为标准"，所以我编这部书，很注意用语力求符合北京普通话。如把禁止之词的"不要"写成"别"，甚至把介词的"和"写成"跟"等；诗歌的韵脚也完全依照北京音，把"和"和"河"，"城"和"陈"等区别开来。还注上了注音符号正音。我是完全不会说北京普通话的。但是在往国民党国立编译馆送审教科书前，特地请一位懂北京话的人先审查，凡是他认为不符合北京普通话的，我都一一照改。至于所写的白话文是否完全符合北京普通话，那也不一定。因为当时的人决不会"知无不言，言无不尽"，往往只是敷衍一下罢了。

编小学教科书从文言到白话，并不是一帆风顺的。我们也经过许多曲折，一直斗争到国民党统治末年才告一段落。

五四运动前，我们在一师附小编白话文教材，虽然没有遭到直接的反对，但在响应我们的江苏省立第三师范附属小学却引起一场风波。第三师范校长顾倬（述之）和国文教师钱基博、薛公侠等，都是反对白话文的，他们千方百计要三师附小停止教白话文。顾倬找附小主事唐昌言谈，唐推说附小教师薛天汉、魏冰心竭力主张，反对不了。顾就叫薛公侠找薛，用叔侄关系劝说，想用家长作风压服薛；叫钱基博找魏，想用古文大家的身份说服魏。但是两人都没有被压服，辩论的结果，他们都无可奈何。五四运动之后，北洋政府教育部已经发布了小学改国文为国语的命令，但是顾校长等仍反对小学用白话文。1921 年春季，江苏省立师范附属小学联合会在无锡三师附小开会（这会是俞子夷发起的，后来扩展为江、浙、皖三省师范附属小学联合会），我以一师附小"主事"的身份提议小学一律废止文言，由全体通过。可是顾校长特地来讲话，说小学不应该废止文言。到继续开会时南京高等师范附属小学主任俞子夷动议：来一个焚毁小学文言教科书的表示。于是搜集了三师附小图书馆的 200 多册小学文言和一半文言一半白话的教科书，在操场上举行焚书仪式，并且摄了影。这明明是对顾倬的抗议，顾倬当然不悦，他就约集了反对白话文的两个半"圣人"［无锡的封建士绅中当时称顾倬、侯鸿鉴（保三）是两个"圣人"，陶达三是半个"圣人"］和一批"才子"（钱基博是无锡才子之一），用县教育会和劝学所（后改称教育局）的名义，请附小联合会的主事们赴宴会，像"鸿门宴"那样想借酒席为战场,指责我们的焚毁文言教科书之非。宴会开始,由县教育会会长(好像是陶达三也可能是侯鸿鉴)致欢迎词,除了客套之外,谈到文言决不可废,小学必须读文言。又请县长杨天骥(千里)致词,他说听说附小联合会有焚书之举,这有"焚书坑儒"的嫌疑,似乎做得太过分了!事前,我们是料到他们有这一手的,预定由俞子夷致答词。到这时候,俞子夷就代表大家说:我们焚毁的,只是书坊为小孩编辑过时的而且是北京教育部所明令废止的文言教科书,并不是圣经贤传的"儒"书,更不会"坑儒"。如果不信,请诸位查一查,有无"儒"书在内?又说我们承蒙招待,躬逢盛宴,只想多吃,不想多说。意在不和他们正面冲突。杨县长很见机,就站起来说:大家还是吃酒吧,不谈别的,请大家干杯。于是一场面对面的文白之战,就在吃喝谈笑中过去了。这可算是小学教科书中的文白之战的第一个回合。问题虽然没有解决,但是焚毁文言教科书的新闻,由上海报纸传遍全国,对小学不用文言而用白话的提倡,是有很大的影响的。从此,上海各书商就以发行白话文教科书为主,只在偏僻的小地方和一些农村出卖文言教科书。

1921年秋季,我到上海商务印书馆编白话文《新学制国语》,一面兼任商务附设的尚公学校校长,照理,尚公学校用白话文是不会发生问题的了,但是风波还是有的。1922年有一天,一位女家长到尚公来看我,一坐下就问:"你知道王儒堂(北洋政府外交部部长王正廷,后来又做过国民党的大官,是崇洋人物)的儿子为什么不来尚公上学吗?"我说:"不知道。"她说:"你们要学生读白话文,家长都反对。我今天来,也是为了这个问题;你们为什么一定要学生读白话文呢?"我说:"读白话文有什么不好?学生一读就明白,不像文言那么难懂。"她说:"白话文不见得能通行。校长先生,你有儿女在小学吗?你儿女是不是也读白话文呢?"我说:"我的女儿正在苏州一师附小读书,读的确实是白话文。"她说:"这是误自己儿女,也是误人子弟。"我说:"我相信小学读白话文不会误己误人的。"她说:"你们如果不改用文言,我的儿女也只好退学了。"幸而尚公小学学生多是工人子女,他们不问白话、文言,所以学校并没有受到影响。有一时,我被《新闻报》约请为《教育新闻》写短评,我的一篇短评,主张用白话文教小学生。可是同时约稿的恰巧有反对白话的顾倬校长在内,我的短评一登出,顾校长就加以反驳,于是你来我往,就在《教育新闻》上抬起杠来了。《新闻报》的主持者怕自家相打,很不"体面",后来就索性停止了短评,把我和顾校长等的约稿全不用了。当时也有人因为反对白话,借口从"天"(最新国文第一课是"天、地、日、月")到"人"(简明国文等的第一课是"人、手、刀、尺"),从"人"到"狗"(新学制国语第一课是"狗、大狗、小狗"),愈趋愈下,太不像话来反对白话文的,但是并没有动摇了商务印书馆编白话文教科书的决心。因为他们本来已经有文言白话混合的《新法国语教科书》了,如果《新学制国语》销不出去,还有《新法国语》可销,而且文言教科书也没有停止发行,可谓"左右逢源",不会没有生意可做的。但是,我却是忧心忡忡,真怕白话文行不通,所以有一次,我自己花了钱请各报馆记者到"老丰斋"吃饭,想请记者们把报纸的社评和新闻也充分地改用白话文。可是除了《民国日报》的邵力子先生以外,各报馆记者没有人来"赏光"。这可以算是小学教材中文白之战的第二个回合。不过,我编的《新学制国语》却还是畅销了好多年。大革命后,只略略改头换面,依旧销行。而且比半文言半白话的《新法国语》销路广得多,比从前的《最新国文》销路还广。可见小学用白话文的趋势,已经反对不掉了。

《国语新读本》出版,陈果夫、陈立夫和戴季陶为了他们的封建法西斯政治的反动目的,正想复古,又认为那书是洪水猛兽,于是主张初小读《三字经》,高小加读"四书",并且主张至少高小教科书要改用文言。但是他们又怕犯天下之大不韪,除了口头攻击小学教科书不及

《三字经》以外，并且嗾使当时的江苏省立苏州高级中学校长（学校是第一师范改的）兼国民党中央政治学校教授汪懋祖（一贯主张文言），于 1934 年 6 月站出来做《中小学必读文言》的文章，发表在《申报》上。当时，新文学界认定白话文的提倡和应用，已经不成问题了，所成问题的，只是白话文仍是文人的语言，还非人民群众所能十分了解，正主张白话文"大众化"，提倡"大众语"；但是他们向来看不起中小学教科书的，因此，汪的谬论发表后，并没有起而反对。我是主张小学用白话文的卫道者，于是提出反对意见，也在《申报》上发表了。汪的论点是文言简练，并不难懂，并且举了美国哈佛大学教授汉学家某某酷爱中国古文和"经"书为例，说文言和"经"是我国的宝贝，我国人反不爱文言和"经"，而中小学偏要用白话文，真是怪事。我的论点是：就因为文言简练、难懂，所以小学必须改用白话文，还举了不少简练难懂的例子驳复他。并且说外国人"爱好"中国文言和"经"，是有他们的用心的，例如科举废止后，英国统治香港的政府并不立即废止科举，至今还竭力提倡文言和读"经"，这原是帝国主义的愚民政策。又说读"经"是无用的，不能制止革命。辛亥革命前，各校都读"经"，我也教过"经"，我用孟子的"民为贵，社稷次之，君为轻"来反对帝制，教育学生，说明读经一样可以反对君主专制，提倡民主革命的。汪当然不甘心，彼此争论了几次。当时，鲁迅先生是站出来说些话的。他在《中华日报》的《动向》中，用"白道"的化名，发表了一篇短文《此生或彼生》驳汪懋祖的"'这一个学生或是那一个学生'文言只须用'此生或彼生'即已明了其省力为何如"的说法。鲁迅说："这五个字至少还有两种解释：一、这一个秀才或是那一个秀才（生员）；二、这一世或是未来的一世，……意义比较含糊。……用文言……往往须我们给它注解、补足，……才算懂得。……如果用白话，即使多写了几个字，但对于读者，'其省力为何如？'……汪懋祖先生的文言例子，证明了文言的不中用。"鲁迅又化名"邓当时",在《申报》副刊《自由谈》发表了一篇短文《知了世界》,嘲笑汪懋祖像高吟的知了。这算是小学文白之战的第三个回合,也是最后的论战。二陈和戴,大概看到了大势所趋,无可挽回,就也放弃了小学读文言和"读经"的主张,只想由他们的"国"来编所谓"国定教科书"了。最可笑的,后来出版的"国定教科书"小学语文,也没有用文言编。蒋介石虽然叫他自办的浙江奉化溪口的"武林初中"恢复了"读经",也曾下条子给他的教育部(当时是王世杰当部长)考虑中学读经,教育部签复"经义已在各科中加入,不必另设读经专科了",蒋也没有再问。可是当时保守的古文家"中央大学"教授林某等,还是对我很切齿的。有一次我被别人介绍给林先生,他大概刚吃醉了酒,突然失去了古文家的"高雅"风度,对我恶狠狠地瞪着眼说:"你就是主张白话文的吴研因!"于是掀起袖子,举起右手,握着拳头,就想打我。幸而被别人把我和他分开,我没有吃亏。这也是文白之战中的一个可笑的小小插曲。

解放后,杂志、报纸的新闻等等以及党和政府的所有的文件,一律通用白话文;连当时主持《甲寅》《学衡》的先生们也不反对白话文,有些人还写起白话文来,甚至也用填词来赞美文字改革了。

四、"文学化"和所谓"鸟言兽语"的争论

1921年以前的语文教科书,大多以说明文和议论文为主,虽然有一些寓言、童话之类的故事,例如《鹬蚌相争》《愚公移山》《永某氏之鼠》《黔驴之技》等等,但是分量很少。当时我认为小学课文,初小应尽量少用说明文,更要少用议论文,要尽量使课文"文学化",也就是编成故事、诗歌,有些艺术性,使儿童容易接受。课文"文学化",可以使儿童觉得有趣,自愿阅读,把文字和知识、教训都学到一些。等儿童养成读书习惯之后,自然会自觉地去读书,可收事半功倍之效。我

们在苏州一师附小编的白话文教材，就是照着这样的想法做的。

我对课文"文学化"的观点，不但有自己的理论，还受到个人教学经验和杜威教育思想的影响。我自己从小爱听故事，爱看小说，爱读描写生动、细致、曲折的《左传》《史记》《战国策》等故事性文章，也爱好诗歌；又看到有些人和我一样，教学小学中学语文时，还觉得学生们也是如此，就认为"文学化"是有趣味，为儿童所喜爱的，非"文学化"不可。另一方面接受了美国教育家杜威的"儿童本位""兴趣主义"等的议论，也看到美国的小学语文教材是充满兴趣的，值得编写中国语文教科书时模仿。

就我编的三部小学语文教科书而论，尤其是初小部分，是有不少所谓"文学化"的，也就是把说明文、议论文改为比较有趣的记叙文，把动植物等人格化。现在略述如下：

（一）《新式国文》：常识性的说明文和教训性的议论文比较多。但加入了一些《鹬蚌相争》《刻舟求剑》《曹冲称象》等的旧故事，还创造了《煤炭谈话》《水之自述》《银元语》等新课文。因此，《编辑大意》有这么一条："普通文都以感情之机体为主；抽象之说体，不多取用。"换句话说，只是把抽象的或者干燥乏味的说明文等，具体地写成所谓"文学化"的故事体而已。例如把蚊虫的说明文，改写成《兄弟乘凉》的记叙文（第四册）：

兄曰："弟弟请猜：'你不要暗里伤人，黑夜打枪！只要劈拍一声响，打得你身体成泥酱。'此何物？"弟不知。兄曰："此言蚊。"

这些课文，是具体地叙述故事，使儿童感到兴趣而容易接受，在当时也就算是创举了。

（二）《新学制国语》：这时，在儿童文学方面已经有人提出了论文，主张创造或者翻译一些儿童文学作品给儿童阅读；并且提出儿童所能欣赏的儿童文学，主要是童话、寓言、神仙故事、儿歌、谜语等等。这正和我的主张相同。因此，我编这部教科书的时候，就大胆地朝着这个方向进行，完全打破了旧教科书的框框。同时，我起草的《小学国语课程纲要》，也强调了"文学化"。其实我对儿童文学实际并不是行家，所以儿童文学究竟如何，儿童文学如何分类，都没个底儿。我编的教材，散文中有不少是拟人体的自然物、自然现象等，如用童话、故事、传记、小说、剧目、笑话、民间传说以及娱乐活动的故事等；韵文中有儿歌、谜语、故事诗、新诗、绕口令、民歌、鼓词、弹词、旧诗、词曲等。这里举几个例子：

1. 散文。其中娱乐性的课文如《母鸡孵蛋》（带有常识性，第三册）：

老母鸡找到几个鸭蛋，当它是鸡蛋。老母鸡孵蛋孵出小鸭来。老母鸡说："咦！你的嘴怎么会扁的？你的脚趾窝里怎么会生皮的？"

老母鸡带了小鸭到河边去玩。小鸭走到水里去。老母鸡大喊说："哎呀！不好啦！我的孩子要淹死啦！"

教训性的课文如《脏东西》（第四册）：

一个苍蝇飞出去游玩。飞到蜜蜂巢边，对蜜蜂说："我到你们府上参观一回，好吗？"蜜蜂说："你这脏东西，快去，不许进来！你一天到晚嗡嗡，只会吃饭不做工。"苍蝇被它一骂，就飞开了。

苍蝇飞到蚂蚁洞口……苍蝇被它一骂，又飞开了。

苍蝇飞到蚕房里……苍蝇被它一骂又飞开了。

2. 韵文。其中常识性的课文如《雨》（第三册）：

雨呀，你到底是什么东西？说你是水，你爬上天去，用的是什么梯？说你不是水，你落下地来，怎么和水差不离？

我是雨，也就是水。我上天不用梯，化成云气轻轻飞。一朝遇上冷风吹，赶快挤成堆；空中站不住，翻身就向地上回。

娱乐性的课文如《不倒翁》（第二册）：

说你呆，你不呆，装着笑脸口不开。胡子一大把，样儿像小孩。

说你呆，你不呆，把你一推你一歪。要你睡下去，你又站起来。

教训性的课文如《皮匠》（第六册），用"三个臭皮匠，合成诸葛亮"的谚语演绎而成（人民教育出版社一次出版的初中语文采用它，说成是"江苏民歌"）。全文是：

一个巧皮匠，没有好鞋样。

两个笨皮匠，大家有商量。

三个臭皮匠，合成诸葛亮。

要想入地有门路，要想腾空生翅膀。

（三）《国语新读本》：这部书的"文学化"又有进一步的发展。我的想法，教科书是为儿童服务的，虽然并不明了为什么阶级的儿童服务。认为儿童不是成人，知识不多，德育、体育也需要逐步发展，不能把成人的知识、智慧和道德思想等给他们注入；只能以儿童的知识思想为基础，以他们所爱好的小猫、小狗、小羊以及家庭、学校等事物为中心编写成教材，然后发展到社会、国家以及世界的知识、智慧等。而且儿童的文学基础是近乎"零"的，也不能把成人的词汇、语句，随意发挥。一要顾到每课生字不多，甚至均匀；二要顾到字句、章节有不少重复的机会；三要顾到从短到长、从近到远、从略到详、从平铺直叙到曲折描绘，逐步提高加深。因此，这部书就在这些想法指导下编成的。它和《新学制国语》显然不同，主要是"文学化"加强了。娱乐性的课文减少了，因为当时日本帝国主义入侵，国难严重，儿童也得准备救国，不能再嘻嘻哈哈，多所娱乐了。还增加了国内各民族生活和国际儿童生活故事。又增加中外发明家的故事，要求儿童一方面爱好科学，将来有所发明，一方面相信中国人的聪明才智不亚于欧美人，也能发明创造，甚至后来居上。还有介绍一些儿童读物和古典小说，要求儿童去读他们，以使儿童多读些书。现略举这部书关于所谓"文学化"的内容：

1. 散文：其中娱乐性的课文。这种课文是初小一、二年级所特有，三、四年级以后就很少了。一、二年级除了一些传统的"猫捉老鼠""三人骑白马"等儿童故事之外，还有一些幻想的娱乐散文，例如《梦中人》（第三册），幻想游月宫。《三只熊》（同册），幻想游树林中的熊的家庭。《拔萝卜》（同册）等。教训性的课文，有不少是反对帝国主义、法西斯式的强权霸道和种族歧视的，最显著的例子是《蟋蟀王》。全文如下：

有一个老蟋蟀，常常跟别的蟋蟀打架。

有一次，它跟黄蟋蟀打架，咬伤了黄蟋蟀的嘴，黄蟋蟀逃走了，它就叫："瞿瞿瞿！我是蟋蟀王。"

有一次，它跟黑蟋蟀打架，咬伤了黑蟋蟀的头。黑蟋蟀逃走了，它又叫："瞿瞿瞿！我是蟋蟀王。"

蜻蜓在旁边，听了一笑。蟋蟀王大怒说："你敢笑我吗?"跳过去要咬蜻蜓。蜻蜓说："好！你来吧。"蜻蜓飞到河面上，蟋蟀也跳到河面上，扑通！掉在水里。

初小部分，这类童话物话故事还有不少，但是从第六册起就少用童话物话而代之以儿童或成人为主的教训性故事了。例如《武松打虎》（第七册）等。

2. 韵文中的课文有常识性的。这类韵文，低年级比较多，中年级逐渐少，高年级更少。初级用的如《蚕姑娘》（第二册），是蚕的生长过程的常识，全文分三组。

（第一组）

又黑又小的蚕姑娘，吃了几天桑叶，就睡在蚕床上。不吃也不动，脱下黑衣裳。醒了醒了，变成了黄姑娘。

又黄又瘦的蚕姑娘，吃了几天桑叶，又睡在蚕床上。不吃也不动，脱下黄衣裳。醒了醒了，变成了白姑娘。

（第二组）

白白嫩嫩的蚕姑娘，吃了几天桑叶，又睡在蚕床上。脱下旧衣裳，换上新衣裳。醒了醒了，身体慢慢地胖。

白白胖胖的蚕姑娘，吃了几天桑叶，又睡在蚕床上。脱下旧衣裳，换上新衣裳。醒了醒了，身体慢慢地亮。

（第三组）

睡过四次的蚕姑娘，吃了几天桑叶，就爬到蚕山上。吐出白丝来，四面打围墙，成了成了，茧儿又白又亮。

茧儿里头的蚕姑娘，变成黄的蛹子，一点儿也不响。过了好几天，茧儿开个窗。变了变了，又变成蛾大娘。

又如《一个小小的旅行家》（第七册）：

一个小小的旅行家，全球各地去玩耍。不坐飞机，不用车，不乘轮船不骑马。自从南极经过大洋洲，直上阿非利加、欧罗巴，绕过亚美利加洲，到达亚细亚。

笑话真笑话！我还没有喝完一杯茶，他的脚印儿已经满天下。

哈，哈，哈！原来是个蚂蚁，就在地球仪上爬；地球仪也并不大，圆圆像个瓜。

娱乐性的课文。这类课文低年级比较多，中年级比较少，高年级就没有了。低年级中的，例如《这是谁的家》（第四册）：

这是谁的家？房子全用纸来搭，木爸爸，泥妈妈，祖父叫作不倒翁，孙男孙女都是磁娃娃。

还有绒鸡跟蜡鸭；皮狗、瓦牛、铜的马。

看上去，并不傻，怎么动物都不动，人也呆着不说话？

教训性的课文，如《耐心》（第五册）：

小蜗牛，爬粉墙，跌下了，又爬上。

　　只怕自己不努力，哪怕粉墙高十丈？一步一步耐心爬，到底爬到墙头上。

　　小蜘蛛，牵丝网，断下了，又接上。

　　只怕自己不努力，哪怕风大丝飘荡？一条一条耐心牵，到底结成一个网。

　　由于《新学制国语》有了这类拟人化的散文、韵文，于是各书局编的小学语文教科书就相率效尤，也有了类似的教材，十多年几乎没有人提出过不同的意见。大家也习以为常，认为这样做是当然的，不再怀疑了。可是到了国民党反共高潮时期，却有人认为这是"洪水猛兽"，猛烈地加以攻击。首先发难的是湖南省省政府主席——反共先锋何键。他不但通电主张"读经"，反对所谓"鸟言兽语"（按这四字是何键提出的，电见当时的《申报》），而且公然在1931年2月向国民党教育部提出挑战性（因为许多教科书都是经过北洋政府和国民党教育部审定的）的咨文。说："开办学校二十余年，……但设共产机关，以学生为最多，……加入共产战团，亦以学生为最多。竭公私之财力，养成作乱之辈，其效亦可见者矣！民八（1919年）以前，各学校国文课本，犹有文理；近日课本，每每有'狗说''猪说''鸭说'以及'猫小姐''狗大哥''牛公公'之词，禽兽能作人言，尊称加诸兽类，鄙俚怪诞，莫可言状。尤有一种荒谬之说，如'爸爸你天天帮人造屋，自己没有屋住'。又如'我的拳头大，臂把粗'，不啻鼓吹共产，引诱暴行。青年性根未定，往往被其蛊惑。此种课程，若听其散布，……是一面铲除有形之共党，一面仍制造大多数无形之共党。虽曰言'剿共'又奚益耶？现在邪说横行，'匪'党日滋，幸……国有主持'正义'之名将，尚可争持于人人，人禽之界，成此半乱半治之局。倘再过数十年，人之云亡，滔滔皆可率兽食人，人将相食，黄巢、李自成、张献忠之残杀，不难再见，窃虑其必有无量无边之浩劫也。为今之计，凡学校课本……切宜焚毁：……选中外先哲格言，勤加讲授，是亦疏河以抑洪水，掌火而驱猛兽之一法也。……相应咨请贵部，查核办理……"（见《申报》1931 年 3 月 5 日《教育消息》）何键代表封建地主阶级危言耸听，认为当时的教科书是洪水猛兽，是制造共产党的根源，还把我十年前编的《新学制国语》第四册第十课《奇怪的爸爸》作为反共的借口。由于我在国民党教育部工作，也由于何键统治的湖南是半独立的封建割据，和蒋介石有很大的矛盾，教育部就竟"相应不理"，以不了了之。这是一方喋喋不休，一方默不作声的"鸟言兽语"之争的第一次。

当年 4 月，"中华儿童教育社"（陈鹤琴发起组织）在上海开年会，有一位刚留学回国的专研究儿童教育的尚仲衣教授被邀参加讲话，他也反对"鸟言兽语"，在上海各大报上发表。他的文意题目是《选择儿童读物的标准》，内容中有一条所谓"违反自然现象"的消极标准，竟明白地说："世界上本无神仙，如读物中含有神仙，即是违背自然的实际现象。鸟兽本不能作人言，如读物中使鸟兽作人言，即是越乎自然。……"甚至说："历来……专为儿童所作的读物，多……从不可能处着想（如鸟言兽语，神仙鬼怪等故事——原注），这种情形，未始不是教育中的倒行逆施！"他不但拾了何键反对"鸟言兽语"的牙慧，而且他所谓"倒行逆施"正和何键所骂的"怪诞""荒谬""莫可言状"等等的通电和咨文一模一样。我本来对何键很不高兴，不料儿童教育教授，居然和何键一鼻孔出气，正面在小学教师前反对小学的物语、童话等，那我就不能默不作声了，随轰然大震地在"鸟言兽语"四个字上大做文章，和尚仲衣教授作了无情的较量，题目是《致儿童教育社社员讨论儿童读物的一封信》，副标题是《应否用："鸟言兽语"的故事》。文的大意说尚先生的"不必用不合情理的神怪故事"，是我们向来所主张的。但是他断言"低年级读物，……不用'鸟言兽语'，以为'鸟言兽语'就是神怪，并'同情于所谓湖南省政府主席打破鸟言兽语的主张，则未免令人疑惑万分了！……神怪故事，……固然不可用；但'鸟言兽语'是否就是神怪……？……《瓦盆冤》，活鬼出现，这诚然是'怪'，《二郎神捉孙行者》……也近乎所谓'神'，但猫狗说话，鸦雀问答这类故事，或本含教训，或自述生活，何神之有？何怪之有？倘以为'鸟言兽语'，本无其事；而读物以无为有，这就是神怪，那末……不但《中山狼》《鹬蚌相争》等一类寓言，都在打倒之列，《大匠运斤》《公输刻鸢》《愚公移山》……也该销毁。就是湖南省政府主席所最崇奉的'圣经贤传'也应该大改特改了。因为'介葛卢识牛鸣''公冶长知鸟语'见于《左传》《家语》；'齐人有一妻一妾''象入舜宫'等，也不见得不是以无为有啊。"最后提出好多问题，请社员们研究。其中几个问题是"'鸟言兽语'，是否神怪而不合情理？……教学的结果何如？究竟有何种流弊？……"（见《申报》1931年4月29日）尚仲衣却又写了一篇《再论儿童读物》，副标题是《附答吴研因先生》，表示他不屑正面答复。他仍旧说儿童正在发育，正要认识实在环境，体察自然的现象的时候，……除非另有充分的理由，不应给他一种与自然现象有所冲突的观念。世界上本无神怪，鸟兽本不能作人言，……儿童读物中也就不应含有这种与自然事理相违背的材料……又大谈其"童话之价值""童话之危机""我的立场"等等，反对给儿童读幻想性的童话。要把儿童读物和童话分开，以为儿童读物中不必有童话。但是他又主张保留有艺术价值和游戏兴趣的第一流童话，例如吉伯林的《象儿》等等，很自相矛盾。还附答我说："仿佛是吴先生以为离了'物话'就没有关于动物的读物了。仲衣就很诚恳地介绍 Jean-Henri Fabre（法布尔）的著作。读了以后，或者不致再有……问题……"其实正是法布尔的作品，也有"鸟言兽语"。我当然很不服气，也不愿意正面和他多说，只抓住了他赞成保留《象儿》的一条矛盾辫子大发议论。原题目是《读尚仲衣君

〈再论儿童读物〉乃知"鸟言兽语"确实不必打破》，文章说："骤读了
尚先生的大作，空气非常紧张，好像现在中国小学教科书等（各种儿童
读物），充满了尚先生所说的'幻想性童话'。而且有许多'幻想性童
话'的信徒，正在大声疾呼地拥护它。而提问题的我，也正是拥护
'幻想性童话'的巨魁。其实呢，……敝国的小学教科书等……关于
'幻想性童话'……实在不多。……就是国语教科书有一点儿，也是微
乎其微的。……我虽茅塞未开，也决不做'幻想性童话'的忠臣"；
"我以为'鸟言兽语'有些是一种作文的拟人法，有些是说明自然物、
自然现象的自然故事，和《封神榜》《聊斋志异》的记述截然不同。不
但不能和神怪故事混为一谈，也不能和'幻想性童话'混为一谈。……
例如禽言诗的《快快布谷》，借以勖勉农耕；《猫和蜗牛》（见《新学制
国语》第五册——原注）的问答，借以说明蜗牛的生活，何尝有一点
神怪和幻想的成分呢？尚先生前次把'鸟言兽语'和神怪故事混为一
谈，有低年级不用'鸟言兽语'的绝对主张，这次又把'鸟言兽语'
和'幻想性童话'混为一谈，真是一误再误了！但是尚先生在这次论
文中，却暴露了'鸟言兽语'不必打破之说。他说……像吉伯林的
《象儿》则不妨保留。我们就拿《象儿》来研究：象儿既和鸵鸟说话，
又和长颈鹿说话，并且和蟒蛇、鳄鱼说话，不但有'鸟言兽语'，而且
有蛇言鳄语了。它叙述象的鼻子本来很短，被鳄鱼拖了而后变长的一
节，更含有神怪的幻想性，……而尚先生却主张保留，那么尚先生不排
斥'鸟言兽语'，实在还比我更进一步呢。……尚先生既赞成'鸟言兽
语'，那我为什么又要多说呢？我只怕小学教育界和关心小学教育的一
般人，……弄糊涂了，而反同情某省政府主席所谓'打破鸟言兽语'
的论调……"（原文见《申报》1931 年 5 月 19 日）尚仲衣附和何键，
而且文章中所引用的满口是欧美反童话者的牙慧。因此，我对他就不很
客气，当他是洋迷，所以把"我国"称为"敝国"了。当然，我主要

还是反对何键，所以前后两文，三次提到了"湖南省主席"和"某省主席"，甚至有一次加上了"所谓"两个字，以表示轻蔑。我的第二篇文章发表后，尚没有再说什么。继起赞成我的却有陈鹤琴和魏冰心等。陈鹤琴在《"鸟言兽语的读物"应当打破吗》（见《儿童教育》第三卷第八期，1931年5月）一文中列举了不应打破的理由和事实，结论说："小孩子尤其在七八岁以内的，对于鸟言兽语'的读物，是很喜欢……的，……害处……可说是很少很少。""采用儿童文学——早已不成问题了。……湖南省政府何主席，忽有'打破鸟言兽语'……的提议，初等教育专家尚仲衣先生……同情于何主席的主张，……说低年级的读物，……不用鸟言兽语。……""'鸟言兽语'的读物，自有它的相当地位，相当价值，我们成人是没有权力去剥夺儿童所需要的东西的。"魏冰心在《童话教材商榷》（见《世界杂志》第二卷第二期，1931年8月）一文中说："我……检查了十多种书，知道所采用的童话，以拟人体描述动植物生活的物话为最多，神话很少。物话并不应该打破，还应该尽量采用。"又说人的生活，不但要求物质的满足，还有精神的需求。童话就是满足儿童精神需求的读物。……幼儿阅读童话……由于：1. 儿童相信草木能思想，猫狗能说话，……成人如果硬要予以矫正，是阻遏儿童的想象，妨碍儿童的精神生活，反而有害；2. 儿童的认识会逐步提高转变，会从想象提高转变到现实，所以低年级读的猫狗说话的故事，到高年级决不会成为荒谬的思想而致不能矫正；3. 幻想也不无益处，有许多科学发明，都是从幻想而到现实的。结论说："'鸟言兽语'不能打破。"当时又有"儿童文学研究社"出来用《童话与儿童读物》为题，写了一篇文章，在《儿童教育》第三卷第八期（1931年5月）上发表，提出了"新的观点"，大意说儿童天性爱活动，他们的活动，就是他们在做工，也就是小生产、小实验、小创造、小奋斗。儿童是小工人、小农民、小科学家、小革命党。所以儿童所需要的文字是小生产的指导，小实验的指导，小奋斗的指导。书是拿来用的，不是拿来读的。儿童读物中读的只是儿童文艺一种。童话只是儿童文艺中的一小部分；儿童文艺只是儿童用书的一小部分。但是又说："'鸟言兽语'，我们并不反对。鸟兽饿了叫吃，冻了叫冷，寂寞了叫朋友，何尝不会说话？……鸟孝、麒麟仁、蚕吐丝、蜂酿蜜、狗守夜、鸡司晨、蜘蛛结网、鸟之将死其鸣也哀，都是古人学鸟兽的例子。所以只问所说的好坏，不必以鸟兽而废言……"这文说"书是拿来用的，不是拿来读的"等等。我对"用书"之说，是不完全同意的。认为在当时的社会，教育是不被重视的，学生"读书"还是问题，别说"用书"了。而且低年级儿童对语文的基础知识还没有学到手，怎么能用书呢？何况我们编的是语文教科书，不是科学课本，科学课本可以以用为主，语文课本只能以读为主。但是又以为这些是题外的文章，不必去争了。而且他们并不反对"鸟言兽语"，实际上是帮了"鸟言兽语"的忙。因此，我就没有再做文章争论。尚仲衣也没有再做文章。当然，何键反对"鸟言兽语"，是代表封建阶级和法西斯反动派的主张，是有其反动的政治目的的；尚仲衣反对鸟言兽语是个认识问题。这是"鸟言兽语"争论的第二次。

由于我和许多人都不主张打破"鸟言兽语"，当时的各种语文教科书，就没有因受到何键等的攻击而取消了拟人体的物话。后来，我编的《国语新读本》低、中年级的有不少这类教材。但是由于它含有一点反法西斯极权的小刺小骨，又有一些亲苏亲共等的小根小苗，却引起了二陈的注意。他们对小刺小骨，固然像刺在肉里，骨鲠喉头，决不能容许一时，小根小苗，也是根恐其生，苗恐其长，更加不能容忍。陈果夫常常宣称小学教科书不及《三字经》，还是读《三字经》之类为是，以贬低教科书的身价。陈立夫常常宣称"鸟言兽语"的确不符合科学，应当废止，以扼杀有寓意的教科书。但是他们还没有执掌教育行政的实权，不便正面直接提出反对的意见，只能旁敲侧击地到处口头宣传，制造口头舆论，以为将来打倒扼杀有小刺小骨、小根小苗的教科书张本。到陈立夫做了教育部部长（1938 年 1 月 1 日正式任命），他不但口头宣传，而且见之于实际行动了。他常常在小学教师集会上讲话，总要说到"鸟言兽语"不合科学，应当废止。但是我仍像初生之犊，没有畏虎而示弱，轮到我讲话时，一定"大放厥词"，说语文教科书是要"文学化"的，文学和科学不同，不一定要死板地合于科学；而且举出许多例子说明物话也不是完全不合于科学的；甚至批评反对"鸟言兽语"的人不懂教育。陈立夫自然不肯善罢甘休，大概他在与书商接洽的时候，要求书商删除语文教科书中的"鸟言兽语"，所以后来我的书绝了版，商务、中华、世界等继续发行的各种语文教科书，都忽然没有了童话、物话。到另编的所谓"国定教科书"出版，当然更没有所谓"鸟言兽语"了。这是"鸟言兽语"争论的第三次。"鸟言兽语"被无形取消。当时我正想离开国民党教育部，无心恋战，就一声也没有吭。可是我仍旧很不满意，所以当国民党的所谓"国定教科书"的《国语读本》编辑时，司长顾树森要我提意见，我坚决不提；编成的稿子要我校阅，我也怫然予以拒绝，以表示反抗。但是我确实无可奈何地自认为失败了！

解放后，语文教科书不避"鸟言兽语"，我编的《蚕姑娘》之类，有一时也被采用。

五、从审定到"国定"和从自由竞争到垄断、分赃

（一）从审定到"国定"

国民党政府从南京搬到武汉以后，为封建统治阶级服务的儒家书，成了"定于一尊"的一家言，被全国一般"士大夫"所传习。除了和政治关系不大的医、农等杂书可以自由传布之外，略有反封建意义的，例如《水浒传》《红楼梦》等书，就被封建统治阶级在"诲盗诲淫"的

名义下列为禁书，不准传阅。历代从秦朝起也就有了各式各样的"文字狱"；秦始皇的焚书坑儒，汉武帝的黜罢百家言，到明洪武、清雍正和乾隆的为了一首诗、一个文题、一篇文章、一部著作杀人灭族。历代修"史"、注"经"和刊印大部头书（例如《永乐大典》《古今图书集成》《四库全书》《二十四史》等等），也都是文字狱的另一种做法，是经过封建统治者照着自己的意图编写或改编而成的。因此，学塾在这样的封建统治下，当然只能是学为封建主义服务的一家书。这些书，是不用审而自然是"国定"的。学校是在清末维新、革命和守旧、反革命的大动荡时期被逼兴办的，教科书不能只是儒家的一家言，甚至会含有西方来的资产阶级的民主自由思想，那就不能不由政府来审查控制了。但是清政府起初还来不及建立审定教科书的机构和制度，所以《蒙学课本》《蒙学读本》并没有受过审定。到《最新国文教科书》问世时期，清朝已经建立了"学部"（全国教育主管单位），规定了凡教科书要受审定的制度，这书就由学部审定。1905年（光绪三十一年），浙江杭州有个彪蒙书室，印行施崇恩、何明生等编演的《绘图四书速成新体白话读本》，用白话解释，并附图说，作为蒙学修身教科书和读经科之用。当时学部审查后给以驳斥，说是书名费解，内容于"平天下"句下插入水平图，"明明德"句下插入电话图等，是"奇想天开"。民国以后到抗日时期，凡教科书都要由"教育部"审定。但是书商往往上通关节，而审查教科书的又和书商勾结，或者编书者与他们有交情，就敷衍了事予以审定。审定网并不严密，所以我编的课本里《奇怪的爸爸》一课，说木匠儿子问母亲为什么父亲只造高楼大厦给富人住、不造好房子给自己住的所谓"宣传共产"的书，也被轻易地审定，甚至还得到了"好"评。虽然，"教育部"操审定权，但是连文教也想揽在手里的法西斯军阀新政客，却不能置之不理。在陈立夫未做教育部长之前，就压迫教育部在编辑馆准备成立所谓"国定教科书"的编辑委员会，而想把审定制直截了当地予以取消。但是这也并不是陈立夫作俑的，外国实行军国主义教育的德、日，本来用过国定制；我国国内统治者也屡次想推行国定制。1907 年到 1908 年间（清宣统元年、二年），清政府学部曾组织图书局出版教科书，但还不敢称"国定本"，经上海一些代表商务、文明二家书商利益的文人，登报批评其内容不合儿童心理，是古董材料等，该书也就被压下去了。这也算是新兴的资产阶级与腐朽的封建主义的一场小小的斗争。1915 年袁世凯筹备帝制，曾经由北洋教育部编过一套"国民学校"用的"部编教科书"；国民党统治后，也由于我编的《国语新读本》受到查办，教育部部长王世杰就约请北京大学教授杨振声等另编"部编教科书"，这都是"国定"教科书的滥觞。而且杨振声编的书，陈立夫已接过去，还另编了初小用的书。要不是商务、中华、世界、开明、大东五家联合起来坚决反对，早就有"国定"教科书出现，由官僚资本正中书局独家发行了。国民党政府迁往重庆后，反动统治更加变本加厉，陈立夫做了教育部长，就想用封建法西斯思想统治到儿童，不许儿童读稍稍有不符合法西斯思想的任何小学教科书，他正式成立"中小学教科书编辑委员会"，把已经准备好的一套教科书，加编、改编为"国定"本，取代书商的"审定"本。书商当然会反对的。他为了避免书商的反对，又和书商协商，以"正中书局"为主，让"五联"（商务、中华、世界、开明、大东）也代销"国定教科书"，分到利润，使书商仍然可以分赃获利。于是从"审定"到"国定"的局面就确定下来了。

（二）从自由竞争到垄断、分赃

学塾时代，所用的书都用木版或者木刻的活字排印，印刷比较困难，封建式的书商也只能各印各销，有小竞争而绝对没有资本垄断。学校用的教科书就不同了。兴学之初，上海先有新兴的文明书局，后有商务印书馆，又有中华图书公司、集成图书公司，都发行教科书，可以说这是在图书发行中自由竞争的开始。商务印书馆从发行英文"泼拉马"读本得到了甜头，就也想编小学教科书。由张元济、高凤谦、蒋维乔等主编的《最新教科书》（"国文"是其中之一）问世。由于它在全国分布了许多发行网，又不择手段地挤垮了中国图书公司，击败了文明书局等等，自由竞争的局面就突然变化了，商务几乎成了清末垄断教科书发行的唯一书商。由于教科书销路广，发行量大，利润率高，商务也因此发了大财。但是同时引起了自己内部一部分非当权派的眼红；这部分人像陆费逵等人就趁中华民国成立，脱离商务，并且吸收了竞争失败的文明书局台柱俞复等，创办了中华书局，发行由陆费逵、沈颐等早已草草编好的一套"中华教科书"。从此，恢复了自由竞争的局面，中华成了商务发行教科书的劲敌。在1921年以前，两家在教科书发行的竞争方面，几乎平分秋色，形成了共同垄断的局面。由于学校越办越多，两家仍能获得很优厚的利润。1922年左右，沈知方从中华跳出来另树一帜，开办了世界书局，认为小学教科书有利可图，就也想编辑小学教科书以图扩大营业。当时，我在商务比较出名，他就再三来游说，想挖我到世界书局去做教科书的总编辑。我一则看不起世界书局，二则兼办尚公学校，自己有一个小集团，也不能脱身而去，于是予以婉言拒绝。他又再三请求我介绍别人去代理。我就把一师附小的老同事、商务印书馆编辑教科书的新同事范云六介绍给他们，还另介绍了魏冰心去参加编辑。于是世界书局以范云六为教科书总编辑，以魏冰心、朱翊新等为编辑，就也编辑发行了小学教科书，加入了教科书俱乐部。商务、中华始而对立相争，既而联合起来，千方百计要搞垮世界书局，共同设立了国民书局，专和世界捣乱。但是世界书局也千方百计拼命抵抗，寸步不让，结果反把国民书局挤倒。从此，两家只好让世界分一杯羹，成了商务为首，中华居次，世界居三的三分天下。虽然后来有从世界书局跳出来的沈骏声办了大东书局，从商务印书馆跳出来的章锡琛办了开明书店，也营业教科书分得了一点地盘，但都是资本少、营业范围小，始终没有能和三家并驾齐驱。各书店为了营业竞争，都是不择手段的，一方面"卑礼厚币"争取小学教科书编辑人，企图标新立异，编"好"自己的教科书；另一方面专设交际员招待顾客，还派出推销员在各省、市、县联络教育厅局长和视学等等官僚以及有代表性的小学校长、教务主任，不惜请客、送礼，尽情拉拢，要求他们采用自己发行的教科书。关于拉拢编辑人员一面，我就是被三家争取者之一：始而进中华，为中华编辑《新式国文》；继而进商务，为商务编辑《新学制国语》等等；终而虽未进世界，但是也为它介绍总编辑、编辑，并且把《国语新读本》卖稿给它，由它发行，终致和它发生了关系。但是三家对我，都不过是利用。尤其是到我编好《国语新读本》的时期，三家已成垄断的局面，除了用招待、推销，无所不用其极的"营业手段"以外，也不管教科书的质量如何了。所以，他们对我的《国语新读本》，商务说要而并不积极要；中华干脆不要；世界总算是要了，把稿子买去，是怕万一被别家买去，并且出版了，但是它也只抢着买来，以便点缀一时，慢慢地把它打入冷宫而已。这时候，世界同时出版了三种语文教科书，第一种分量最少（定价最低），一册只用一张新闻纸，32开订成，以便广销小城市和农村，攫取最大的利润；第二种分量略增，销行于中等城市，也有利可图；第三种就是我的《国语新读本》，分量最多，印刷得也最讲究，但是只销行于南京、上海一些大城市，大概利润最少，不过用作广告，表示自己不惜工本，以争取上层知识分子的重视罢了。因此，这书印得并不多，不上几年就也绝迹于市场，连要买来做样本也买不到了。但是由于这书曾煊耀一时，却引起了别家的嫉视。二陈注意这书，指为"宣传共产"曾予以查办。1934年，商务、中华和世界三家鉴于互相竞争，对大家没有什么好处，于是互相商谈弥战，联合起来，暗中成为"三联"，商定发行教科书的地盘和数量，想成为三家垄断的局面。不久，陈立夫以他领导的特务机关"中央统计局"的经费所办的"正中书局"，打算独家发行中小学"国定教科书"，"三联"知道了，大起恐慌，于是又召集了开明和大东书局，成为"五联"起而向教育部力争。到 1937 年，所谓"国定教科书"有一部分编辑完成，由于"五联"的拼命反对，于是正式成立"正、商、中、世、开、大六联"，商定共同发行"国定本"，按比例分利。"国定本"没有来得及出版，就发生了七七事变，接着日本侵略军侵占上海，进逼国民党首都南京，国民党政府逃迁重庆，各书商也一分为二，一部分留上海，听命于敌伪，发行敌伪教科书，一部分跟着国民党政府撤退到重庆，发行各家自编的教科书，一方面准备发行已编成的"国定本"。陈立夫当了教育部长，国立编译馆成立的中小学教科书编委会，编完了各种中小学教科书，发行"国定本"的又多了贵州某资本家所办的"文通书局"，成为"正、商、中、世、开、大、文七联"，在大后方蒋管区发行"国定本"，正式垄断分利。直到抗日胜利，国民党政府迁回南京之后，CC 系张道藩、刘百闵的"中国文化服务社"，同系潘公展的"独立出版社""胜利出版公司"和依附 CC 的"儿童书局"也挤进七联集团，成为"十一联"，各分得一杯羹。分利的份额，大概正中、商务居首，中华次之，世界居三，开明、大东、文通居四，其余挨次殿后。这样的分利局面，当然不如"三联""五联"获利为多，但是"失之东隅，收之桑榆"，仍然有不劳而获的利润可得，总还是有胜于无。后来，由于通货膨胀，印书不如囤积纸张更为有利，于是各家都囤积纸张，连印"国定本"也只是表面应付，实际上教科书的生意已经没落到几乎无人要做了。到解放后，这样的局面才完全改变。

商务、中华、世界……各书商所办的馆、局，为什么在半封建、半殖民地的旧中国，竟没有像纱厂、面粉厂那样被洋人的洋资本打垮或者抢去，也没有像银行、报馆那样被四大家族的官僚资本完全侵占或者吃掉呢？大概由于它们经营的是汉文的印刷发行，洋人不容易一下抢占；是知识界所重视的事业，官僚也不容易一口吞噬。可是美帝国主义曾一度想过，要在商务加入洋资本，改"善"洋印刷机等等；拥蒋反共的王云五，依然操纵着商务，仍然是商务的骨干；CC农民银行董事长李叔明、国民党文化"元老"李石曾也各打入中华、世界为总经理，要是再晚一点解放的话，它们还是"危乎殆哉"不入于"洋"，即入于"官"，很难幸免于被抢被吞的！

（1973 年）

（选自全国政协文史资料委员会编《文史资料选辑·第 140 辑》，中国文史出版社 2000 年版）

第
三
辑

教
材
研
究
（
下
）

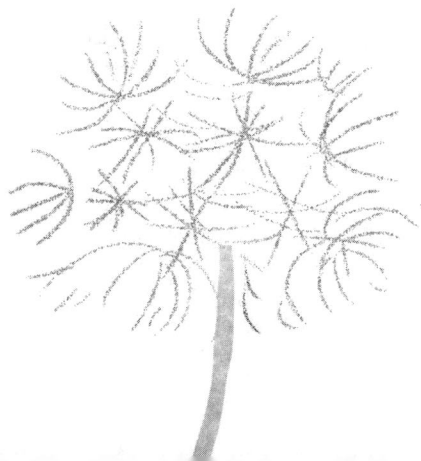

《小学教材及教学法》编辑大意

一、本书遵照教育部最近颁布的《师范学校课程标准》编辑，供师范学校及乡村师范学校"小学教材及教学法"一学程教学之用，高级中学师范科亦可适用；如酌量略去其中较深的部分，并可供简易师范学校及简易乡村师范学校之用。

二、本书共分三编：第一编为通论，第二编各章讨论小学各科教材及教学法，第三编为复式教学。除说明重要原则及方法外，并注重征引实例，使学者获得明晰正确的观念。

三、本书取材，以小学实际应用为对象，期适合学者的需要。

四、本书叙述，纯用极简明的语体文，以期明白清楚；不容易用文字说明的地方，就用图表，使学者一目了然。

五、本书每章之末，都有"提问要点"，供师生共同讨论。有几章附"参考资料"，供学者课外参考研究。

六、研究小学教材和教学法，不限于本书，学者必须实地练习，并多行参观，以明了实在的情形，而得研究的资料。

七、本书除随处著录参考书外，并于书末附录重要参考书若干种，以备学者课外参考研究之用。

一九三五年四月二十一日

［选自吴研因、吴增芥编《小学教材及教学法》，新课程标准（师范、乡村师范、简易师范、简易乡村师范）学校适用，中华书局 1937年第 8 版］

《小学教材研究》凡例

一、本书系根据部颁《小学课程（标准）》编成，供师范学校或高中师范科"小学教材研究"一学程教学之用。

二、编者把小学教材分析研究，务使读者明了小学教材的性质、内容以及选择、组织、支配、排列、运用的方法和原则。

三、本书取材，以切合学者的需要为主，除叙述理论，使学者对于小学教材有根本的认识外，并多举实例，以供讨论和研究之用。

四、本书对于各科用书问题、小学教材的编辑方法和趋向也有所论列。这可说是本书的特点。

五、每章之末，都有研究问题，供师生共同探讨。有几章附录参考资料，供学者课外阅读。

六、研究小学教材，不限于这本教科书。所望学者自行试作，实地练习，并将现行教科图书作比较的研究，设计改良，以期对于小学教材有新贡献，那是编者十二分希望的。

一九三二年一月三十一日

编者于上海

[选自吴研因、吴增芥编《小学教材研究》（师范学校教科书甲种），商务印书馆1933年版]

《新中华小学教学法》编辑大意

一、本书遵照教育部新颁的《高中师范科暂行课程标准》编辑，供高级中学师范科三年级"小学教学法"教学之用。

二、本书共分两部分：一部分叙述普通教学法；一部分叙述各科教学法。除说明原则和方法之外，并注重征引事例，使学者获得正确的观念。

三、本书编辑方针，系以小学实际应用为对象，使学者得有充分的准备。

四、凡教学方法上的最新学说，作为附录，备作补充材料和参考之用。

五、本书叙述纯用极明简的语体文，以期明白清楚；不容易用文字作简明的说明的地方，就用图表来表明，使学者一目了然。

六、本书遇叙述中需警醒处或重要语句，盖用方体字排印。

七、本书每章之末，特附"参考资料"及"提问要点"，以便教学时的参互研究，和学者温习之用。

八、本书除随处著录参考书外，并于书末附录重要参考书若干种以备学者课外参考和研究之用。

[选自吴研因、吴增芥编《新中华小学教学法》（高级中学师范科用），新国民图书社 1932 年版]

《新法历史教科书》编辑大要

一、本书全部六册和自习书六册，都是高等小学校学生用的书。

二、本书取材注重民本的、群众的、进化的、世界的、实在的、扼要的、积重的、实用的、感发的、适时的十大要点，和已出的历史教科书完全不同，所以加上"新法"两个字。

三、本书课文全用语体，但关于历史上的名词、俗语等，有不必改译的，仍用原文。

四、本书形式方面，一律用新标点：句号用"."；读号用","；分号用";"；总号用":"；删节号用"…"；引号用"『 』""「 」"；注号用"（ ）""〔 〕"；延折号用"——"；疑问号用"?"；感发号用"!"；人系号用"___"；地系号用"▭"；国名号用"▭"；书名号用"〰〰"；特名号用"〰"。

五、自习书与本书有连带关系；本书限于篇幅不及详尽的，就申明在自习书里。

六、本书的稿子曾在江苏省立第一师范附属小学校试用过，国立南京高等师范附属小学校也在试用，已经改订不少。用书诸君，倘有意见见教，编者很是欢迎。

　　【附注】这是摘录几条，还有详细的编辑大要，印在教授书的卷首。

　　[选自吴研因编《新法历史教科书》（高等小学学生用，第一册）商务印书馆1920年版]

《新法历史教科书》编纂纲要

一、本书全部六册，每学年用二册。其时间除假期及复习时间外，每星期授二时，每年约六十时，全书教材依此支配。

二、教材排列，如用三年直进法，势宜详略难易，随程度而殊；前后古今，通体不能相称；且为期过久，时代观念不易明了，学者亦易减兴味。故依圆周法排列，每年一周，全书统为三周，由简而繁，由疏而密，由个体而统括。第一、二周不详者，第三周详之。三周间复各有所注重之点，如下：

第一周，注重开化（唐虞以前）、王政（三代）、帝政（秦至清）、民政（欧化东渐至民国以来）诸时期之代表事端及其代表人物。

第二周，注重中华各民族之分并及各时代关于文化之哲人、学术等。

第三周，前半注重历代国家之兴亡、社会之盛衰，后半注重世界历史之有关文化、民治影响于我国者。

三、本书取材，政治、教化、社交、经济四方兼顾，一洗从前偏重帝王政治之弊。

四、本书教材，依如下之标准选定之：

（1）民本的 最足以发挥民治之精神，或反证专制之弊害者。

（2）群众的 最有关于社会民生，而不徒为一人一姓之美谈者。

（3）进化的 最足以考证由野而文之进步，非复古重述违反自然者。

（4）世界的 正大公平，接轨大同，非武断专私、凌轹异族、毁蔑弱小者。

（5）翔实的 足以征信核实，非怪诞无稽或阿谀文饰者。

（6）扼要的 足以代表一时代，而非琐细繁杂者。

（7）积重的 学说、政事、风尚……最有影响于天下后世，而非局部的、一时的者。

（8）实用的 可据以研究现社会，而为比较对证，非若偶像、古董之与现在无涉者。

（9）感发的 可以情的趣味鼓动儿童，非干枯无味、不合心理者。

（10）适时的 足以养成共和国民互助牺牲……之正确的人生观，以救旧时独善、忠君，近时附势、利己……之偏谬者。

五、本书传记体、系说体（叙述一具体事实而系以抽象之说辞）、纪事本末体三者兼用，尤注重系说体（国民科乡土课程或国语教科书中有名人故事的历史教材，都用传记体，故至高等科可不注重）。

六、本书课文用白话体，惟史籍上之名词熟语等，务以不失本意为主。

七、课文依教材性质定篇幅长短，旧时字数限定之习惯务破除之。

八、字句用如下之标点表括之，旧时之密圈密点，务屏弗用，以便醒目。

（1）句号 "."表句。

（2）读号 ","表顿，表读。

（3）分号 ";"表对上文成句，对下文为读。

（4）总号"："表总起下文或总束上文。

（5）删节号"…"表省略或未完。

（6）引号

甲、引号"『　』"括述语及引用语。

乙、副引号"「　」"括述语中之引用语。

（7）注号

甲、注号"（　）"括注释。

乙、副注号"〔　〕"括注释中之注释。

（8）延折号"——"表语气跌宕转变。

（9）疑问号"?"表疑问或反诘。

（10）感发号"!"表惊喜、慨叹或命令、招呼、愿望。

（11）人系号"__"加于人名、专指、谥号之左旁。

（12）地系号"▭"加于地名、公共机关名等之左旁。

（13）国名号"▭"加于国名、朝代名等之左旁。

（14）书名号"〜〜"加于书名、文体名、篇名等之左旁。

（15）特名号"〜〜"加于种族名、官名、年号等一切特有名词之左旁。

　　九、别编自习书、参考书各六册，与本书相辅而行。本书限于篇幅不及发挥者，俱发挥于自习书中。参考书详载本书教材之来历，俱与本书相倚相成，且足以补饰本书之不及。

　　十、本书原稿已在江苏省立第一师范附属小学校试用，国立南京高等师范附属小学校亦曾试用，随时修正，认为最新最善之本。然此为我国发挥民治精神、培养共和国民之公器，端宜修改尽善，以副时用。教员诸君实地试用后有高见见教者，编者至欢迎之。

　　[选自吴研因等编《新法历史教授书》（高等小学教员用，第一册），商务印书馆 1920 年版]

《新法修身教科书》编辑大要

一、本书全部六册，可做高等小学校学生的用书，并可做课外自修的补习读本。

二、取材注重故事，不论本国的和世界的，务求合于儿童心理、公民常识、社会组织、世界观念。凡枯燥的例话训话概不采入。间选格言，载在教授书里面。

三、目的注重创造、互助、牺牲、自觉、自决等新道德。凡旧史事、旧学说，不合现代情形的概不采入。

四、课题不用德目排列，但教授书里面仍说明德目，以供教师参考。

五、文字注重文艺的描写。一以能发动儿童的感情为主。各课不拘长短，一以事实的繁简为准。

六、每册各有儿童团体的组织一种，附载教授书里面，教学时候可以参考实行。

七、本书的稿子，曾在江苏省立第一师范附属小学校试用过。还望各校随地活用，随时指教。

[选自吴研因、丁晓先等编校《新法修身教科书》（高等小学学生用，第一册），商务印书馆1920年版]

《新学制国语教科书》（初级小学）
编辑大意

本书依照《新学制国语课程纲要》编辑。编辑大意列下：

（一）全书分量比从前出版的加得很多，譬如从前《共和国语教科书》第一册字数共五七一，《新法国语教科书》第一册字数共六〇六，本书第一册字数却多至二一〇二，但生字只有二三六，较从前出版的有减无加，所以教学绝无困难，而兴趣益加浓厚。

（二）内容采取三民主义的精神，并插入不悖文学原则而与他教科联络的教材。

（三）各种教材应有尽有，而取材却很谨严。凡思想上含有危险分子，道德上略有消极色彩，以及种种不合儿童生活的，本书都所不取。

（四）本书用字由本馆教科书编纂委员会调查选集，分别最要次要，逐渐编入，去取十分谨严。譬如第一册中，凡稍含抽象意义的字，绝不加入。就是普通的语助词，因为儿童较难了解，也从第二三十课起，才逐渐加入。

（五）各教材生字分配极匀。譬如第一册中每课四五字，至少三字，至多不过六字，并无偏轻偏重的弊端。

（六）生字词句复见的次数很多。例如第一册，生字平均复见九次。中有十余字，复见较少的，大抵在册末；至于复见的方法，先继续出现，后间歇出现，极合练习过程学理，为世界学者所公认。

（七）于字句谨严之中，而取材行文均极活泼；教材多可表演，句法也极合儿童语言的自然次序。

（八）第一年就有合于儿童想象生活的童话、诗歌，第四年则多合于儿童现实生活的传记、小说——这是与欧美各国教科书相同，中外各教育家、心理学家都很以为是的。

（九）生字在附注栏，旁注注音字母。先教注音字母或后教注音字母的学校，都无不方便处。

（十）形式极美备。第一册有两幅彩图，第二册以后也酌加彩图。插图多取连续的动作，很合儿童的心理。

[选自吴研因等编纂《新学制国语教科书》（小学校初级用，第一册），商务印书馆 1923 年版]

《新学制国语教科书》（高级小学）
编纂大要

一、本书衔接《新学制初级小学国语教科书》，并根据全国省教育会（联合会）学程委员会所定的《国语课程纲要》而编纂。全书四册，材料逐渐加多，足够高级小学两年之用。

二、本书内容方面，仍以儿童文学为主，但趋重现实的生活，减少想象的资料。

三、本书的材料，注重传记、小说，诗歌约占全书六分之一。

四、本书形式方面，行文仍极斟酌，散文、韵文都很活泼有趣。

五、本书语体文重往往加入文言文的引用语，以为文言文沟通的预备。

六、本书后两册酌加极清浅的文言文和文言诗。

七、本书前两册用三号铅字排印，仍有插图，形式极优美。后两册材料加多，改用四号铅字。

八、本书另编教授书，以便教师教学时参考应用。

[选自庄适、吴研因等编纂《新学制国语教科书》（小学校高级用，第一册），商务印书馆 1924 年版]

《国语新读本》(小学初级)编辑概要

一、本书经教育部特准定名为《国语新读本》。

教育部批有"该书允称目下小学模范之国语教科书,为避免各书坊模仿起见,应准加以'新'字,称为《国语新读本》,以便识别"等语。

二、本书原稿遵照教育部小学国语课程标准草案而编辑,定稿遵照教育部二十一年十月正式颁布的小学国语课程标准而改编。全书八册,供初级小学儿童国语读书作业的"精读"之用。所有文体分类、分量支配、选材注意事项等,都详该项标准中,兹不复载。

三、本书内容方面极注意下列各点:

甲、具有理想目的　在现实的中国,应给儿童以怎样的观念和思想?准备造就如何的国民?这是本书极注重的问题。本书故事、诗歌,力求"言之有物",和茫无理想目的"……杂钞"不同。

乙、切合儿童生活　本书选材以儿童生活为中心,力求切合于中国一般儿童的习惯和需要。凡外国儿童和中国欧化家庭特殊阶级儿童所习惯的语言、动作、食物、玩具等,一概避免。

丙、注重文学趣味　本书选材以儿童文学为主体，描写也力求真切生动。凡平淡无奇、不合儿童心理、没有隽永趣味的材料，一概不取。

丁、增加活动材料　本书原稿本有可以表演、可以吟唱等的活动教材，改编时又加入许多可以绘画、可以游戏的活动材料，而且此项材料仍经别选剪裁，力求不繁冗而多趣味。

戊、富于创造精神　本书教材十分之九都由著者自己制作，选集和翻译的材料也往往仅取意思，另行编制，力避因袭苟同。

己、便于设计教学　本书教材都依时令编排，关于一年四季的自然现象、纪念日、节日等重要教材，无不应有尽有，极便于随时与各科教材组合成大单元而施行设计教学。

庚、结构严密条达　无论故事、诗歌，全篇结构必使条理清楚，曲折畅达，一洗因限制篇幅字数而发生的枯窘、笼统、生硬乏味诸弊。

辛、字句稳妥匀整　本书初稿用字造句都经再三斟酌，所以教育部审定时并未更改字。改编时，又经刻意琢磨：语法务必确合活的标准国语；声韵务必根据《国语常用字汇》；生字务必先易后难，先少后多，各课均匀排列，而仍调和、生动，并不牵强生硬。

壬、材料精当丰富　本书原稿材料力求精当丰富。改编时更将全书材料加以甄别，前四册也各增加课文七八页至十多页不等，足够初小儿童精读之用。

四、本书形式方面极注意下列各点：

甲、封面图画精美　不但求合儿童心理，而且内容意义求与国语读本相符合。

乙、插图匀称适当　本书插图不但前几册数量极多，后几册也不因多占篇幅而就减省；图式多变化而生动，务求主客地位分明，布景不粗陋，也不繁琐。

丙、彩色图鲜明　本书第一册有彩图五幅，十分生动，且有意味，与他书任意着色的完全不同。

丁、删汰附属物　凡与课文无关的边框线、书名、册目以及生字等，一概取消（少数游戏工作材料仍加极细的边框线，以便识别），不但清洁整齐，不混乱儿童视线，且可以不损害儿童的美感。

五、本书各册之末附有生字表，将各课生字依次排列，照《国音常用字汇》加注国音，并附列简笔字等各种普通的别体字，以便检查。

六、另编教学法八册，详列小学国语教学方法和本书各课教学方案、游戏工作材料、补充教材等，由实地研究者编辑而成，以供教员使用本书时之参考。其编辑大意，另详该教学法中。

七、本书经中央大学实验学校教员在该校小学中低各年级实地教学，并由诸位专家研究修订。下列诸位先生、女士助我良多，特志于此，以表谢忱。

王味辛先生（国立编译馆编审）

徐子长先生（苏州女中实验小学教员）

江效唐先生（前江苏省立第三师范附属小学教员）

马静轩先生（上海工部局东区小学教员）

张若南女士（中央大学实验小学教员）

助我校正文字者：

汪印侯先生（教育部科长，生长北平）

冯书春先生（前教育部秘书，生长北平）

王之申先生（教育部职员，生长北平）

此外，江珊英、丁澄芳两女士和内人江晓因女士为我选译西书，晓因并朝晚相与商酌，用力尤多，合并声明。

八、对于此书，如有意见指教，至所欢迎。函件请径寄编者，或由世界书局编辑所转交为幸。

[选自吴研因编著《国语新读本》（初级小学学生用），世界书局1933年版]

《国语新读本》(小学高级)编辑概要

一、本书全四册，遵照教育部颁布的《小学国语课程标准》而编辑，和小学初级用的《国语新读本》相衔接，供小学高年级儿童国语"精读"之用，仍名为《国语新读本》。

二、小学初级用《国语新读本》所有各优点，本书仍继续保持，兹不赘列。

三、本书内容，尤注重关于"民族复兴""科学发明"等的历史材料。关于读书方法的指导，也尽量采入，以期合于小学国语科的目标。

四、本书材料丰富，程度稍稍提高，以期与初级中学的国文课程相衔接，一洗向来教材贫乏、程度低落等的种种流弊。

五、本书的编制，把性质相近的材料，每三四课编为一组，以期集中注意，并便对照面收"触类旁通"之效。

六、本书除正课外，列有附课，指示"语法"和"应用文作法"等，以期增进儿童的作文能力。

七、本书的编辑，深得钱少华、徐亚精、谢贻珍诸位先生朋友的协助，合并声明道谢，

[选自吴研因编著《国语新读本》(小学高级学生用，第一册)，世界书局1935年版]

第四辑

儿童读物研究

致儿童教育社社员
讨论儿童读物的一封信

——应否用鸟言兽语的故事

此次儿童教育社在沪举行年会各情，已迭志各报。教部吴研因君，致该社社员讨论儿童读物的一封信，吴君对于尚仲衣君在年会所讲反对"用鸟言兽语的故事"一点，力持异议，原函如下：

诸位同志：

年会以事忙，未能出席为憾。顷读上海各报（二十日）载尚仲衣先生在年会中所讲的"选择儿童读物的标准"，很为钦佩。但有一小部分，很觉疑虑，所以在百忙中写这信给诸位，请诸位注意。尚先生所说"选择教材可用合于自然势力的事实，或合于人类社会价值的故事""不必用不合情理的神怪故事"，这是我们夙昔所主张，经尚先生一说，而我们更确信的。

但他断言"低年级读物……不用鸟言兽语"，以为鸟言兽语就是神怪，并同情于所谓湖南省政府主席打破以鸟言兽语为读物的主张，则未免令人疑惑万分。不合情理的神怪故事，足引起儿童恐怖、疑惑或迷信，固然不可用，但鸟言兽语，是否就是神怪，所谓神怪的界说究竟如何？内容究竟如何？

我以为某教科书所录的所谓"瓦盆冤""活鬼出现"，这诚然是"怪"；"二郎神捉孙行者"一类的故事，也近乎所谓"神"；但猫狗谈话鸦雀问答，这一类的故事，或本含教训，或自述生活，何神之有，何怪之有呢？

倘以为鸟言兽语，本无其事，而读物以无为有，这便是神怪，那么所谓神怪的范围未免太大了。以此类推，不但"中山狼"等一类寓言，都在打倒之列；"大匠运石""公输刻鸢""愚公移山"……等故事，也该销毁；就是湖南省政府主席所最崇奉的圣经贤传，也应大删特改，因为"介葛卢识牛鸣""公冶长知鸟语"见于《左传》《家语》，"齐人有一妻一妾""象入舜宫"等，也不见得不是"以无为有"呀！

凡是论断，应该列举证明，可惜尚先生所言，未将实际的教材举出，不知所谓"不用鸟言兽语"的范围，究竟何如？

现在我提出如下的问题：一、何谓神怪故事；二、神怪故事是否应该以合不合情理为取舍；三、鸟言兽语，是否神怪而至于不合情理；四、此类故事教学之结果，究竟有何种流弊，或竟毫无关系；五、尚先生所说鸟言兽语不言而专述动物生活的故事，又是什么？

我想请诸同志在以后一年内，把这问题试验研究，求出一个结果来；下年度的年会，就拿这些问题做讨论的中心。

最后我要郑重声明的，我并不赞成"纯粹神话"，请看教育部小学国语课程暂行标准关于教材选择的一句话："不取可怕而无寓意的纯粹

神话"。我并望尚先生对我的疑虑，加以解释，更望尚先生列举他所谓
合宜的具体教材见示，俾所观摩，专此敬颂进步！

吴研因

四月二十一日

（原载于《儿童教育》1931 年第 8 期）

【附】

再论儿童读物

尚仲衣

　　此次中华儿童教育社在沪举行年会时，仲衣提出儿童读物的讨论，
时短意长，未能尽所欲言。兹特专就"童话"一项（包括神仙物语以
及其他幻想的故事），倾怀一述，以就正于诸同志。

　　当儿童正在发育，正要认识实在的环境，体察自然的现象的时候，
负责引导他的成人们，除非另有充分的理由，不应给他一种与自然现象
有所冲突的观念。世上本无神怪，鸟兽本不能作人言，所以除另有充分
的理由之外，儿童读物中，也就不应含有这种与自然事理相违背的
材料。

　　"另外有无充分的理由"即是全局的关键，也就是童话取舍的标
准。今且就童话的价值，试给以审慎的估定，试看有无理由以维持它在
儿童读物的位置。若有理由，再试看其是否充足。

童话价值之估定

　　（一）启发想象　因为童话流传已久，多数人因循陈轨，从不谈起

·145

它的价值问题；即使偶尔谈到，又被"启发想象"四字堵住了。所以直至今日，童话还能维持它在儿童读物中的重要地位，占儿童阅览时间之大部。"启发想象"我们固难证明其必不能，然恐亦难确定其果能，在或能或不能之间。我们尚有三点疑问：

（1）科学艺术中有组织的、创造式的想象 creative imagination，是与离奇的想入非非的幻想 reverie 相同吗？

（2）若不相同，神仙幻想故事所能引起的是近乎哪一种？

（3）若果相同，若幻想就是生产创造的想象，两千年前传说的长桑绝技，何以不实现于道地的中国？而实现于德国的 X 光线？

在这种境况之下，虽不能说童话绝不能启发想象，但我们确信科学故事及自然读物的激发想象的能力决不在童话之下。科学故事中的戬天缩地奇法，纵使哪吒现世，安徒生的傀儡们诞生，也必得自叹不如。自然读物中之生物界的种种惊人的适应环境方法，对仅仅能七十二变的孙悟空，也恐要莞尔一笑。

（二）引起兴趣　拥护童话者多称儿童喜悦此类的故事，而我们确又常常听见儿童恳切地要求"真的"故事，究竟儿童是否真喜悦幻想性的读物，只有长时期有系统客观的观察与精密的实验方可解决，决非空谈强辩所能为力。此类的观察尚属阙如，然实地试验确已给我们不少的知识。据近年邓恩 Dunn 精细地探讨"幻想性"，不惟不能引起兴趣，对于男孩反致略生反感。此外曾作过关于读物兴趣之严密的研究的如推孟 Terman、赵登 Jordan、余尔 Uhl 等人，都告诉我们"幻想性"决不是引起兴趣的最好的材料，更不是激发爱好的唯一方法。在不违反自然现象的范围以内，能引起兴味的，正多着呢。

退一步讲，姑假定邓恩、赵登等的探讨，都含有错误或都不适合于中国儿童。再假定"幻想性"确可引起中国儿童的兴趣。那末，这种兴趣所趋，我们就可以无条件地跟随吗？教育者是否有移转好尚的责任？儿童喜糖果，应否给以节制？幼儿见物辄欲引为己有，应否加以抑止？

所以，即使"幻想性"果能引起兴趣，尚须于儿童有益无损，方可采纳；何况我们根本就怀疑它引起兴味的能力呢？更何况我们还觉得它的价值可疑而它的危机层层呢？

（三）包含教训 或有人以为童话的价值在它字里行间的寓意。为讨论便利计，是否包含教训即是好读物姑且不论。即就包含教育本身讲，我们觉得根据事实和可能材料的教训，其效力恐必较大于根据不可能幻想的教训。幻想的寓意，有时成人尚且难于领受，何况儿童？根据于不可能材料的教训，儿童明知其为虚悬伪设，何能引起他的信心？

总括以上三节，我们觉得童话的价值实属可疑，维持它在儿童读物上的地位之种种理由，实极不充分。所谓"启发想象""引起兴趣""包含教训"云云，皆在或有或无之间，而不违背自然现象的读物皆"可有"童话"或有或无"之价值。

童话之危机

从心理分析的观点看来，童话最类似梦中的幻境和心理病态人的幻想，成人而过于浸沉于幻想，尚且有害于心理健康，何况儿童！

儿童早年的自我意识本强，教育者在此时正宜辅助他，使之日渐适应客观的实在。在此种正当适应进行之时，若给他一种与所要适应的客观之实在相违背的材料，消极方面，可以阻碍他的正当适应之进行；积极方面，或可构成变态的适应。在这适应进程的第一步，教育者务须注意，不使儿童早年就养成乐于离开实在而浸沉于幻想中的心景，不致使他养成向幻想中求满足的趋向。

成人以他的阅历经验，遇着世路的崎岖，事实之难于应付，尚且往往因畏难而生变态的心景，而构成"遁入幻想""万事由天""酸葡萄"

"甜柠檬"等聊以解嘲的心理。儿童既少阅历经验，还要适应这纷乱复杂的成人社会，辅之导之，尚恐其不能应付实在的环境，尚恐其流于变态的心景，何得更眩之以幻想，惑之以非非？

童话中的主人翁，多半皆由偶然的神奇、侥幸的赞助而达到目的，绝少由直接的努力和忠实的奋进而造成幸福的。只就此一点论，多半的童话都在淘汰之列。因为我们对儿童对社会的责任，是在教儿童去用忠实的努力以谋社会及个人的福利，决不当鼓励如童话中的许多不劳而获的幸福或劳之非理而获的满足。

要而言之，童话的危机约可归纳为下列数点：

（一）易阻碍儿童适应客观的实在之进行；

（二）易习于离开现实生活而向幻想中逃遁的心理；

（三）易流于在幻想中求满足或祈求不劳而获的趋向；

（四）易养成儿童对现实生活的畏惧心及厌恶心；

（五）易流于离奇错乱思想的程序。

我的立场

在一般人的心目中，一谈到儿童读物，立即联想到童话（包括关于神仙物语以及其他幻想的故事），且时常把儿童读物和童话混而为一，这是极不幸的。仲衣对于童话的作战中，有请求于教育同志者是：

（一）务须把"儿童读物"和"童话"两名词辟开，且认定童话只不过是儿童读物中的极小部分；纵使把童话全部流放了，儿童读物仍有极广极富的园地。

再者，关于童话价值及流弊的分析，我们可归纳为两点：（甲）童话的价值实在可疑。（乙）童话在下意识的危机实在很多。

以价值可疑而危机甚多的材料去侵占儿童宝贵的光阴，可否？与其用这种读物，何不用那有童话的价值而无其危机的根据于事实和可能材料的读物？

（二）务须将童话所占之儿童的时间削缩至最低限度——将大部分的时间让与不违反自然现象的读物。

（三）对于童话本身的要求，就是把童话的数量大加删削，格外审慎地选择（关于此类的选择，将另草一文以讨论），只可保留其真有艺术价值和游戏兴趣之第一流的童话，例如吉伯林的《象儿》和洛夫廷的《杜里德大夫》（只用其第一本）。

保留和选择的格言是"宁缺毋滥"！

附答吴研因先生

吴先生对于仲衣在儿童教育社的讲演，曾在上月二十九日《申报》、三十日《新闻报》中发表其意见，并提出五项疑问，除一、三、四等条在上文中已有当然的解答外，今且顺便将其余的两条解答如次：

吴（疑问）：神怪故事是否应该以合情理不合情理为取舍？

尚（解答）：不惟神怪故事，一切教材及读物（除少数滑稽材料之外），都应以合乎情理不合乎情理为取舍标准之一。成人们有何权利拿"不合乎情理"的材料给儿童？

吴（疑问）：尚先生所说鸟兽不言而专述动物生活的故事又是什么？

尚（解答）：从这个问题看来，仿佛是吴先生以为离了物语就没有关于动物的读物了。仲衣就很诚挚地向吴先生介绍 Jean-Henri Fabre 的著作。读了以后，或不致再有这样问题？也或可给吴先生心目中的儿童读物另辟一片新的园地。

（原载于《儿童教育》1931 年第 8 期）

读尚仲衣君《再论儿童读物》乃知"鸟言兽语"确实不必打破

尚先生《再论儿童读物》，似针对"拥护幻想性童话"者而发。可是对鄙人的问题，所答未能十分圆满。虽未圆满，但我也觉得很满意了。

骤读了尚先生的大作，空气非常紧张，好像现在中国小学教科书，充满了尚先生所说的"幻想性童话"。而且有许多"幻想性童话"的信徒，方在大声疾呼地拥护它。而提出问题的我，正是拥护"幻想性童话"的渠魁。其实呢，我可以用笑话安慰尚先生，我们敝国的小学教科书，根本就未尝和美国的教科书一样。关于"幻想性童话"的材料，实在不多，所谓自然社会或者常识等教科书，关于"幻想性童话"教材，固然一点都没有，就是国语教科书有一些儿，也是微乎其微的。至于拥护"幻想性童话"的人呢，尚先生的论文好像指定是我。其实尚先生误会了，我虽茅塞未开，决不至于做"幻想童话"的忠臣。我的态度，正和尚先生一样，以为应该"审慎地选择、保留其有艺术价值和游戏兴趣的第一流童话"。要是尚先生肯看一看教育部所定的小学国语暂行课程标准关于国语选材的种种限制，那就可以不致有此误会了。可是鄙人也并不以为尚先生的言论是"无的放矢",中国的小学教科书,将来,或者误会变成美国的教科书一样充满了"幻想性童话"。而鄙人也需要尚先生的指导。尚先生这样一说,使我们以后"格外审慎选择",这也实在是很好的。

以上是对于尚先生《再论儿童读物》篇中出于误会之处的答复。

至于尚先生应该答我的是一个"鸟言兽语是否就是神怪故事"的最紧要的问题。尚先生对这问题,并未明白答复。这是我所认为不十分圆满的。

我以为鸟言兽语有些是一种作文法中的"拟人法",有些是说明生活的自然故事,和《封神榜》《聊斋志异》的记载截然不同。不但不能和神怪故事混为一谈,而且也不能和"幻想性的童话"混为一谈。固然也有许多神怪故事和"幻想性童话"是不离鸟言兽语的,但是确有许多鸟言兽语而毫无神怪成分,且不尽含有幻想。例如禽言诗的《快快布谷》借以勖勉农夫,《猫和蜗牛》(见新制国语第五册)的问答,借以说明蜗牛的生活,这何尝有一些神怪幻想的成分呢?尚先生前次把鸟言兽语和神怪故事混为一谈,并且有"低年级……不用鸟言兽语"的绝对主张,此次又把鸟言兽语和"幻想性童活"混为一谈,真是一误再误了。但是尚先生对鸟言兽语,却在这次的论文中流露赞成我的"不必打破"之说了。他说:"把童话数量大加删削,格外审慎选择,……像吉伯林的《象儿》则不妨保留"。鄙人就把《象儿》来研究。象儿既和鸵鸟说话,又和长颈鹿说话,并和蟒蛇及鳄鱼说话,不但有鸟言兽语,并且有蛇言鳄语。它叙述象鼻本短,给鳄鱼拉了而后长的一节,更含有神怪而带着幻想性(译文见开明书店出版之《如此如此》书中)。在中国小学教科书,现尚未有人敢采用这类教材。而尚先生却主张保留,则尚先生赞成鸟言兽语的程度,实在还比我们更进一步呢。这是尚先生承认不必打破鸟言兽语的一个有力的证明。

尚先生虽未明白答复我那"鸟言兽语是否就是神怪故事"的问题，但他已实在赞成鸟言兽语了，所以我说尚先生的答案虽不圆满，而我却认为满意。

尚先生既赞成鸟言兽语，何以鄙人还要多说呢？鄙人只怕我国小学教育界和关心小学教育的一般人，还未明白尚先生的意旨，把我们的议论弄糊涂了，而反同情于某省政府主席所谓"打破鸟言兽语"的论调。

可悲得很，我国小学教科书方才有"儿童化"的趋势，而旧社会即痛骂为"猫狗教科书"。倘不认清尚先生的高论，以为尚先生也反对"猫狗教科书"，则"天地日月""人手足刀"的教科书或者会复活起来。果然复活了，儿童的损失何可限量呢？

最后，我还要请大家注意，童话固然包括一部分的神话和物话（不是全部，因为神话物话中，有许多不能算为童话），但物话也有两种：一种是含幻想性的，一种就是自然故事。尚先生的言论，虽不很赞成物话，但他对"自然故事"并未反对。我们要是以后编辑小学教科书，别误会了尚先生的意思，"自然故事"也不敢用。我并希望尚先生以身作则，自出心裁地编一两篇模范的中国儿童读物出来，以使鄙人心目中认识一认识"新园地"的真面目。要是能编出一两部给全国儿童读的教科书，则更馨香祷祝，为全国儿童欣幸！

附带声明：我方在急于要完成一种低年级充满自然故事（不避鸟言兽语）的国语教科书，无暇多所讨论，尚祈尚先生除"鸟言兽语是否就是神怪故事而应该打破"的一问题外，别再发不很关于本题的言论，否则不但离题太远，鄙人也不敢再和尚先生讨论了。

（原载于《申报》1931 年 5 月 19 日）

读汪文《中小学文言运动》后的声明

贵报所载汪典存先生的《中小学文言运动》一文，前半篇论点很难捉摸，后半篇也并未驳倒我的小学不必教文言、语体文本身不能斥为破坏思想等主张，所以我不想再发言了，但是有几点不能不说明的。

一、外国人对于中国文化，正如中国人对于自己的文化一样，有许多人崇拜中国的古董，同时也有许多人以中国的古董为非。以文字论，杜威、孟禄就说中国的文字太难学，应当改造。国联教育考察团也建议中国的文字应当研究改良。同时还有一班别有心肝的外国人，一味迎合或放任旧社会，所以也往往鼓励中国人读经尊孔，并且尊重中国的学究先生（香港就是如此）。在他们看来，保存中国的"国粹"，正和保存中国的迷信、鸦片烟、小脚……一样，我们实不可引以为荣。汪先生引美国哈佛大学教授的主张，自然又和这班别有心肝的人不可同日而语。

二、我们固然不能"以人废言"，袁世凯、张勋、张宗昌之徒，人虽可鄙，言或可称。但教育新兴的时候，一般明达的读书人主张开办学堂，而不识字的卖菜佣，却偏拥护四书五经，《三字经》《千字文》也在他们拥护之列，斥学堂为洋学堂，攘臂怒目，欲得之而甘心，其心固未可厚非，其愚实深可怜悯。况且袁张之徒，提倡尊孔读经，原与他们的"帝制""复辟"等目的有连带的作用，不特其愚已甚，其心实尤可诛。

三、何键、陈济棠辈，虽曾提倡尊孔，确未强令学校读经。要是不信，请通函到湖南、广东去问一问便知。再不然看看教育部的视察湖南教育报告和粤教厅复教育部的呈文，也可以证明此说。

四、提倡小学用语体文，发端于北京教育部，禁止小学用文言文，令出自前大学院。申令小学不得用文言文，以加重学生负担，是教育部最近的公文，实与刘大白先生无涉，鄙人"马前小卒"更无能为力。汪先生以为部令应服从，请勿因刘先生和鄙人之故而就表示不服。

五、小学国语教科书，编辑不能尽善，取材不能尽当，毋庸讳言，但论用字，我们终身鲜用猫字，而猫字却为中外教科书所通有。形容声音的咕叽等字，当然最好不用，但在儿童字汇中，如无他字可代，为行文之故，实也不妨偶一用之。至于松鼠换衣的故事，既有辨色和配色的自然目的，当然不必再顾其他。因为小学教材的目的，往往单纯而并不复杂的，况且摭拾一二字或一二课课文，为今教科书全体病，这也不是我们所应取的态度。

六、职业界主张文言，这是囿于旧习的缘故。我们不能因我们的母亲主张替孙女缠小脚便牺牲自己的女儿，也不能因多数老百姓主张应有"真命天子"出世而便欢迎溥仪回銮，或请袁世凯复活。因为旧社会欢迎私塾主张文言的缘故，而便自认为新教育失败，这正似因为有人希望皇帝登极而便自认为共和失败一样。

我已说过汪先生的主张并不极端，而命题措辞，却好像是一个极端派。希望汪先生如再发议论时，请先自认定立场，再看清对方的论点，然后立言，否则枝枝节节，打了一百年的笔墨官司，打到老死，恐怕也会不明白自己到底是为着甚么一回事的。

最后声明，这只是一个说明，不是甚么辩论，愿与汪先生付之一笑。

（原载于《申报》1934 年 6 月 21 日）

辟小学参用文言与初中毕读《孟子》及指斥语体文诸说

文言语体和读经不读经的问题，至今还没有结论，这实在是我国教育界的不幸。

但是某氏长北京教育部的时候，欲恢复小学文言而不得，袁世凯做皇帝的时候，政事堂主张高小必读经而未果，张勋、张宗昌之徒，也曾竭力提倡尊孔读经，结果也只有一点儿的声浪而到底难以实行。

就湖南广东而论，据我视察所及及教育当局见告，何键先生并没有强令学校读经，广东有陈济棠先生主张学校读经之谣，但据广东教育厅报告，也属子虚乌有。

历史告诉我们，主张小学用文言和读经的，正如"无边落木萧萧下"。事实告诉我们，现在有力者也并没有主张小学必用文言或必须读经，所以我们站在教育界的人，倒也十分定心，并不怕"焚书之祸，不难见于今日"。

时至今日，我们所怕的，不是教育界以外"偏旧之士"的反对声，倒是号称教育界名宿的笔尖儿。要是教育界的名宿，到现在还逞其笔尖为"偏旧之士"张目，那就够人惊骇了。

最近读到教育界名宿汪典存先生在《时代公论》所发表的高论，主张小学高级必参用文言文，初中则应必读《孟子》，我觉得虽似调和新旧，并非极端，但也恐影响所及，波澜以兴，所以不得不加以辩证。

汪先生主张的理由是：小学参教文言，"不特为升学及社会应用所需，及对于不升学者亦可不绝其研习文言之机会"。初中必读《孟子》的理由，未明白说明，但大概也是在正人心，并养成读作习惯之意。汪先生最不满意的是教育部最近的禁小学习文言及不许初中强令读经一令，他以为是乃"造成教育棼乱之源"，只有他自己的主张才"折衷至当"。

现在我们先研究教育部令，它说明小学习文言、初中强令读经实都是加重学生负担。所谓加重负担，本不是无根之言，此次部派视察各省教育，见内地高小有兼习文言，初中有强令（学校当局之令）读经而成绩实在不佳的，算学理化……无论矣。就是作文成绩，高小弄得不文不白，初中也弄得非古非今，成了一个"四不像"的形态。教育部同人以为欲免此弊，不得不有此令，我们以为部令是有为而发的，决非"无的放矢""徒逞臆说"。

次论汪先生的主张：

一、就小学高级参用文言论　我们以为小学高级如参教少许古人不用典故的写景叙事诗歌，如范石湖的《田园杂兴》及《木兰辞》等，以助儿童读书趣味，原也无所不可（这些诗歌有许多人仍把它归入白话诗文内）。如必参教之乎也者的叙事说理等文，实在是治丝益棼，两不得益的办法。因为小学生年龄既幼，识字未多，文理未顺，语体文刚才弄惯，又猝然参习文言，这不是"徒乱人意"吗。初中入学考试，照部令本不许考文言文，不习文言，与升学并无妨碍，社会应用语体文也日见其广，报纸体的文言记载，本和语体文接近，小学生即不习文言文，毕业后也还可以看得，对于社会应用，实也不生问题。至于毕业后研习文言文一节，我们以为普通人本不必个个去钻在故纸堆中，有异秉的，他也自然会自己去研习，用不到我们替他担忧。再以事实来说，小学不读文言已十多年，我们的子女辈在小学未习文言，也已有在高中或大学毕业并且立身于社会的了，他们的古书或者读得少些，至于升学或应用，则实在并未发生障碍。此等事实谁能否认呢？

二、就初中毕读《孟子》论 我们以为初中确可选读《孟子》的菁华，但是决不可从头至尾毕读。《孟子》上有许多理论，固可供青年修养之用，但也有许多已不合时代潮流，读了反足以腐脑而或好为大言不愿劳力。以文章论，《孟子》之文固很流畅，足以增进青年读作能力，但也有许多简短琐屑，无甚结构。且不重要的章节要是不加选择而毕读，那也徒费工夫，大背经济原则。以汪先生的聪明，回想在中学时，尚且"直以国文科为休息调节之地而无所用心"，不得不"倾其全力于英文算学……理化"，则可知普通学生要是毕读《孟子》，一定会妨碍数理的倾注了。初中科目，初由课程标准委员（汪先生也是其一）会拟定，"科目繁多"，既一时不易减少，而又要学生毕读《孟子》，岂不更减轻了数理等的倾注吗？汪先生以为语体文有"打倒权威"的危险，但是孟子的学说，也是仁者见仁智者见智，随各人的意见而解说不同的。孟子倡民贵君轻之说，即为明太祖所不喜，而且反对暴君污吏，主张井田经界最力，安见读了《孟子》就会一辈子不想"打倒权威"呢？汉以来君主借尊经忠君之说，维持权威，但是君主的权威，今又何在？

汪先生的主张和我们的主张原也相差无几，我们主张小学高级可参教古诗歌，初中可选读《孟子》，与汪先生主张小学高级必参教文言，应毕读《孟子》，其间相去不过"可"与"必"、"选"与"毕"而已，本也无足深骇不必断断与争，但汪先生的指斥语体文诸说，却关系太大了，更令人不能默尔而息，兹再条辟其说如次。

（一）汪先生说"禁习文言乃少数人之私见"，其实不能算少数了。以教育行政者言，前北京教育部，前大学院，今教育部，不知经过了多少部、次长和部员，多数主张禁止小学习文言文，皇皇明令，非少数人所得而包办。以课程标准言，也不知经过了多少教育界人士之研讨，到底主张小学不教文言文，第一次全国教育会议，也多数决议小学应用白话文……这可见并不是少数人的私见。

（二）汪先生说"现代白话文土苴礼义廉耻忠孝仁爱之说，青年读之信为洪水猛兽"。其实蒋委员长的演说辞，中央党部的宣传文，党国元老以及当今名流的论文，为报章杂志所争传的，自来不少语体文的作品，试问是洪水猛兽也否。就以文艺作品而论，左倾的既在禁止之列，刊载于中央日报的所谓"民族文艺"也多数是语体文，能说它土苴礼义廉耻忠孝仁爱吗？或者汪先生要说这些多"不足以发兴趣而解烦闷"，所以学生不喜读，所喜读的却为彼而非此，那么我要问，要是小学中学都读文言文，"彼"，就可以无人阅读吗？我们幼时纯读文言，但何以也酷嗜红楼、水浒……等语体文作品，不问社会如何"彼"何自而生，乃欲因此提倡文言以正思想，我恐虽读文言，实也不能"涂民耳目"。况且充汪先生之说，文言不但应参读，语体文实应禁读，何以又主张只参教文言而不畏洪水猛兽的"浸淫日永"于小学生呢？

（三）汪先生说"初中因限读文言文，故教材'斯穷且滥'"，如上之说，演说词、宣传文、论文……何不可取为教材而乃至于"斯穷且滥""谁之咎欤"。

（四）汪先生说"今人以儿童中心为白话童话之护符，实不知儿童心理"。现在多数的高小国语教科书，实绝少取及童话，不知以童话为护符者到底是谁。专读语体文，不加重儿童的负担，这当然较合于儿童生活，照汪先生所说，白话不尽合儿童心理，但是"高级必读浅易文言"，即尽合儿童心理吗？根据甚么"长期的测验研究"呢？

（五）汪先生说"学习文言与学习语体，孰难孰易，必经心理专家之长于文字者作长期的测验研究，殊未可一语武断"。当然心理专家之长于文字者，迄今还未有测验研究报告，但是据我们的观察，并证之汪先生的主张，实也可以断定文言难习，语体易学了。当小学读文言文时代，除教科书外，无他物可供儿童阅读，从改读语体文，儿童读物即如雨后春笋，一年间出版至三四千种，销行至数千万册，此可见文言难习语体易学之一斑。从前青年作文言信，必翻尺牍，现在作语体文信，则要说甚么便写甚么，邮政局的生意也增加了，这也是语体文易于文言文的证据，且也不必旁征博引。汪先生主张初小用语体文，高小不过参用文言，并说"学习文言当较白话费力"，这不也就是语体文易习的结论吗？

（六）汪先生说"文言一字传神，白话则往往数十语不能达意，虽学文言较费力，而以后受用，况且倍蓰"。教育固当注意结果，但也应顾到过程。"十年窗下，仅乃通文"，此十年之工夫，岂能不算在经济的账内。况且写文言文，十九不通，做白话文，随意可造，这也是事实。在科举时代，所谓童生专习文言的，十年窗下，到底有几个人是通顺的，以江阴论，"督学"所驻，考生綦多，千人投考，通顺的实在不过百人，读文言的结果，这也可想而知了。汪先生做过中学校长，中学一定注重文言的，试问高中毕业生能够以文言一字传神得文言的受用的，十人之中，究有几人，过程既很困难，结果又不易佳，何论受用与否？

（七）汪先生慨叹教科书商品化，猫言禽语，足召焚书之祸。我不知究竟商品化召祸呢还是猫言禽语召祸，或者商品化与猫言禽语两合则召祸。据汪先生所说，含有寓言意味的老鼠请客、猫狗开会等故事，可以施之于八岁的儿童，那么猫言禽语，在所不禁，果教育界名宿而能力倡此说，则社会人士自司贪然，何祸足召。否则也不看看教科书的猫言禽语到底有否寓意，便说"滥用想象，不体经验"，则所谓"推波助澜"，无怪教育的门外汉，要盲目地深恶痛疾了。至于教科书的商品化，在自由竞争的买卖之下，诚所难免。要是制度稍改，我想其风也可稍戢，况且教科书的商品化和用猫言禽语，实在与文言白话是两个问题。文言教科书未尝不可加入猫言禽语的材料，也未尝不可商品化。"我国谈神说鬼之书，汗牛充栋"，干宝搜神，聊斋志异……岂非都属文言，商品化之书，实也五车可载，由来已久。科举时代的大题文府，小题文府，民十以前各种文言教科书，岂非都已商品化。就以经书而论，左氏传不少谈神说鬼之文，十三经也多真伪讹正之辨，岂能以猫言禽语及商品化独怪白话教科书呢。要是白话教科书足以启焚书之祸，那么文言教科书以及一切古书岂非多足以启焚书之祸；我还有一种极端的主张、焚书之祸即重见于今日，也不必由我而先自迁就，改白话为文言，因为书的性质或一种主张如非的焚了也不足惜。如是的，焚了更咎不在我，秦始皇焚书，难道是书自己闯出来的祸吗？

总之，汪先生的主张，还似乎脚踏在教育界上，虽稍偏而仍旧不失为一家之言。汪先生的指斥语体文，则似乎越出教育界以外，不特有自相矛盾之处，且好像为"偏旧之士"张目。教育界以外"偏旧之士"的攻击，本不足畏，独教育界自身的内讧，则诚可畏之至。以名宿如汪先生，在教育界素负盛名，而竟发为此言，"偏旧之士"拿到了必更振振有词，以相反对，李斯执荀卿之说以成秦始皇的倒行逆施，那么焚书之祸，非启自白话文，实启自汪先生说了，在汪先生岂愿负此责任。我久不发表意见了，实在也没有工夫发表，因为重视汪先生之说不觉断断争之。修辞不当之处，未及订正，万请汪先生原谅，并请全国教育界诸君指教。

（原载于《申报》1934年5月16日、5月18日）

小学生读经问题的商榷

兄弟此次来杭游览，本无预备参观教育或作演讲之意。昨日途遇金晓晚先生，定欲邀我对诸君作短时间演讲，盛意难却。我现在就以小学生应否读经这一问题来和诸君讨论。

近来提倡读经的声浪，真是响出云霄，非但口头或文字的提倡，广东省多数学校已正式实行教学生读经。不知此种读经的空气，会不会扩张到全国，使全国青年受其麻醉?! 我真因这问题为中国教育前途担忧。照现在的情形看来，国人对这问题的是非似乎都很注意。例如，商务出版的《教育杂志》，已经出一专号，对读经问题作一详密之检讨，诸位总已看到。我现在先来谈谈小学读经的问题。

小学生在前清时代，本有读经一科。迨民国成立，读经始取消。但至民国四年，袁世凯称帝，小学又有读经一科出现。不久，袁氏帝制推翻，读经又随之消灭。是后，虽有张宗昌、张作霖等相继在北方提倡读经，然均不能见诸广大推行，直到最近一二年来，又有倡导读经之呼声，且广东省中小学已见诸实行，其所以主张读经之理由约有二端：

1. 认定经学为吾国道德基础。

2. 认定经学为中国古文学之根源。

总而言之，据提倡读经者之意见，以为读经可使人有道德，能文章（指古文），所谓道德文章是也。有人说"读经可以使统治阶级借经学来维持当前社会"，我们也不必多辨，却从实际生活中先来看看读经能否使人人有道德。

先打开历史来看，固然，读了经而又有道德的人很多，如汉儒、宋儒以及元明清许多忠义之士就是的。但读过经而没道德的人，又何尝会比有道德的人少呢！例如提倡复古的王莽和他的臣属，何尝不是崇拜经学者，但其道德又何在呢？又如遭人唾骂的郑逆孝胥，在近代人中，他便是饱读经书的一个人。他如土豪劣绅、贪官污吏，读过经的也不占少数。再如从前考秀才、考举人的士子，作起文章也何尝不是开口圣人、闭口道德，但在考场内，其不道德之情形，恐非今人所能臆测，在应考时百般作弊，一到中式，更是糊涂从事，逞其淫威，无所不为。诸如此类，足以证明纸片的道德教育，绝不能达到真正道德教育之标的。所以，民国成立后的废除读经与取消修身科，改为公民授，以及最近部颁新课程标准，将良好的美德融化于各科学内，皆由鉴于道德教育非空言片纸所能奏效。由此可知，要想拿经学训练国民，灌输修身、齐家、治国、平天下的圣训，非惟不能见诸实践，实有违教育之原理。试一观今日饱览经书之老先生，何尝能修其身、治其家呢？随地吐痰，衣服亦不知洗涤，有的还终日捧着水烟筒过其烟雾生活。更有些老学究，家中满堂妻妾，骄奢淫逸，为所欲为，既不能修身，也不能齐家，还哪里谈得到治国平天下？明乎此，更足以证明读经不能训练道德。吾人深以为广东陈济棠先生之提倡读经，还不如刷新政治，督促僚属洁身自好，为人民之楷模，使青年学子得以仿效来得好些。不然，经虽读，而无礼义廉耻之事层出不穷，又何必空此一举。这是从读经不能训练良好道德方面讲。

再从读经对于作文章的关系来看它的真伪。第一先要问一问：近代人是不是一定要作古文？这实属一大疑问。在我个人以为，既为近代人，又何必去模范古人的语气，以致与时代格格不入呢！况且五四运动以后，我国的新文学，无论从小说方面看，或从小品文方面看，虽不能说达到成熟，但已有显著之进步。尤其是风行一时的小品文，好的作品实远胜于古人之笔记小说。现在我们撇开文体不谈，究竟读经与作文在小学生的本身有无实益呢？我可以说，经学中很多深奥的词义，没有一个小学生能了解的。就是我们成人，读书读了这么多年，谁敢说完全能懂得经学中的深义呢？以如此奥妙的材料去教小学生，哪里能达到反刍教育（即反复运用之意）的目的？恐怕除了不能做切于实用的好文章以外，连人生生活所必需的算术、写信等技能都不能养成，身体的健康也不能发展。这些学生又如何能适应今日之中国社会？所以，我说读经与道德文章毫无关系，尤其是小学中，更无提倡之必要。

现在再来看一看经学的内容。所谓经学，不外十三经。在十三经中，像《尚书》一类的书，据清代学者考据系属伪造，其余虽没有证明其伪，但此等书籍于近代人究有何用处，殊属疑问。我为了读经问题，曾把《孟子》重读一遍，思之再三，觉得其中可用的仅十分之二三，其余全属废语。我再去一翻广东省现在拿来教学生的《经训读本》，第一篇就是《孝经》里的。

"身体发肤，受之父母，不敢毁伤，孝之始也。立身行道，扬名后世，显扬父母，孝之终也。"这几句话，照如此说来，我们连头也不能剃，以免忤逆父母；日本人来了，我们也就不能去抵抗，因为不能毁伤身体。同时，在第二项中，它告诉我们去抢地位、做大官，以显扬父母。以如此荒谬之语句去教小学生，其贻害国民性，实非浅鲜。又譬如《经训读本》有一篇选自《孟子》的文章，意思是这样的："齐人有一妻一妾。当她们的丈夫回家时，总是醉醺醺而归。妻子就问他：'从什么地方饮醉而归？同哪些人在一块儿吃呢？'丈夫回答说：'同座的都是富贵之人.' 妻子听了非常怀疑, 她想: 她丈夫既然常与富贵者共饮酒, 但为什么家中没有一个富贵的人来过呢? 一天, 她跟着丈夫出去, 才发现她的丈夫并不是和富贵者在一起吃酒, 而是向祭扫者求乞而已。及归, 她的丈夫仍旧拿从前的话对妻子说。妻妾二人连笑不休。" 本来这故事是有反面的意思, 但给经验不丰富的孩子去读, 也许会使小孩去模仿那个齐人也说不定。总之, 读经在小学中毫无存在价值, 于社会需要, 更大相悬殊。我们要问一问提倡读经的军人先生们, 他们的智仁勇能比得上不读经的外国人吗? 读了经能造子弹枪炮保卫国家吗? 诸位在座的人, 将来都是担负普及教育重任的人, 你们对于妨碍教育前途的读经问题, 除了详细的研究, 还望有一个积极的解决办法。这是我的一点希望。万一要强迫读经, 你们也不妨一学老学究的方法: 当视学来校时, 就拿出经学读本来, 去了, 再教新教科书。但这毕竟是笑话, 我们最希望的是读经不要在小学中发现!

(吴研因先生演讲, 江赞源、张万国记)

(原载于《锄声》1935 年第 9、10 期合刊)

《辞渊》序

辞书，是一般人读书时用做检查参考的工具书，旧的像《佩文韵府》《渊鉴类函》……新的像《辞源》《辞海》……可以说种类很多，形体已具，似乎不必再画蛇添足，另行编印了。

不过，所有的新旧辞书，因为出版已久的缘故，新的词语没有能够列入，而且词语的解释纯用文言，在初学的人，检查参考，往往感觉不够、不便；有些，又因引经据典的缘故，注释冗长，篇幅繁多，定价昂贵，经济穷的大众，想购买应用，也往往无力"问津"。因此，现实的一般人，又都渴望着能有一本博采众长、避免缺点的新辞书出版备用。

《辞渊》的编辑，是趋向于"博采众长、避免缺点"这个原则的。在单字方面，把教育部所颁布的单字完全收入（另加简体字），每个字都用同音字、注音符号、国语罗马字三种注音，并且按照国语文法的九种词类，分别解释词性，使辞书兼有字书之用。在选词方面，把第二次世界大战发生以后有关史地、军事、医药……各方面所产生的新词语，在一般辞书中检查不到的尽量选取。同时，又把许多用不到的旧词语，以及一望而知、不必解释的普通词语予以剔除，使词语新旧兼备、趋于实用。在释义方面，把重要的新词语详加说明；旧词语，虽然也用，但是以白话行文，并且删去了不必要的典故出处，使文字简单明白，"老妪都解"。

这样的编辑，从开始着手起，集合六个人的精力，费了两年的工夫，现在总算完成了。我们不敢说在目前出版界中这是一本比较新颖的好辞书，但是便于初学、便于大众，说它是学生和大众合用的辞书，似乎是可以当之无愧的。

因为时间匆促，同人等见闻又都有限，选材释义总不免有疏漏之处。教育、文化、科学界诸位专家，倘能不吝赐教，把修正的意见一一开示，让我们在再版时切实订正，那我们就十分感幸了。

（选自吴研因等编《辞渊》，上海青光书局 1948 年版）

《水浒五十回》序

　　有一次，一个高级小学尚未毕业的小学生对我说："我能把《水浒》一百零八人的姓名绰号，完全背出。"当时我不十分相信。我用了一个很慎重的方法，他背一个，我记一个，来试验他的话是否准确。结果，胜利是归那个小学生的，除次序略有颠倒外，证明他的话并无半点夸大之处。

　　《水浒》确是一部奇书，数百年来，非但所谓学士文人，推崇备至，而且家喻户晓，流行极广，就是略识之无的儿童，也往往喜欢阅读。——近年我在教育书报上，见到几篇儿童读物的研究报告关于儿童阅读兴趣的测验，儿童最喜欢阅读的书目中，往往列入《水浒》这两个字。

　　但是《水浒》所描写的是甚么一回事？我们不要嘲笑从前老先生禁止子弟阅读这书是一种迂腐之见，就教育的立场，平心而论：这书如果无限制地放任儿童阅读，我总觉得是很危险的。——我亲见一位从小熟读《水浒》的青年，为了家庭缘故，误学武松石秀，不杀嫂而杀兄，闹成了一件无名惨案，这就是危险的明证了。不过"枉尺直寻"，可取者多：为了部分的关系，而便不让儿童阅读富于文学价值的《水浒》，这也未免是一种因噎废食的不贤明的办法。

最近，我的朋友王味辛君把他改定的《水浒》五十回的稿子送给我看。我在一星期内一口气把它读完。这在我已经记不清是第几次读《水浒》了，但我对它仍旧感到无穷的兴趣。我初意，并不想把它读完，但开卷以后，简直欲罢不能；一半当然是因《水浒》本身的动人，一半则应归功于这五十回本剪裁的巧妙。我见过别种小说的节本，往往只剩了一个空壳，而失去了原作的精彩。这《水浒》（五十回）却是例外地得到了成功。

《水浒》旧本是数百年前的作品，作者的思想眼光不免为时代所囿：因此它在内容上，有不少神怪、迷信、秽亵、鄙俚以及过于凶恶残忍之处。在文学的技术上，也有许多不重要的节目，不必要的交代，累赘无用的穿插，平淡无味的描写等等，这在五十回是完全加以修改了。五十回本并且把所有章回小说的滥调完全删除，另依天然段落，编成章节，使旧书以崭新的形式与世人相见。我们可以在五十回本的每一回里，看出许多修改的好处来。

王君重修《水浒》的这番工作是很值得的，他芟夷了《水浒》的缺点，保存了《水浒》的优点，非但使《水浒》本身的文学价值增高不少，而且使《水浒》成了一种最优良的儿童读物。

我为全国儿童忻喜，忻喜其获得这一种最优良的读物；我并希望儿童读物研究社的同志们，继王君而起，把许多有文学价值旧小说都这样的剪裁修改，嘉惠儿童。

[选自王忆庵(味辛)重修《水浒五十回》，上海儿童书局 1935 年版]

第五辑

教学研究

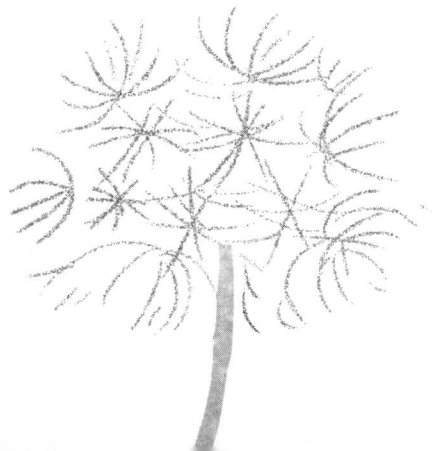

办教育要有精神

本人此次奉令视察上海教育，先后和各中小学校长相见，粗知各校鳞爪。今天趁本市小学校长开联欢会之机会，将视察各校情形和个人对于小学教育的意见，作简单的申说。

办学校最要紧的就是"有精神"三个字。一个学校，宁可无钱，不可不有精神。如果把"有精神"三个字分析来讲，可以有以下的两点。

（一）向上

向上就是进取的意思。我们又可分作三层讲：

1. 存心比较　比较是最有力的工具。见了人家好，我们就要存有比较的心理。有了比较的心理，才肯见好样学好样，观摩仿做，改进自己的学校。诸位是小学教育的实施者，对于校外参观，应当特别地注意，因为参观可以引起比较的动机，那么改进和向上的目的，也可随之而决定了。

2. 遵守法令　本市私立学校对于收费一层，大都不能遵守部令。照规定的标准，小学生最多收四块钱的学费，但是上海的房价太高，所以不得不向学生家长方面，多收入一点；而教育行政机关，也顾念到这种特殊情形，因此也不加限制。不过我们在事实方面，或许不能恪守部令，但是对于教学法和课程内容等方面轻而易举的事，就应当遵照部定的标准做去。譬如劳作课程，好像要有一定的设备才可以实施。其实，我们能利用环境去教导学生，也可以随地取材。此次本人参观本市某小学劳作课，刚巧附近正在建筑房屋，教师就把油漆做材料，说明油漆的方法，并且率领学生去实地观察，实地试行。这不需要设备、利用环境随机应变的方法，我们是应当效法的。

3. 依照标准　一切设施都得有规定的标准，要照着标准去做。标准有最高、适中、最低的三种，我们不能照最高的标准做，但最低的标准一定应当依照的。

（二）深入

深入分研究、实验两层。研究就是想有效的办法。我们自己要常常存不自满的心理，对人家的提倡，常常有怀疑的态度。例如最近教育部提倡简体字，这是文字上的大改革。但是我们无论赞成或反对，都得抱着客观的态度细细地去研究，等研究有了结果，才可下断语。否则一味服从是盲从，一味反对也是等于胡闹。研究要根据心理学和生理学，实验更要有方法。有许多自己不能解决的问题，只好用方法去实验，有效的便依照着做去，否则就改去。这是求深入的大概。诸位要知道，什么事都得研究、实验，能研究、实验才会发生问题，才会有进步。否则教书教了一世，也毫无所得、毫无进步的。

上面的两点，是个人偶然想到的一点意思，负教育重大责任的诸位，请以此自勉！

（原载于《沪民》月刊 1935 年第 9 期）

小学国语教学法概要

　　民国以来，初等教育界对于国文、国语教学的改革运动，到现在可以告一段落了。民国初元，教育界觉得小学校中的各学科，以国文教学为最难，于是有开会商榷的，把所谓自学辅导主义的教学法，应用于国文教学中。当时所产生的，有《读法教授顺序说明书》和《国文教科书编纂纲要》两种，最为教育界所重视。民国四五年中因《读法教授说明书》而产生《中华新式国文教授书》和《商务新国文教案》，于是小学教育界一时称便。《国文教科书编纂纲要》，也大半为教育部编审处采做部编国文教科书的依据（书成而未发行）。《中华书局秋季新式国文教科书》，也是依据这纲要而产生的。但是提倡改革的人，终觉得国文教学、国文教科书无论如何改革，到底不能有圆满的结果；于是渐渐主张小学教科书改文言为语体，以求减少文字的障碍。民国六七年间，便有几个学校实行用语体文教授儿童；民国八九年间，教育部也就通令全国各小学改国文为国语。当这时候，倡导的人又觉着商务、中华所出的国语教科书，文字障碍虽已减轻，而它的形式内容实不过是国文教科书的译本罢了，于是主张把国语课程根本改组：读文，内容以儿童文学为主，把往时国语、国文中所谓实用知识的各教材摒除归并到社会、自然各科中去；而形式方面，除掉文字、文体的排列仍旧以外，也主张一变其贫弱枯燥的体态，为宽裕丰润的妆点。作文，因读文改革之故，也把往时读文中所甚重、改组后所减轻的日用文，特别注意。这种议论一出，江苏各著名小学校，便风起云从地跟着实行。又一方面，国语中所谓标准音、标准语的争论的结果，知道提倡国语，不能单靠书本上的文字，并须有语言的教学，于是新的国语课程纲要的基础就从此建立了。民国十一年，教育界有改革学制的运动；十二年更有新学制课程纲要的起草；小学国语课程纲要乃应运而产生，商务印书馆编辑所谓新学制国语教科书内容形式一以课程纲要为依据。同时中华书局也有《新小学国语读本》出版；虽说选材未必精当，有许多地方尚未脱旧教科书的窠臼，但是比了以前出版的国语教科书，究竟改革得不少了。现在国语课程纲要既已产生，国语教科书也依据纲要而编辑出版；这几年中，依着这种课程实行，照着这种教科书教学，我想初等教育界暂时可以安定；所以我说国文、国语教学的改革运动，到此可以告一段落了。

课程纲要已由省教育会联合会学程起草委员会复核印刷而分发；课程纲要说明书并已在《初等教育季刊》第一期中披露；国语教科书和国语读本，也已陆续成书，发行于全国了。当此之时，各方面对于课程纲要和国语教科书，虽也有怀疑的，但是初等教育界的有力分子，以及提倡教育的名流学者，大多数都大体地赞成。近日某日报批评教科书的文字屡有发表，考其实，中肯的议论确是很少，不过枝枝节节的吹毛求疵罢了。而对于课程纲要的评论，则更未发现，或者教育界对于这东西，尚称满意罢！——北京国语统一筹备会，有几位先生，对这纲要，大体承认；唯主张在纲要中确定注音字母的地位，以为入学之初，便须遵照教育部"首宜教注音字母，正其发音"的部令实行。而批评教科书的，也有一个"鸡群鹤立"的主张，说"教科书中不宜采取神话"。

课程教材，本是国语教学法中所当讨论的重要问题，可是现在课程纲要以及国语教科书已经发布，大体无误；对于这方面，也可以不再多说了。我姑且单就以下两个问题加以讨论。

（一）注音字母先教与否的问题

（二）教材是否可用神话的问题

第一，主张先教注音字母的，他有几个理由。（1）注音字母本可替代汉字。注音字母是否可以替代汉字，我们可以不必深论；就算可以的，小学校国语课程中也没有先教注音字母的必要。因为现时的小学校，汉字还不能废止，教了注音字母，仍要再教汉字；好比教音乐的，教了简谱，再教正谱；何必要多这一番手续呢？（2）先识了注音字母，识汉字容易得多。这理由也不见得正确。因为儿童的识字，往往先入为主，例如学习音乐的，先学会了简谱，再学正谱，反多一层障碍；学外国语的也是这样，多用汉文汉语翻译，成绩往往不好。（3）先识了注音字母，可以矫正汉字的读音。汉字是衍形字，并非衍声字；以衍形字教儿童，重在认识形体；单识声音，是没有什么大用的。况且儿童脑筋中，先充满了注音字母，示以汉字必不经意；各种印刷品的汉字之旁又不能个个字注注音字母，那么离开注音字母的汉字书报，将来叫他们怎样能够阅读呢？更进一层说，汉字的读音何必定要照国音？读音统一了，于国语的口语上，究竟有多少帮助？于国语文的成绩上，岂不是更无关系吗？即使说，读音统一了，于国语确有许多益处；但是矫正发音，尽有儿童对面教师的口舌做活工具，又何必借助于死的注音字母呢？（4）低年级识了注音字母，于作文时，不能用汉字达意的，便可用注音字母发表。其实低年儿童，口头用语言发表，尚觉勉强，何必定要他们用文字发表？在国语的口语未曾通行的时候，官话区域的孩子尚可不生问题；非官话区域的孩子，用注音字母代替本地土语而夹用在国语作文成绩中，于将来的矫正不生困难吗？（例如无锡孩子不能写他们，而用ㄊㄛㄌㄧ发表，这ㄊㄛㄌㄧ两字成了结核，将来要他们来改正，实在是为难的。) 退一步说，先主张教注音字母的各理由就使各各成立，也须有一个先决问题：就是实际上全国各地方小学教员实在还未能普遍地认识注音字母；教员自己不识，怎能就可用它去教儿童呢？有人说，教员不会，该逼着他学，部令定的一定要他们实行，他们自然就去学了。这个主见实在是关了大门自己造车子的办法。教育部叫各小学改国文为国语的通令，也已下了两三年了，现在已做到十分之三吗？文言改语体，本是轻而易举的事情，能教文言文的，谁不能教语体文？但是结果尚且不过如此，何况大家向不熟习的注音字母，怎能强迫个个教员去学呢？即使严令强迫，使教员不敢不学，但是学得不南不北，教起学生来也非驴非马，这又何所取义呢？总之，注音字母，在这时代，假使大家当它是一种用作汉字的反切，或者用做通俗教育的辅佐工具；在小学校中，大家认定初级小学期内只须求其能够纯熟运用，看地方而定，不论先教后教，那也未尝不可。一定要强全国学校一律先教注音字母，这未免是迂阔失当的举动罢。(对于注音字母的讨论，可参考南高附小学校出版的《教师之友》第四号、第七号和吴君《教育月刊》第二号。程湘帆县《小学课程概论》也论及。)

第二，反对用神话做教材的，他也有几个理由。(1) 论理上说不过去。如果儿童信的，恐怕要养成迷信；如果不信，便是教导他们虚假。其实这要看神话教材的本身如何，不可骤然断定的。教材如果仅不过说古时候的鸟，耳朵本来很长，后来因为不听猫的忠告，被猫咬掉，因此它的子孙便看不见了耳廓；这种神话，于迷信上并没有什么影响。至于虚假这一层，更不必忧虑，因为幼年儿童本不深究这话是真是假；等到年长了，他们虽明知这故事虚假，但也往往觉有一种构造巧妙的文字兴趣，并不在论理上设想。即使有一种神仙性质的诗歌、故事：例如仙人之歌，叙述一个仙人在山崖上唱歌，有许多鸟兽都来和他亲近，猛鸷的因而也极和平了；又如说仙人来了，一切景物都愈觉美丽光明，仙人去了，便黯然失色。这完全是一种文学方面的想象，不过表明美丽的仙人便是和平光明的楔子罢了，中间并没有威灵显赫、拟鬼拟神的分子在内，怎能养成儿童的迷信？更怎能教导他们虚假呢？（2）西洋科学发达，或者不妨用神话做教材；中国科学幼稚，用神话做教材，适足养成儿童的妄想；极其弊，孙悟空、庐山老母、柳树精……神仙鬼怪将复活于中国社会，小义和团将复见于国际间。这更是极无理由的过虑！中国科学虽不发达，但是中国现时的小学校，却也有社会、自然等一切科学的研究。在文学的想象上有些仙人妖怪随时仍有科学的研究以相济，怕什么呢？况且可取入教材的神仙妖怪，往往不过别有背景的寓言罢了；这种寓言，往往以神仙代表善美，以妖怪代表恶丑，和《封神传》上以及无知社会的人所信仰的鬼神，截然是两件事情。中国人脑筋中的神仙大都威灵显赫、有求必应，妖怪则不脱狐狸鬼魅、祸福不测，他们对付神仙狐鬼的方法，也不脱纸帛香烛的贿赂，磕头如捣的祈求，丝毫没有纯洁高尚的意思：所以极其弊，有义和团、宗教同盟会的流毒。小学教材，虽有仙人妖怪，却无贿赂免祸、祈求得福的事实。不要说另有文学的背景，不会养成妄想，即使有些纯洁高尚的迷信方面的想象，也有什么弊害呢？（3）科学中尽有有趣的教材，尽可替代带危险性质的神话。这理由好像说研究了有趣的科学教材，就不必欣赏神奇的文学了。其实科学是科学，文学是文学，终不能互相替代的。因为人心不同，兴趣各异，不能强科学家尽爱文学，也决不能强文学家尽爱科学。我记得泰谷尔①有一首儿童歌，叙述兄弟两孩子，弟以月亮比母亲的脸子，说可以捧，可以和她接吻；兄则力言其不可，以为月亮高远而且体积极大，决不能捧接吻；末了，弟叹气说："哥哥读书读坏了！"这就是讥讽科学家太注重现实的意思。儿童想象丰富，怎可把现实去限制

———————————

① 今通译为泰戈尔——编者注。

他？儿童读物，意在适应儿童的需要；适应儿童需要的，只有故事。故事一大半是虚构的，虚构的故事，便有神话的分子在内。那么除掉神话，究竟有多少可取的教材呢？所以我个人对于神话有赞成的。不过在选择教材时，主张慎重选择，绝对不用地狱、狐鬼等旧式的迷信材料罢了。神话的界说无定：有的人以为虚诞的，例如牛羊谈话，草木思虑，便是神话；有的人以为带有神的原质的，例如仙人医驼背，妖怪被人家弄死等，方是神话。前一类教材，我国出版的教科书中很多，而后一类的教材，除掉《儿童世界》《小朋友》《儿童文学丛书》等外，在教科书中，实未多见。

注音字母和神话教材问题，讨论既毕，现在进一步，要讨论教学的方法了。照课程纲要，把国语科分做四种作业：（一）语言；（二）读文；（三）作文；（四）写字。我们现在讨论教学方法，也分四项讨论。

一、语言的教学方法

国语课程中，实以语言和文字分为两大系。课程纲要对于语言的教学，曾有一条条文说："语言可独立教学，或与作文等联络教学；如无师资，可暂从缺。独立教学时，在方言与标准语相近的地方，其时期可以一年为限。"照条文解释，可分作如下的项目：

1. 方言本即标准语的地方（例如北京），可以不独立教学语言。因为本地的方言便是标准语，儿童已在家庭、社会、学校谈话的时候，自然学习，不须特地学习了。

2. 方言本即标准语的地方，如要练习语言，则可与作文等联络教学；就是在作文等课业中，加入语言的修述和讲演会、辩论会等。

3. 方言和标准语相近的地方（例如天津），独立教学语言，时期不妨以一年为限；不独立教学，也可和作文等课业联络教学。但终以独立教学为原则。

4. 方言和标准语较远或更远的地方（例如苏、浙、闽、粤），以独立教学为原则，但也可和作文等课业联络教学。独立教学时，年限当然自一年至六年不等，随地方情形而定。

5. 方言和标准语不相近的地方，以教学语言为原则，如无师资，可以暂时从缺。暂时从缺，是不得已的办法。

纲要中既包含这种种意思，所以各学校可因地制宜，斟量自己的情形而实施。然照纲要，语言的时间每星期只数十分时，而这数十分时，在方言和标准语较远的地方，却把它延长到六年之久，又何不每星期支配时间较多，缩六年做三四年或一二年教学呢？这所谓"分布的学习"是教学法中最合心理的方法。语言教学的时间多少长短也和音乐教学差不多，以分布教学为宜。

国语中所以要特设语言的唯一的目的是："使各个儿童在最易学习语言的幼年期内，学得一种标准语，能将这标准语自由使用，发表自己的思想感情，并能从容了解说标准语的人的情意；以期国民间有一种人人能说的口语通行（就是国语统一），以使全国各地方人民的情意无所隔阂"罢了。这一层于纲要中未加详说。

语言教材，据纲要所列，有"演进语""会话""故事演讲""普通演说""辩论会"等。

语言教材，非读文教材可比。读文教材，有教科书做依据，即使自编，也可翻译选集，现成的材料很多；语言教材，则除高年级不妨依书本选择外。低年级必由教者自行编配（要注意不被文字拘束）。最好教师自备一簿，留心儿童的日常生活，就将这日常生活编配成各种的语料。一方面并依据语料，收集各种教具，例如实物、画片等。于教学时，那就有材可用，不愁无话可说了。

语料的编配或选择，有如下的要点。演进语：1. 每句只含一个动作；例如"我把门推开了走出去"，便有两个动作，要编作"我把门推开来""我走出去"。2. 各句的层次，要依自然的顺序；例如"我向门跑过去，我站在门跟前"，不要倒转说"我站在门跟前，我先要跑过去"了。3. 层次要轻重相称，不要在一部分过于烦琐；例如"我向门跑过去，我站在门跟前"，不要把跑过去敷衍作"我先举左脚，我放下左脚。我再举右脚，我放下右脚"。4. 各句都从同一的主位上说起，例如："我……我……我……""你……你……你……""请你……请你……请你……"。5. 一套语料，初时大约五六句到七八句，以后逐渐加多，最长不得过二十四句。6. 初学时用的语料，要极显明，容易以动作表明，并且眼睛看得清楚的；例如"我要想喝茶，我把眼睛看茶壶"，"要想"是不容易把举动表明的；"把眼睛看"是不容使人看得清楚的。会话：1. 要有一个有趣的题目；或临时倡发的，或由教师预备的。2. 要使全体儿童有平均说话的机会；就是留心不喜欢说的人的倾向，而把他所以为有趣味的资料当资料。故事普通讲演等语料的选择，和读文中的故事差不多。内容实质：1. 要不残酷并且不足以引起恐怖心的。2. 要不背共和本旨，含有教训意思的。3. 要雅驯而不鄙陋。形式组织：1. 要儿童经验中所有，但配合的方法又是儿童经验中所无，足使儿童觉着新奇的。2. 事实一层一层多变化，不单调的。3. 有重复的地方的（例如音乐中有复奏句）。总说一句：无论何种教材，能使儿童普遍地练习而有应用的价值，并无流弊的，都是可用的教材。

语言教学法，有几个原则，分述如下：

（一）要引起儿童学习的动机。各地方有方言可用，儿童毫无学习标准语的需要，于是教师便不得不制造环境，引起他们的学习动机。其法：教师们如能够说标准语，可时时用标准语谈话；就是不能说的，也最好跟着语言教员学起来；儿童受着这一种的暗示，就自然地反应了。语言教员平时对于儿童常用标准语谈话；正式在教室中教学之初，可把自己的姓名略历，以及好听的故事用一挂图等辅佐了，讲给儿童听。儿童听了一定似懂非懂，求知心一动，学习的动机也就引起了。至于要了解学习标准语为的是统一语言，因此努力去学，这绝不是幼年儿童所能的。

（二）要使儿童先会听，后学说。语言教材，没有文字揭示，全靠口说给儿童听，所以听觉的训练，十分重要。教师要不会说标准语的儿童口说标准语，开始先要使他们能用耳朵听，并且听得很清楚，和方言不缠错；那才可以训练他们的嘴，使他们用嘴，仿效着说。起先，只求他们听得懂教师的说话；过了几个星期，方才可以注意叫他们用口仿效。以后每逢教学一新教材，还该把新教材中的新词新句，特别注意或反复说或用种种表示，使儿童注意听清楚，不要心急而求速。总之，先耳的训练，后口的训练就是了。

（三）入手就要教完全的语句。这一个原则，是和读文差不多的。读文教学，该从句子入手，语言教学也是如此。一句话例如"请您站起来!"成一个意思，儿童听起来也比较的有趣味。如果单教一个"请"或"站"，意义和用处就不很看得确切。所以入手要教句子，不可先教零星的单字。教了句子，儿童也学会了，然后有机会方可把单字分拆开来，令儿童研究一个字的意义和用处。

（四）要教得情景真切。教师能利用偶发事项，使儿童直观，或利用种种教具使儿童直观，或用种种举动、态度使儿童一面看，一面想象，这就情景逼真了。有时并可和儿童设计表演，把真切的情景呼出。

（五）要注意减少错误的机会。例如教师遇有预料容易使学生误听的字音，在说全句的时候，要把这字音说得格外清楚慢重，使儿童听真。不易明白的意义，要多方表示。例如：1. 用实物指示（使儿童从各方面认清这实物便是教师所说的话的意思。指点时，并须注意不使儿童误会；说话的字音，更需和所指的实物相应）。2. 用图型指示。3. 用动作表示（最好实地表演，不要虚拟）。4. 用所教的一种语言解释（儿童已听熟的旧语料）。5. 用类推的说话类推（例如"思想"要用

"用手拿东西，用脚走路，用嘴说话、吃饭，用耳听，用眼睛看……"来推出"用脑筋思想"）。6. 用具体举例的说话来证明。7. 用方言翻译（这是没法之法）。

（六）要用各种方法充分地练习。练习方法有趣味而多实效，注意之点是：1. 凡单字单音，要把它夹在各种不同的句子里衬托练习。例如练习"白"字，要夹在"粉笔是白的""黑板上有白的字""这墙是白色的""一双白袜子""我的衣服是白布做的"等句中练习。凡句子要夹在各种不同的语料的上下文中练习。2. 练习时要使句子有应用的价值，并非机械地诵习。3. 要分布地练习，就是分布在许多日子中练习，不要聚集在一时间练习。

（七）不要死教语法的规则。就是要儿童有了许多语言的经验，才可以把词、句等的位置规则，指示儿童，使他明白。这个原则，在读文中指示文法，在英语中教导文法，以及指点标点符号使用法等，都是如此。在儿童没有经验做基础的时候，分析的研究规则，除掉不理解的死记忆之外，没有一毫效率的。

（八）少用翻译的方法。用方言翻译标准语，有许多流弊：1. 容易不正确。2. 于说标准语时，往往要想到方言，因此说标准语，容易不流利。3. 容易养成儿童倚赖翻译的习惯。4. 多费光阴。但是翻译法并不是绝对不可用的，在以下的情形中，也就可以用了：甲、遇有一种材料非翻译不能表明的；乙、在屡次解说表示而儿童不很注意的时候；丙，指导儿童如何学习标准语的方法，可充分用方言说明。总之，方言以避免为原则，但在不得不用的时候，仍可用。

依据以上的八个原则而施行教学的，在语言教学上，称作直接法。在某种新语料实施教学时它的过程大概如下：1. 开始谈话引起学习某种语料的动机并随机指示目的。2. 教师示范就是反复把这语料随说随表示意义令儿童听清楚。3. 儿童仿效。随时矫正发音。4. 练习可表演的并随时表演。在某一时间旧语料和新语料练习教学的顺序大概先练习旧语料，次教学新语料，但有时亦可相间练习。

本节语言教学法，参考张士一君《国语话教学法》，这书中华书局出版。

二、读文的教学法

国语课程纲要，于读文的目的、程序，都有条文规定。读文的目的，要而言之：一方面在使儿童从读文中取得思想经验；一方面在使儿童因读文、识字而能使用文字的符号罢了。程序则依儿童的发育程序而支配，其材料有儿童的文学和文字的符号练习；用儿童文学，可使儿童取得思想经验，文字的练习，可使儿童能使用文字符号，这很是和目的符合的。

国语教科书，乃教学读文的工具。就坊间所出的而论：现时只有商务的、中华的各一种。两种教科书之外，没有他种可供选择了。但是来日方长，这一类的教科书，或也有陆续多出的趋势。小学校要选用教科书，不能不从事研究。所谓从事研究，不是枝枝节节在一两个文字上用工夫，故意吹毛求疵，自以为能。须知文字的吹求，最无一定标准；假使自己并无根底，又不了解他人的文字，却师心自用地乱加评论，往往要失之毫厘，谬以千里的。（例如某君评"星也笑眼开、月也笑眉弯"不知笑眉笑眼都是名词，却妄下断语，说笑字下要加一得字方妥；评《鹬蚌相争》时"没有水也没有雨，看你怎么活得成"，不知原文乃根据蚌在沙滩，并"今日不雨，明日不雨，必有死蚌"化出，却妄言宜改"没有点水沾你唇"。）所以研究教科书，最好从大体上察看。所谓大体上察看，须根据如下的问题而下断语：

甲、内容方面

（一）各教材有没有含文学性质的？所谓含文学性质的教材，大概：1. 能发展儿童的想象力；2. 能涵儿童的美感；3. 能满足儿童好奇的本能；4. 能培植高尚的情操；5. 能引起儿童读书的兴趣。

（二）各教材的体例，是否错综而多变化？例如诗歌、谜语、童话故事（包含神话）、笑话、游记、传记、短剧、小说的体例是否都全？是否排列得当？

（三）深浅的程序，是否按照新制课程纲要？

（四）各教材分量的支配是否适宜？例如幼年级诗歌宜多，高年级逐渐减少。

（五）各教材中有何种教材不合教育要旨？

（六）每一教材中，内容的包含是否不嫌繁重？

乙、形式方面

（一）选用的字和词，是否精当？

（二）字品的分配是否前后适宜，使儿童易于明了？例如先名、动、状，后助、介、连。

（三）生字生词的排列，是否各课匀称？

（四）字、句是否前后多反复的机会？

（五）行文是否活泼流畅？

（六）行文是否层次清晰？

（七）可表演的活动教材，是否很多？

（八）分量的多少，是否适宜？

（九）通体是否联络相称而不芜杂？

（十）插图是否明了而合儿童趣味？是否多连续的动作图？

（十一）彩色图是否鲜明？

并且有一最要条件：就是"无论研究何书，最好取了两三种以上的书本，作比较的研究"。因为两三种书比较研究，方可见得孰优孰劣，容易得到正当的结果。

各学校如不满意于现行教科书，尽不妨自己编辑。但是自行编辑是极不容易的事情。往往自己以为编得很好的，识者看起来，却有许多弊病。自行编辑的教科书，据个人所知，实有如下的公共缺点：

（一）教材的选择，因为功课太忙，方面太少之故，往往译取外国的或选集书报中的。外国材料，多神怪而欠情理；书报中的，多芜杂而不合儿童生活。所谓"拉在篮里就是菜"，实在是很危险的。

（二）文字斟酌，往往有别字和不妥善的字句，并多方言用字的夹入。例如"不"用"勿"或"弗"，"唉"用"咳"等。

（三）印刷太劣，毫不美观。例如陋劣油印，并且没有插图。

还有自己并没能力编辑，只因装点门面之故，东抄西袭改头换面自以为创作的，那更贻误百出了。所以自己的量力果然能够编辑的，当然以自编自用为善；否则毋宁选用教科书，流弊较少。（我兼商务印书馆编辑，所言当然有帮书馆推行教科书的嫌疑。但是我颇愿阅者仔细想想，平心而论。老实说国文国语教学的改革运动，我也算一个陈涉吴广之流，自编教科书给自己学生用，我也有过许多经验了。）

读文教材，不再多论；我且更把读文教学的设备和方法，分述如下：

甲、读文教学的设备

读文教学，当设备的不单一种教科书而已。教科书之外，必当有种种设备。因为一种教科书，无论如何编辑完善，绝不足以供给儿童的需求。所以给儿童阅读的东西，一定要很多。现在略举如下：

（一）正读本

1. 教科书　书坊出版，或自编的。

2. 挂图　故事图等，低年级儿童用。图要有色彩，并附文字。可由教师自制。

（二）补助读本

1. 定期刊　例如《儿童世界》《儿童画报》《小朋友》《福幼报》《童报》《儿童》。

2. 丛刊　例如《儿童文学丛书》《故事读本》。

3. 书坊所出的各种教科书。

4. 许多小册子　出版的例如《童话》《小小说》，并可自编许多小册子，每一故事装订一册。

（三）读本以外的设备

1. 教室中的物品，多用文字标名称。

2. 学校中各种实物模型、标本、画片，多用文字标名称。

3. 揭示板，常多文字的布告（板用寻常小黑板也可）。

4. 字片，分写生字和词，以便闪烁练习，或示教室壁上（用白厚纸做，长约六寸，阔约四寸）。

（四）一级所用的图书陈列橱或全校所用的图书室，购备各种读本，补助读本，陈列在内，以备儿童阅览。

乙、读文教学的方法

读文教学方法，随读物而异。大约分详读（精读）、泛读（略读）两种。详读的目的，一方面要读者发生文学方面的感情，一方面要读者充分地了解所读的符号和符号所表现的情意，所以须精详确实，没有疑义。泛读的目的，则仅求领会文中的大意罢了。教学正读本，用详读的方法；补助读本，用泛读的方法。详读的方法，由儿童自动，教师指导，教师的指导力和儿童的自动各半；泛读的方法，大半由儿童自动，教师仅指导学习方法罢了。现在我且把教学法的各要点，历述如下：

（一）要引起学习的动机　初入学儿童，虽有家庭的暗示（例如令子弟入学，不称入学，往往称去读书。到校之后，往往于出学时，询问读了什么书。又如父母兄姊读书的在家读书，暗示尤多）。但是他们并无读书的需要，要他们读书是很不容易的。即使读书已久的学生，因为读书终是静止的生活之故，也往往不肯努力读。所以教师要设法引起儿童学习的动机。其法：1. 多供给文字的环境，使他们触目就见文的标识，随手就可以检得有趣味的图书。自然发生好奇心，触动想象，而有学习读文的动机。大约低年级儿童该用挂图、画片、揭示板等引起。

2. 常令儿童有应用于实地的目的；使他们觉着读书之后，可以做出趣味的事情来，或得到优胜满意的结果，或能表示于他人之前，那么读书时自然有努力的倾向了。例如可表演的教材，于教学之先，问答设计要作一种表演，于是说明要作这种表演，非先了解了某种教材不可，因而导引儿童努力于某种教材。又如读一故事，先对儿童说："读这有趣的故事，可以归告你的母姊或邻人。"3. 常令自述所要诵读的教材，记在笔记簿上，而指导他自己去寻求诵习。动机有由儿童自发的，有由教师引起的。例如本能倾向于阅读故事，得读故事之后，便有满意之感；又如见了图书而生好奇心，看了一小段文字而触动想象，这都是自发的动机。教师用问答法，使知读文之后，能够得到何种满意的结果，这是引起的动机。读补助读本的动机，往往由儿童自发，读正读本的动机，往往由教师引起。但是动机的引起，并不是在每次上课的某一时间，必须要施行的。某一种新教材教学的开始，设法使儿童觉着需要，再在作业时，略加兴味的鼓励，那就是了。

（二）要先全体而后分析　例如教学一篇文字，当从了解事实的内容入手，不要一字一句地枝枝节节，累积而起。旧时教学读文，先教识字，把生字新词的意义，一字一句地弄清楚，并且很熟习了，然后再进求内容。这种办法，一则很费时间，而所得到的效力很少；二则容易把整个的内容破碎，使儿童注意到枝节上去。现在则反其道而行之，须得到全体的意义，使全体的意义了解并且纯熟了，然后一句一词一字地分析练习。这一个原则，我们不必旁征博引地高谈理论，只须回想我们幼时看小说的经验就知道了。我们看小说，第一遍只在事实内容上注意，第二三遍方注意文法的组织。看第一遍时，有些生字词，虽不了解，因为切求内容之故，也往往推想它的意义而通过去了。假使当这切求内容的时候，见一生字新词必须查字典词典，反复地审辨，然后再读下去，这种麻烦的手续，一定要减少兴趣，我们也不愿去读了。因此，可知读文教学法：1. 初入学的儿童，不当从单字入手，要从有意义的语句入手；语句熟习了，方可分析字义。2. 在概览全课的中间，不当多费工夫，斤斤于生字新词的教学，遇有生字新词，只须轻轻指点说明就是了；等到全文意义既了解后，方可提出生字新词，分析练习。3. 在儿童对于文字的经验很幼稚的时候，不可和他们细讲文法；细讲文法，要在他们既有许多具体观念之后。

（三）要充分地补助想象　读文要能体味入微，例如读传记，觉着自己便是传记中的主人翁；读游记，觉着自己好像真在那里游览；读故事，觉着自己好像亲见或亲身参与：那才能够深入其中，不致轻轻滑过错过。但是儿童读文，不易有此境界。所以要设法供给想象资料，引导他们的体会。例如文为"乡人背了一个衣包，夜里从城里回去。走到半路上，树林里忽然跳出两个大汉，来将他扭住"。在了解全体意义之后，可按照课文的顺序提出问题问答。"乡人的状貌，想起来，大约怎样？穿什么衣服？衣包是怎样的？内容大约如何？乡人的家离城远近如何？乡间的道路怎样？人家何如？夜里独行乡下路上的情形怎样？树林的情形怎样？大汉的装束状貌，大约怎样？大汉把乡人怎样扭法？拉胸脯吗？拉手臂吗？乡人见了大汉，心里怎样？"以补充儿童的想象。又如在讲解时随手画图，或用声音笑貌表显，这也是补充想象的方法。又如遇文中有省略之处，例如《哥伦布传》中哥伦布和西班牙哲人辩论的部分，和水手谈话的部分为本传所不详的，可令儿童由想象而补充。

（四）要用种种方法充分地练习　所谓种种方法：1. 字片练习；例如用所预备的字片，如旧时私塾练习方字的，做闪烁的练习。2. 抄写练习；指定一段文字，限定时间抄写，时间一到，检查成绩，比较谁快谁慢，谁正谁误，而施以订正批评。3. 默写练习；由教师或一个儿童口说字句，其余的儿童默写在黑板或笔记簿上，而教师随时巡视矫正。4. 朗读练习；一人朗读，众人阖书静听，等读完了，提出读法上的误点，共同批评订正。5. 默读练习；限定在某时间内，默读某课的全课，或一节，时限一到，立刻各阖书本，将该时间所读大意指名口述或各笔述。6. 类比练习；令儿童检查读过的文字，或形似的，或音同的，或韵同的，或意同的，或画数同的，或部首同的，在限定的时间内，把已习过的文字类比抄写，并且比赛成绩的迟速正误，加以批评订正。高年级并可把相同或相反的句子，如上法汇类而互相比较。无论何种练习，须用以下的三个方法，保持儿童的注意力。1. 要多变化。例如时而问答，时而默读，时而朗读，时而字片练习，时而抄写练习，在用同一方法练习时，也须变化多端，例如朗读练习，时而对读，时而轮读，时而偶读。2. 要分布地练习，就是每天在读文时间内，划定几分钟时间，天天练习。例如生字新词字片的练习，不可在某一时间内，持续地练习多时，定要儿童认识熟习，须今天将这生字新词练习数分时，明天再练习数分时，后天再练习数分时，以前天天不间断地练习，以后每隔两天或三天练习一次；以前只需认识字形或联结的词形，以后乃教笔顺学抄写，将字形分析，将词类分析讲解。3. 要比较进步；或同学相互比较，或自己与自己比较。例如类比练习，比较谁正谁误，谁迟谁速等，这是相互比较；又如字片练习，使儿童自己把能读的字数记出，今天能读的几个，明天能读的几个，这是自己比较进步。

（五）要随机设计表演　　凡可设计表演的教材，要和儿童讨论表演方法，随机表演。表演时要注意：1. 时间要经济，不可太浪费。2. 要帮助学生，减少他们的困难，使他们成功而满意。3. 要使全体儿童都得到表演之益，例如由一部分儿童表演，其余的儿童注意课文与所表演的情节对比而加以批评订正。

（六）要多给以讨论判断的机会　　这一个原则，应用于高年级学生熟习课文之后。讨论方法，宜根据课文的内容形式而加以比较地研究。讨论内容，在注意于文情文意；讨论形式，则注意于章法文法。讨论章法文法，宜将类似的或相反的提出，互相比较，而推论出结果来。讨论文情文意，宜设想哪几处合的，哪几处不合的，主要部分在哪里，衬托部分在哪里，并判断它的优点和劣点的所在。讨论判断应注意之点如下：1. 要多给儿童以思索的余地，就是教师不当热心过度，亟要儿童从速判断，而予以暗示或说明。2. 要注意儿童的答语是否由衷之言，儿童的答语往往揣摩迎合，只求取悦于教师，教师当加以辨别，去其不诚笃处。3. 要以正当的理由为主，不当但顾答语的措辞机巧。

（七）要使常习惯于组织的研究　就是对于课文一要能够聚集成点，二要能够省略不重要的部分。1. 聚集成点的方法：（1）分段落。(2)寻求文中的主要思想。(3)加符号，表明课文的价值的轻重。(4)把课文和标题对照提出意见，将标题修改或变更。用这方法，教师对于儿童要多加助力，或示范，或和儿童协议而将代表主要事实的短节文字，写在黑板上，并令儿童抄写在笔记簿上。2. 省略不重要部分的方法：(1)令儿童读书时，注意主要部分，省略不需要的部分，例如读新闻纸意在注重专电，则无关重要的地方小新闻可以省略。(2)令儿童约缩全文，省略无关系的枝节文字；例如令儿童陈述故事，初次所述的约有六页，逐渐缩成三页，再缩成一页，每次把不关重要的略去。(3)常用默读法；例如限定时间，令读完一定的字数；时时用此法练习，可以增进儿童的读书速度。

读文教学的具体方法，由以上的各原则计划而成。大概分为四种：1. 欣赏的，就是用这过程使儿童得到课文中的文学趣味。大要是：（1）决定目的。就是决定因为什么缘故而要学习这课的目的。（2）考查课文的内容，随时施以形式方面的指导。就是先试读全课，遇有生字新词，由教师解释说明（决不可多费工夫）；再用朗读、讲说等法，使儿童对于本课了然无误；末了聚集要点，整理全课，并且研究标题的适当与否而总括之。（3）体味。就是用问答法等提出问题，补助儿童对于文情文意的想象；或用表情的读法，表出文中的神情来。2. 练习的，就是用这过程使儿童熟习课文中的文字符号。大要是：（1）决定目的。就是决定课文中所要练习的部分是哪几种，并且要练习到若何程度。（2）计划方法。就是和儿童商定用什么方法去练习。（3）实行。就是照了方法练习下去。（4）判断。就是批判练习后的效率如何。3. 思考的，就是用这过程，使年级较高的儿童解决文中思想方面和文法方面的一切问题。大要是：（1）提出问题。就是把思想方面或文法方面的问题提示，使儿童注意作答。（2）收集答问的资料。就是回想或查阅或参考已有的经验，把可以作答案的，涌现在脑子中。（3）推理。就是把已往的经验，推想当前的问题的原因结果。（4）证验应用。就是查看它的究竟，和所推想比较研究而求得一个正确的结果。4. 建造的，就是把课文设计表演等，应用于实地。大要是：（1）决定目的。就是决定所要建造的是什么。（2）计划方法。就是计划用什么方法去建造。（3）实行。就是照着方法实行起来。（4）判断。就是批评建造的结果，以为改良的地步。

读文的教学，随课文而异。有的单用欣赏过程已足，有的须兼用练习或建造过程，有的须用欣赏、练习、思考或欣赏、练习、建造，有的并须欣赏、练习、思考、建造都用。但是无论如何，必用欣赏开始，练习也宜常用，建造可以不必多用，思考则单在高年级应用罢了。实例详《儿童文学读本教学法》和《新学制国语教学法》，并散见于江苏、东南大学等附属小学校出版的《教师之友》中。但是各书中的实例，未必个个妥当，阅者须精细审查，看它是否不背读文教学的原则。

现在国语读文，新改文言为语体，各学校对于读文教学，很不一致。因此各方面，发生许多问题。现在我且把各方面常感到的问题，条列解答如下：

（一）朗读的腔调要怎样？　这可以分几层答复：第一层读散文的腔调，可随地方而异。例如官话区域，宜打起用国语讲演的调子来，一句一句和演说一般地说下去；非官话区域，如不能打国语调子，就用读文言文的调子读下去也不妨，不过不要曼声高唱，太和说话远离了（用读文言文的调子读语体文，其实于文字的效用上，并无妨碍。所以不妨用用）。第二层读韵文的腔调，最好模仿本地的山歌小调而吟唱。例如吴人唱四句七言山歌，不妨用吴歌调；唱十二月花名，不妨用唱春调；唱弹词不妨用弹词调。因为这样吟唱，很可以鼓励儿童的兴趣。

（二）是否可用翻译式的讲解？　读文教学非语言教学可比。语言教学在使由声音得到确实的意义，并且学会某一套说话，所以最好不用翻译法。读文教学初教时，在使了解内容事实，而文字符号并不十分重要，所以不妨多用翻译式的讲解，例如吴人读"鸭在河边走，母鸡说：'鸭先生，你走路慢，我走路快。'……""在""母""鸡""你"都可用翻译式的解讲法，令儿童明白。不过不要句句翻译，字字翻译，和从前教学文言文的一般。教师审度儿童已能明白的字眼，虽然国语土语截然不同的，也不必令儿童再行翻译。

（三）生字的音义笔顺，是否仍须教学？　当然须教学。不过不要在全课内容未明了的时候，硁硁然注意于此。全课内容未明了时，只需轻轻地指点说明（例如儿童读文遇有不识的字因而停顿了读不下去，教师便提它一下子，不必把不识的字写在黑板上，反复辨认），到全课内容明了之后，再特定一时间分析练习，教学音义笔顺。

（四）文字的应用练习，是否仍须教学？　读文中不必教学，可归入作文中教学。但有时于练习时，也不妨"偶一用之"。

（五）朗读和默读的价值如何？　1. 朗读：（1）可以表示读者对于符号的知识和表示了解文意的程度。（2）朗读能使儿童欣赏文中的美快。（3）诗歌非朗读不能得到格外的兴趣。不过：（1）容易养成儿童的慢性读法；（2）费时比默读多些。2. 默读：（1）可以发展儿童的注意能力；（2）可以训练儿童用眼睛取得思想的工具，不必求助于声音；（3）可以使儿童读得快，并且读得深切。朗读默读各有利弊。但是高年级儿童，终以多令默读为是。

（六）怎样教导朗读？　1. 一人朗读，众人阖了书静听，使读者觉得众人要听他读文中的意思，很有兴味地读出动听的调子来。2. 遇有错误之点，不要立刻打断他给他订正，等他读完了，然后订正。错误太多的，尽可令他中止，换一人读。3. 朗读要在练习之后施行，可使听者不专注在书本上，而能顾及读者的音韵。4. 朗读的材料，可由读者自定。5. 要用以下的标准批评朗读者的成绩：（1）声音是否抑扬？（2）口齿是否清楚？（3）表现是否合度？6. 读完后，要由听者作公正友谊的批评；有时也可叫读者自陈弱点而由教师加以勉励。

（七）怎样教导默读？　顺序是：1. 将所选的文章，分作数段。2. 低年级儿童令各读一段，高年级儿童令读全文或一部分。3. 限定时间，令儿童在这时间内速读某段。4. 时间到了，令儿童各阖书本，把所读的大意述出。

（八）怎样指导阅读补助读本？　1. 常奖励默读，使儿童于读书时只求大意，不求甚解。2. 诱导儿童把读书当高尚的消遣娱乐，常在课外阅读。并开会报告所读的书籍的内容，以为劝励。3. 组织巡回阅书会，无论何人，有了好书，自己读后，就轮流给他人读。4. 在正读本某一文章教学之后，教师可举和本文相类或相反的文章好几篇，令儿童自己去比较诵习。5. 除全校的图书室外，创立本级图书处，将本级儿童所喜欢看的图书，搜集了，以供本级同学浏览。6. 全校的图书室，图画要常变换陈列；室门要常开；书要可以在限定时间内借到家庭中去看。7. 教学他科时，宜常令儿童到图书室中去搜集材料答问。

（九）读文教学怎样应用道尔顿制？　初年级施行设计教学法，养成儿童自动读书的能力，到了五年级的时候，就可施行道尔顿制了。施行道尔顿制时，先须预备许多程度相当的读本、补助读本。次乃设备作业室，以为儿童读文作业的地点。更次用默读测验等法，分别儿童的读文程度。更次由教师按照程度，定某时期的（大约一个月）"作业概要"揭示了，由儿童抄入笔记簿。在每天一定的时间内，儿童按着作业概要默读抄写作答案。当儿童作业时，教师常在作业室中，以备儿童质问；并常常考问儿童，和他讨论困难之点，以及考查他的笔记簿。儿童方面，各有一"作业记录单"（每单大约包含一个月或两个月的作业），教师在考问作业的某部分或批改他的笔答后，就在单上做一符号，表明他对于作业的某部分和某问题已经完工。等到儿童把这时期内全部的作业做完之后，教师就在单上签名，并且在儿童名簿上把该儿童的名字勾销（各科作业都完之后，乃由校长做这手续）。遇有当共同讨论的问题，教师宜规定时间，发通告，召集同程度的儿童，施行"特课"（在别一个空着的作业室中施行）。读文作业概要，通例指定每学期可读的书若干种，每月由儿童自己选定一种工作。现在把作业概要的一例列后，可见读文应用道尔顿制的一斑了。

某月份

你把本月应读的书选好了，就写你的姓名、级次、书名在练习簿上。未做答案以前，先把书整部读完。

遇有不懂的地方。可问年长的同学，请他指点；或者自己去翻查词典或字典。倘若同学和词典、字典都不能解决你的问题，你来问我。（先生）

仔细把书读完！读完之后，再把下列各问题用笔作答在笔记簿上。

（1）你以为这书哪一课（或章）最有趣味？为什么呢？

（2）书中的人物，你最欢喜哪一位？你为什么欢喜他？说出他的一两件事实来。

（3）将书中无论哪一件故事，作一篇短剧；或者作一篇短评，评论书中的随便哪一个，或哪一事。

（4）书中文字方面，你以为有什么不妥当的地方？怎说不妥当呢？

（5）标题有该修改的吗？怎样修改？

（6）……

按这一个表，即使不实行道尔顿制，于指令读补助读本时，也很可以用。

（十）怎样考查成绩？　时常注意检查儿童的笔记簿。笔记簿之外，并可用"阅书片"，由儿童将所读的书随时记载，由教师考勤。

书名	卷	题目	摘要	时间	问题或意见
《儿童世界》	八卷九期	杨柳姊姊睡了	杨柳到了冬天叶落如睡。	5分	（1）棉絮般的雪白被，是否是雪？ （2）咳字误该作唉。
《少年》	十三卷十号	三句隐语	阿郎不懂父亲的隐语，弄得贫穷不堪，并且打死一个和尚。后来遇到了县官，才明白隐语，得到金和尚。	10分	（1）阿郎本来很笨，他父亲还要对他说隐语，他当然要不明白的。 （2）哪有放金和尚的房子阿郎并不去开的道理！

此外可用"识字测验""默读测验"，随时测验。

三、作文教学法

作文教学的目的，在使儿童能操纵语言文字，把语言文字做发表情意的工具罢了。

作文课程的作业，依目的而论，可分为下列两种：

（一）语言的练习

（二）文章的 { 研究　练习制作

向来我国小学校的作文教学，只有"文章的练习制作"一种，研究实在很少；至于语言的练习，更是绝无而仅有了。其实语言的练习和文章的研究，都是小学作文课程中所不可少的。现在分述所以要加入

"语言的练习"和"文章的研究"的理由如下：

何以要有语言的练习呢?（一）用语言发表情意，它的价值不减于文字。我们一天到晚，日用生活上，需要语言之处，实在比需要文字之处还多。语言的效用，小之可以应对酬酢，折冲樽俎之间；大之可以讲演四方，启发群众。文字的效用，固然可以行远而传后；但是发聋振聩，要使一般人都能了解，用文字，实不如用语言直接讲演，较为亲切而有效。（二）语言是文章的基础，练习语言，大足以为学做文章的帮助。大凡能做文章的，虽未必善于言语；但是善于辞令的，做起文章来，却往往通达流畅。因为语言是情意的代表，文字又是语言的代表；能用语言发表情意，那就不难用文字发表情意了。（三）事实上，小学初年级的儿童，也没有用文字发表情意的能力；用语言代文字，这也是不得已的办法哪。

何以要有文章的研究呢?（一）要能做文章，不能不充分地了解文章，要了解文章，不能不从事研究，这是一定的道理。（二）新制国语课程纲要，读文以兴趣为主，所以偏重文学文；所有实用文、说明文、议论文凡兴趣无多不足以供作读文材料的，不可不纳在作文中教学。

课程纲要中，语言另立一项。但是方法中注明"或与作文等联络教学"，可见语言的练习，本是纲要中所有的。至于文章的研究练习，纲要程序中，更是分明历举。但是纲要略而不详，而且语言练习和文章的研究和文章练习制作三种，时间上的支配，也未曾有。读文有教科书做根据，作文则无所依据；现为便于一般学校起见，且立一表如下：

	语言的练习		文章的研究			文章的练习制作	
			文体	文法	字句练习		
第一学年	问答会话讲述	十分之七			听写法	十分之一	设计的共同记述和各自记述	十分之二

（续表）

	语言的练习		文章的研究				文章的练习制作	
			文体	文法	字句练习			
第二学年	会话问答讲演（例如故事讲演会）	十分之六	记叙文	用字的比较句法的比较	听写法仿作法	十分之二	同上	十分之二
第三学年	会话问答讲演	十分之五	同上加说明文、便条、书信	同上加篇法的比较	听写法仿作法改作法	十分之二	（1）同上（2）命题自作	十分之三
第四学年	会话问答讲演（普通讲演说明）	十分之四	同上加传记文、表抒文、广告文	同上	同上	十分之三	（1）同上加范文对照（2）同上	十分之三
第五学年	讲演辩论（辩论会）	十分之二	同上加议论文、传单、契据	同上略加修辞的比较	同上加补充敷畅法	十分之三	（1）同上（2）同上	十分之五
第六学年	讲演辩论	十分之一	同上加电报、官牍	同上	同上加约缩法	十分之四	（1）同上（2）同上	十分之五

名词说明——参考初等教育研究会出版的《小学校》第十一号（苏州一师附小发行）。

作文中的语言练习，如在非官话区域，可不必十分严格。用语不一定用标准语；所谓蓝青官话，也不妨用。不过土语中和标准语极不符合的部分，一定要避去。因为语言的练习，实也是做文章的预备，做文章是用普通语体文的，假使纯用土语练习，于文章的成绩上，一定要有妨碍。练习时，初由教师拣一有趣的材料，向儿童发问，儿童依问作答；教师把儿童不完全的答语，和全体儿童共同处理矫正。这是语言练习的第一步，也是语言中措辞造句的基本练习。

第二步的练习是讲演。所用的材料：最初纯用故事，因为故事足以引起儿童的兴趣和注意；高年级兼用说明，就是定了一个题目，例如"说储蓄的利益""说何故要读书？"等，头头是道地做普通的讲演。当儿童讲演时，教师和全体儿童都要注意他所讲的层次是否清楚，详略是否得当，而加以共同订正。第三步的练习是辩论。由教师和儿童设计提出可正可反的问题，例如"语言和文字哪一种功用大？"照普通辩论会的规则，分正反两组辩论，辩论后由教师和同学加以批评矫正。

语言练习，要注意如下的几个要点：（一）要使全体儿童，普遍地轮到，不可偏于长于辞令的人。（二）练习的材料和题目，要具体而且正当的，倘儿童提出的材料，很不正当，教师宜加以批评限制。（三）讲演或辩论之后，可令儿童笔记，和文章的练习联络。（四）在高年级儿童讲演和辩论之前，可指导他们收集材料在课外打作草稿。语言练习的种种，可参考本篇语言教学法而加以融会变通。

作文中的文章研究，须注重词性、句注、篇法、文体、修辞的比较分析。文章研究的材料：可把读文等中所读的材料做基础；再收集许多读文中所缺少的材料，例如说明文、书信文、议论文等，拿类似或相反相成的，比较研究。一方面研究讨论，又一方面可加以片段文字的练习。片段文字的练习，可利用听写、仿作、改作、敷畅、约缩等法。

文章研究，要注意如下的几个要点：（一）所用材料要以实用文说明文为主，不必多研究文学文的作法；因为文学文是供儿童读的，不是要儿童学做的。（二）研究篇法文体所用的材料：1. 要足以做模样的，便是思想透辟，层次清楚，格式无误的。2. 中有不妥处，能使儿童指出它的缺点来的。（三）研究的方法，要用归纳法。例如收集了类似的材料，聚在一起比较，把通同之点比较出来；或聚集相反的材料，比较出不同之点来：这通同之点或不同之点，一经比较研究，那就可以得到文章的通则，令儿童了解而不忘了。

文章的练习制作，是有题目有组织的成篇文的练习制作。一方面练习，一方面制作。练习是由教师辅导构成的，通称为助作；制作是教师命题，或儿童自己择题独力构成的，通称为自作。练习制作所用的教材，须把上表研究方面分年所列的各种文体为主，三、四年级注重记叙文、说明文、实用文，五、六年级渐渐注重议论文。教材的选择：（一）须具体而有趣味的。例如记述一个故事笑话，说明一种游戏方法，编辑一篇剧本，批评一段学校新闻等，这就是具体而有趣味的。他如"勤工说""俭学说""人贵自立说"等，那就抽象而没趣味，儿童也往往不愿练习，难于制作了。（二）为儿童经验界中所有的。例如记述某一种的个人经历，写信报告在校近状，说明自己的一种玩具，发表自己对于某事的意见、记录、演说词，这就是儿童经验界中所有的。他如政治的讨论、物理的说明等，和儿童的本身相差太远，都以不用为宜（不过在历史、时事各科中所研究过的材料，也可作为儿童经验界中所有的）。（三）有发挥余地，可由儿童各抒己见的。例如关于学校生活的议论，读文后的批评，对于某事说明所以然等，这就是有发挥余地，可由儿童各抒己见的。他如论某事的利益，说某物的功用，这有时虽也可用，但是终觉题已断定，儿童无自由发表思想的余地，究以少用为是。

作文教学，方法很是复杂，现在且把各要点，分述如下：

（一）要时时注意儿童的需要，随他的动机而因势利导。例如儿童要表演，可指导他制作戏剧的说明书；儿童因某事而要和他人通信，可指导制作某种信件的方法。又如研究某种文章，要适在文章的练习制作发现某种缺点之后。

（二）要处处顾到实地的应用，使儿童作文觉得有为而发。例如记了偶发事项，投稿于学校新闻；做了布告文，揭示于公共处所；做了戏剧说明书，于表演时分发或揭示众人；写了信寄给他校同学等。

（三）要和实际的生活经验相辅而行。例如时节所遇合，集会所经过，远足所见闻，观察所得，一切新接触的，都记述说明，报告于教员。

（四）多用直观的描写。例如对某处的风景而作记，对某种的图画而加说明，对某种表演而记述表演中的故事。

此外，文章练习制作时所该注意的：

（一）助作练习，可用如下的顺序：

1. 决定目的。

2. 收集材料。

3. 就材料而加以如下的讨论。

a. 哪许多须组织在文章中的？哪许多可放弃的？

b. 组织在文章中的，哪一点最重要，须加倍表现？

c. 从头至尾怎样组织，方觉得层次井然？

d. 用何种陪衬烘托，方才加倍地醒目？

4. 记述，师生共同记述或由儿童各自记述。

5. 批评订正。

（二）自作练习，如由教师命题的，题目要多，以便儿童自由拣作一题。

（三）矫正成绩，遇谬误处，当用讨论的方式。

1. 文中何处太详？何处缺略？应如何删繁补缺，以使详略得当？

2. 文中何处太平实，不能动阅者之目，应如何补入陪衬烘托的材料？

3. 组织上何处重复，何处颠倒，要怎样组织，才觉头绪清楚，使人一览而知？

（四）研究成文的注意点，也当用讨论的形式。

1. 讨论作者的目的何在？

2. 讨论文中的思想有没有不合之处，有没有不周到之处？

3. 可分几层？意思贯串否？

4. 何处的用意遣词最有精神？

5. 文中有没有可删节处？

6. 这文同某文比有什么相同之点，有什么不同之点？哪一篇文章较好？

（五）做文章，宜养成儿童不起草稿而起腹稿的习惯。

（六）儿童自作文章时，如文字不能达意，可鼓励他用插图表明。

（七）批改成绩，宜多用奖励的方法。

（八）语言的练习，文章的研究，文章的练习制作，宜互相联络。例如讲演之后，记述作文，作文成绩不佳，再提出模范文对比讨论。

（九）成绩的处理，要依着设计的目的去实做。例如目的在布告的，一定要真的布告；目的在通信的，一定要真的寄出。

（十）作文簿上可附订三表：一是作文尺度的原文（此种尺度现方有人制作），二是某年级所该达到的标准，三是个人比较表。个人比较表大约如下：

数次	标准度尺	题目
1		
2		
3		
4		

（十一）多备小黑板，为儿童报告布告的地方，以与作文稿簿并用。

四、写字教学法

写字的效用：一可以帮助读书，使所识的字格外认得真切；一可以帮助作文，能敏速用文字发表；一可以应用于实地，例如记账、标物名、填表格、写姓名，不必求人。所以写字成绩的要求：一要写得正确；二要写得整齐清楚，人家看上去不讨厌；三要写得敏速。

写字的作业，可分两种：（一）有目的设计练习；（二）模仿练习。有目的设计练习，须随相当的机会，用设计的教学法提出来。教材的范围如下：

（一）在记载方面的：例如标人名、物名，记年、月、日、时。

（二）在实用方面的：例如预备成绩、定期开写字成绩展览会、写表演时布告的节目、写装饰教室的对联屏条、写请客的请帖、誊写信件。

模仿的练习：宜先大字，后小字，先正书，后行书。所取的材料，低年级要取日常所应用，并且在读文中所读过的。大字宜由教员写作范字，由儿童临写；有时也可用印本摹写。高年级，小字可抄写各种日用文，大字可临碑帖。碑帖宜不拘一格，酌量儿童的笔路，选择和他相近的练习。

写字的课程，在纲要中一、二年级没有模仿的练习，在三年以后，没有设计练习，实际上一、二年和三年以后，不必有这样的鸿沟；一、二年有时也不妨模仿练习，三年以后，有时也不妨设计练习；不过一、二年模仿练习不可多，三年以后，设计练习不必多罢了。

写字教学法在新教学法中除掉应用设计的练习以外，实在没多大的改进。所有模仿练习的具体的教学方法，在各种普通的教授法书中尽有，现在不赘述了。但是还有几点，为旧教授法所未注意的：

（一）书法的赏鉴　书法在中国历史上，实际也成为一种美术。我国人虽不必个个能写优美的书法，但却不可不稍有一点赏鉴书法的眼光。腕下尽可有鬼，胸中不妨有神。因此各学校，如经济无妨，也可多备一点名家书法、古代碑帖在课中课外，随时指导赏鉴。同时并可把古代书家的小传讲给儿童听，以鼓励他们的写字兴趣。

（二）字体的识别　我国字体，真、草、隶、篆种种不一；近来则简笔便写字，也很多通用的。为儿童将来的应用起见，在相当的机会中，也该指点一二。

（三）成绩的比较　可利用写字的尺度（《小学校》第十期载），由儿童在写字之后，把成绩和尺度对照，以自验成绩的进步与否。其法：可把尺度的原样张挂在教室适当之处；写字簿上，则附刻如下的比较表，由儿童把比较所得的结果，自己记录。

次数	时间累计	尺度	进步或退步
1	35	8	
2	70	7	？
3	105	8	☆
4	140	9	☆

（表中符号为填记的例子。　？表退步　☆表进步。）

（选自吴研因、舒新城编《小学国语教学法概要》，商务印书馆1925年版）

文字的自然教学法

　　我国文字难识、难写、难解，实是我国教育上、文化上的一大障碍：这见解，许多教育者都以为然的。现在有人竭力提倡语体文和注音字母，就是要求免除这种障碍的意思。但是语体文虽然比文言文容易了解，注音字母却不能替代文字；所以，文字的障碍在这时还不能完全解除。

　　文字的障碍既不能完全解除，改良文字的教学法，使文字的教学法变得"自然"些，不沿用以前那种生敲硬打的法子，那就不能不算是现今教育上的一个重要提议了。

　　要知道文字教学怎样"自然"，须先知道以前文字教学的怎样不自然。以前文字教学法的不自然，单就读书方面说起来，就有如下几种：

　　（一）拘泥教科书　　教科书无论如何编得完善，总是死的、呆的、有限的；所排定的课数顺序，虽说有时依照时令，但是程度适合与否，分量足够与否……实在没有一定的意义。教书的往往死守着教科书，看它好比"金科玉律"一般，依照了教下去；也不管它时期颠倒、程度深浅、分量多少、学生是否需要。每本教科书，编书的以为该教半年，他就依着教授半年。课数的顺序既不敢随学生的需要而颠倒；分量少的，也不想另加补充材料；分量嫌多，也不敢舍弃其中的某一部分。这种教学法，简直依着教科书敷衍罢了！教科书之外，有许多活的、动的、无限的文字，他只不管。你想一本教科书，寥寥数十课，每课寥寥数十字，谈了四个或七个年头，究竟能有多少进益？至于不完善的教科书，所有教材，大半枯燥乏味，读了令人生厌。教员用这拘泥的态度教下去，更不消说可使学生昏昏欲睡，无甚进益了。

（二）**拘泥教授顺序**　我们以教育改良家自命的，往往也能活用教科书，也知教科书不完善而能自己编集教材；但是照着教授顺序教下去，也未免觉着不甚活动。什么引起动机或指示目的，什么预习或概览，什么练习话法，什么教学生字，什么读讲，什么深究整理，什么应用……一项项千篇一律地做下去；不必预习的也强要预习，不必深究的也强要深究。这种方法，也觉不自然之极！最可笑的：一个"人"字或"二"字，其实只须在学生需要的时机，轻轻指示一下，也就够了；我们也偏要练习话法，深究应用。这种模型式的教学方法，徒然枉费工夫，却又何苦来呢？

再就教授顺序的各段上说，也有许多不妥之处，例如：

话法练习　教员把课文演绎成口语，一句句说给学生听，教学生一句句跟着他学，在教员很费工夫，在学生毫无趣味：真所谓"鹦鹉学语"罢了。

教授生字音义　在练习话法之后、读讲课文之前，往往插入一段生字教学。话法读讲都重在完整的内容，生字教学却又注意零碎的形式；什么四声五声的辨别，一撇一捺的练习，浪费了许多时间，不但把完整的个体破碎了、隔断了，而且一时之间，要使学生读过一字，认识一字，且要能够分析书写，这也实是"硬做"。

深究形式　课文既已读讲过了，教师还恐文法上不大仔细，所以又加入深究形式一段，专在文法上做工夫。什么句法、章法、篇法，什么比喻、拟态、反复、重叠，什么总起分承，分起总结……噜哩噜苏说了一大套文法上的名称，学生听了实在莫名其妙。

应用练习 课文文法深究之后，教员以为可以教他把学过的文法活用了，所以在每课教学的末了，结以应用练习一段。刚才明白或者还未明白的文法，马上就要使它活用，好比刚才知道要求吃饭的小孩，马上就把坚硬的东西给他吃，吃了还要他马上消化：这也太不自然！

以上单就读书方面说，已发现了许多不自然的现象。至于缀文写字，也有许多违反自然的。例如：

（一）**缀文** 缀文往常有基本练习、构成指导、自作三种。基本练习中，什么正误、填字，什么视写、暗写，什么仿作、改作，都是由教员做主支配，学生跟着做机械，既没有开始的动机，也没有一定的目的，实在是很不自然的。构成指导，也往往有这弊病：为什么要构成这一篇文章（动机），为什么要用这方法构成，构成之后有什么用（目的）……这些问题，都被教员忽略过。命题自作，教员出了和学生毫不相干的题目，教学生向壁虚构，更觉没有动机，毫无目的，不自然之至！

（二）**写字** 往常做教员的预备了一套范字，悬挂在学生面前，或放在学生桌上，谆谆然对学生说这一字音义怎样，笔顺怎样，间架结构怎样，怎样写就好，怎样写就不好……自以教学的能事已尽；而学生却是你这样说，他这样听，究竟如何算好，他也实在莫名其妙；动机何在，目的何如，除掉依样葫芦，随便写写以外，简直没有什么！所以这样写字教学法也觉得很不自然。

我们现在觉悟不自然的教学的结果，非但"事倍功半"，使学文字的人，觉着文字难学，而且因此终身厌恶文字，觉得读书毫无乐趣。一念不喜读书，凡书籍上所记载的古今中外的知识学问，就好比封锁在积谷仓里，终年不去过问。这真是教育上的绝大的危机！

　　自然的文字教学法，就是把以上种种不自然的教学法，竭力避去，改得自然些。教科书固然可以随时随地活用，教授顺序也不拘拘乎千篇一律；什么练习话法，教授生字音义，都没有显然的痕迹；什么深究形式，应用练习，也没有施行的必要；缀文写字，更是各有动机，各有目的，不教学生专做盲动的机械：这一来，虽不能把不自然的教学法绝对避去，至少也可以改掉十分之六七了。

　　抽象说起来，文字的自然教学法，实际也不外乎把如下的各种原理做根据：

　　（一）学生自觉的需要　要使学生自觉缺少文字，和缺少食物一般；凡人类缺少了食物，不能生活，生了需要的感觉，自然千方百计自己去求；学生缺少文字，不能满足他的求知欲，也自然尽心竭力欢喜去学。

　　（二）学生已具的动作和经验　学生动作的倾向在哪一方面，教员就把哪一种文字的教材去教。例如他相信猫狗能说话、草木有思想的时候，教员就把这一类的文学书给他读；他有研究猫狗草木究竟是什么的倾向了，教员就把猫狗是动物、草木是植物的记载给他读。所选的文字教材，要恰和儿童的经验成一交点，所用的文字教授法，也要恰和儿童的学习成一交点。文字断不可离开儿童的实际生活太远，要把文字做儿童生活中代表实事实物的工具；如此文字在儿童生活中，方才显得活而有价值了。

　　（三）学生学习的兴趣　呆板的教材，要使儿童学习，儿童不知它价值何在，意义何如，自然生不出什么兴趣来。不生兴趣，自然就以学习为苦而没有什么功效了。文字的枯燥无味，实在和普通体操一般，教员选择的材料和取用的教法，假使略带激急性，或者取那足以引人入胜的，那才可以使学生的兴趣油然而生，不致对文字而生厌苦之心。

　　具体说起来：文字的教学，该把语言的学习做基础。儿童学习语言，是因为常和社会接触、环境周旋，常有使用语言的需要、练习语言的机会，所以不知不觉自然学习的；决不是空空洞洞、呆呆板板、由大人预备了语言的教材，在教室里教学的。文字的教学法也该有这种色彩。要把儿童的社会环境，设备得常有使用文字的需要，常有练习文字的机会，学生也自然不知不觉学会文字了。而且文字是语言的代表，文字的程度要跟着语言的程度而增高的。儿童学语言，因为常常经验的缘故，能够数量增加（识得许多名物），意义明确，次序不乱；他所学习的文字，也自然数量增加，意义明确，次序不乱了。所以文字的教学，要把语言做基础，和儿童的社会环境也很有关系；也决不可空空洞洞、呆呆板板，不顾他的语言程度，不问他的社会环境，而专把文字符号灌输给学生的。

以上的说话，还嫌笼统，我且再把教学文字的步骤，述在下面：

第一步 教室里的东西，学校里的地段，同学们的姓名……用文字标记，使儿童自然识得许多单字、名词、语句。往常学校里，用了许多工夫，教学"人""刀""一""二"……每个字要费两三点钟；改用这法，文字的范围可以不拘，文字的数量可以大增，而所费的时间却倒很少。而且使学生一方面见字形，一方面直接认识实物等，和实物等的功用……所教学的文字的意义自然格外明确了。

第二步 用文字替代语言，发布命令，指导学生的动作，使他们自然知道许多日常应用的语句。例如"起立、就坐、开门、关门、刷牙齿、洗手、扫地"……一切学生应有的动作，教员在学生既有习惯之后，只须写字不必说，教他们依着所写的字做事，那就觉得文字和事物动作联络一气，不相分离，文字的效用也就显得是活的了。

第三步 故事图上一部分重要处，用文字记载，使儿童听了教员所讲的故事，看了故事图，知道所记载的文字的意义。故事童话，是儿童所喜欢听的，故事图是儿童听讲故事时所直观的，重要处有一部分用文字记载了，儿童因为直观的缘放，也自然容易注意这一部分的文字了——这时图多字少，图容易明白，字也可以不觉得烦苦；不比教科书字多图少，要识了字才能够明白插图。

第四步 已经能口诵的儿歌，用文字记出，使儿童复看文字。儿歌是儿童喜欢口唱的，到他略能看文字的时候，便把他能够口诵的儿歌，用文字记出，给他们看，他们一定很有趣味，肯看了文字吟唱。

第五步 故事的上半段口讲给儿童听，到紧要处忽然停着不讲了，却用文字记述下半段，使儿童自己去看。讲故事讲到中段，听的人的兴趣已经提起了，必定注意急急要听下半段，现在停顿了不讲，用文字给他看，他也一定肯注意看的。

第六步 到此方才把书本给儿童读，先读文学书，次读经过文学化的各种书，如自然研究、社会研究、卫生修身等许多故事读本。在读书以外，如第一步、第二步的方法，仍旧继续不断地行下去，文字的教材既然很有生气，教学方面的能事也自然可以说一半完成了。而且所读的文学等书，也要有自然的排列法，例如：

1. 先教学字句多反复的童话传记。例如："小猫拾着一个皮球，当它是宝贝。小猫拿了宝贝给鸭看，鸭道：'原来是一个大蛋。'小猫拿了宝贝给鹅看，鹅道：'原来是一粒大谷。'小猫拿了宝贝给猴子看，猴子道：'原来是一只大桃子。'小猫拿了宝贝给孩子看，孩子拿起来拍几拍，小猫叫道：'不好了！不好了！宝贝要破了。'"这一类的故事很多很多，给低年级儿童读最相宜，生字可以不多读，所读的字句子，却可以多次反复，使儿童格外认识得确实些。

2. 次教学简短有韵、意思明了的白话诗歌。这一类自然成韵的诗歌，儿童也最喜欢读。因为儿童喜欢读这些东西，记载这些东西的文字，也间接使儿童认识了解了——这也是低年级很相宜的。

3. 次教学字句不必反复而内容却很简单有趣的童话、传记、诗歌等——这是适于中年级的。

4. 最后教学不离现实的传记、小说、剧本等——这是适于高年级的。

此外还有一个辅助，就是引导他们自己到图书室里去看图。图书室里陈列许多有趣味、可参考的书籍，由学生自己去看。儿童遇到了新事物，发生了新问题，往往没有解决的方法，图书室里的书籍，实是他们的先生、朋友，教师应当利用机会，使他们向这些先生朋友们问难。

以上单就读书方面说，缀文、写字方面，也很有许多自然的方法。例如：

（一）儿童做的成绩品，或儿童自己的东西，都由儿童自己写标签，标明名目、功用等。

（二）教师发了命令要教学生做的事情，由儿童自己记录下来以免遗忘。

（三）对教师报告，对同学布告都由儿童用文字代表语言。

（四）所有看见过的、听见人家讲过的一切新接触的事情，都由儿童一一记录下来。

（五）定期开展览会等，预备一切缀文、写字的成绩。

（六）演戏布景和教室装饰，要用的对联、中堂等，都由儿童自己制作。

（七）和人家通信。

（八）办学校新闻。

（九）……

实际读书、缀文、写字，本不必显然分别，缀文、写字两项，更可不必分别。用这等方法教学，似乎有动机、有目的，比那无故要读书，无故要缀文，无故要写字，岂不自然活动得多了吗？

至于读书的教学顺序，也只要很平常、很自然地教学下去。在引起动机、决定目的之后，教师从旁指导，使儿童努力欣赏，得到些读书的趣味也就算了。不要练习话法，不要特地教授生字音义，也不必深究文法应用练习。

有人说："文字是语言的背景，不练习话法，如何能够了解文字？"不知语言的练习，要在平常谈话和讲演会中，讲故事等的时候自然练习的，不是照了死的课文敷衍衍绎就可以算练习的。照课文敷衍衍绎，不但不能使语言练习得纯熟，读文字的时间反被它无端耗费了。

有人说："生字的音义笔顺不特地教学，轻轻指点过去，将来如何能识能写？"不知文字的识和写，是要慢慢儿自然学会的，读过了许多，自然能识能写了。在读书时间，初见的生字，如何就要他能识能写？硬要他能识能写，所以加上这一段教学，其实结果和没有这一段教学同，倒枉费了许多无谓的工夫。假使说中国的文字不是特地练习，不容易使儿童能识能写，那也可以特地练习文字的，每天在读书之外制定五六分钟，预备了许多纸片，每片上写了单字或名词，一闪一烁地给儿童辨认（闪烁练习）；或者教儿童竞争速写，或者把容易误写的字，由教师写正了贴在墙壁上，时时提醒他们。这样虽然也有些不自然，但是时间短少，方法多变换，也就不觉不自然了。

有人说："文法方面的公式，不深究不应用，将来如何能够了解，能够活用？"不知文法的了解活用，也都和经验有关系的；读书多了，自然会有文法上的经验，谆谆告诫是无用的。必要指点文法，也要在读书既多的高年级时。每课书都把文法上的公式指点他们，并且使他们仿作，如何有效呢？

总之，所谓文字的自然教学法，也并不是绝对地把以前的方法废掉，不过把以前许多费时而无效的方法力求改良罢了——缀文的命题作文，写字的临写范本，读书的练习生字，指导文法等，也不是绝对不用；不过用的时候，总要有动机，总要有目的，断不可专教学生做教师的机械。苟其在一个"设计"的中间，要命题作文，要临写范本等，那就不妨仍旧暂用旧法。在设计中间而用旧法，那就不觉得旧法不自然了。

文字的自然教学法，结果非但可使学生自然认识许多文字，并且可使学生能够控制文字，整理文字，对于文字生兴趣。换一句说：就是可以养成学生能够读书、喜欢读书的习惯，不做书本的机器、文字的奴隶。你看世间有两种读书人：一种名为读书而实际不读书的，他把书本"束之高阁"，不去过问；一种也觉喜欢读书，"手不释卷"地常和书本亲近，但是除掉记诵之外，没有一点灵性。前一种是学校教书，专由教员分析注入，使学生兴味减杀的结果，后一种是私塾教书，专由学生盲然诵读、养成机械的习惯的结果。两种都是所谓"不自然"的教学法的遗误。这样说起来，不要说我国文字难识、难写……格外要改良教学法，即使文字改良得易识易写……了，教学法的改良也是必要的。

（原载于《教育杂志》1922 年第 3 号）

关于大众语问题的一封信①

曹先生：

承你把关于大众语的问题分给我一份，叫我做答案，我一面很高兴，一面又觉得很惭愧。因为"文白之争"，居然引起了大众语的提倡，好像是更进了一步，白话军方面的马前小卒，自然觉得加入了"生力军"，真是"八面威风"，但是我对于大众语的问题，实在没有深切的研究，有人把这问题问我，我也自然会暗暗地惭愧。

一个月以来，左臂因伤酸痛，真觉得筋疲力尽，百不遂心，所以今回第一个和所谓"文言"军交战的我，反闪在一旁，不声不响，"坐观"别人出马"厮杀"。现在左臂酸痛"如故"，实在连写信也没有精神，所以承你"下问"，我只能很草率地把我意见约述如下：

一、现在虽然是一切权利由少数人独占，于大众无分的时代；但是谁也知道，大众是应当抬头的，在教育或文学的一方面看来，提挈大众，使大众早些抬头，这实在是教育或文学的唯一的任务。文字是一种工具，我们尤当使它为大众所应用。所以我认为无论在何时，如认清教

① 原标题为《吴研因先生复信》。

育或文学的任务的话，大众语总是应当提倡的。以大众化的白话文称为大众语，虽然似乎是"巧立名目"，但是为促起大家的注意起见，就从现在起划为一新的提倡大众语的阶段，实在也未尝不可。

二、白话文运动停滞，正和革命运动的停滞一样。革命运动，到了现在，有许多人以为无需再革命，有许多人并且在干反革命的工作。白话文运动也是这样，新文人以为白话文已不成问题，不必再提倡；旧文人则乘隙而入，在干反白话文工作，所以白话文运动便停滞下来。况且白话文的进展和停滞，确也跟着革命的势力而消长的——因为这原是一种文学革命；现在一切革命都停滞了，白话文运动还能不停滞吗？至于新文人有复古的倾向，这正和鼓吹革命的记者，变成了诵经念佛——的要人一样，一半因为他们功成名遂，一半因为他们避重就轻，所谓"逃禅"，正是"时势使然"罢！但是从另一方面看，白话文仍在"发荣滋长"，为小学儿童和中学以上青年所普遍应用；新文人也没有个个有复古倾向。否则"豪杰之士"的陈（济棠）何（键）既提倡"读经"于上，捧"豪杰之士"的汪鲁诸先生又"文言运动"于下，白话文还能存在于中小学吗？还有人居然大张旗鼓，对这些人大加挞伐吗？

三、白话文的程式，在消极方面应当避免欧化，减少特殊阶级用语（文言化），在积极方面应当加入农工大众常用的语词语调；内容，一方面以大众的意识为意识，一方面宣达大众的情感；这样白话文才能成为大众的工具。在教育方面说，我国的农工大众，如能施以相当的教育，先使他们识字，能使用白话文，再使他们的语言程度提高，（借用）大众和语文那才能两相结合。否则描写贵族少爷和小姐的《石头记》，固然于大众不能发生许多关系，《水浒》，以至于小唱本——虽然在大众的意识中，但是不识字的大众仍然和它们无缘的哪。

四、我也主张以北平之普通语言，做大众语的标准的全国通用语文。但是我以为方言是消灭不了的，所以一方面还得有一地方私用的大众语文，国家的大众语文和方言的大众语文，两者并行不悖，对于什么人说什么话。

五、写大众语跟写儿童语一样，要设身处地用客观的态度表达民众所惯用的方式，不知何指？指连环图画，唱本，鼓词，弹词等的格式而言，我们正可因势利导，毋庸弃去。这一问，我实在不很明了，所以不能解答。

最后，我以为大众语文的建设，应当由提倡的人，尤其是文坛健将十分努力做去，一方面尽量创作些关于大众的读物；一方面尽力于扫除文盲运动。否则注音符号，国语罗马字母……虽然闹得"震天价"响，结果也只有闹闹而已。先生以为怎样？

复颂

撰安

弟吴研因敬复

八月七日

（原载于《社会月报》1934年第3期）

对整理汉字和减轻学生负担的意见

一、国务院公布的简化汉字，对减轻学生负担，确实起了一定的作用。可是，由于有些单体字简化了，用作合体字的组成部分却没有简化；有些用作合体字的组成部分简化了，作单体字却没有简化，这在教学中发生了不少困难。最近，中国文字改革委员会、教育部、文化部已经联合发出通知，把这个矛盾首先解决了，这确实是一件大好的好事。此外，还有许多常用汉字已经由群众简化到"约定俗成"的程度了的，课本和报刊上还没有简化，这也应该斟酌，逐步简化。例如"赛""餐""街"群众已简化为"宩""歺""亍"了，就不妨正式采用，在课本和报刊上正式通用。至于没有简化的字，像从前作部首用的鬼、鹿、麻、黍、黑、鼎、鼠、鼻等，看来需要加以简化，才便于教学。还有一些字，像鬣、繁、缎、顾、糖、警、颗、耀、肮髒等等，还见于小学初级语文课本里，甚至一年级用的语文课本也有不少，这些最好快一点简化。当然，凡没有简化的常用字，可以简化的也都需要逐步简化，分批应用。能使所有的常用字，除少数例外，在十画以下的可以再简化，在十画以上的能简化到十或十画以下，那就使简化汉字在减轻学生负担方面，会起到更大的作用。

二、群众乱造乱用简化字，例如把问题写成冋，把葡萄写成卜兆，这如果是自造自用，只当做听报告时的速记，那也和别人没有什么关系。但是如果写信给别人，那就未免要令人莫名其妙。尤其是小学生，在课本上和教学的时候所接触的字，如果和物品牌、招牌、壁报、广告上所看到的字不一致，一定会发生疑问，甚至也在作业本上乱用，那就增加教学上许多困难。群众乱用简化字的原因，是由于识字不多，尤其是对简化汉字分辨不清，因而以讹传讹的。根本原因，还是由于繁笔字太多，有的人不会或者不愿意写繁笔字，随手误写或者乱造乱写，那就会使别人跟着学样，以致以讹传讹了。要减少这种现象，只有把繁笔字简化，越多简化就越使人有简化字可用，就也越不需要乱造、乱用了。但是"别字先生"是根除不了的，即使采用了拼音字，也还会有拼错写错的"别字先生"。不过，这如果只是个别现象，那也为害不大，不会像现在这样普遍地使教学上发生许多困难，甚至加重学生负担的。

三、生僻难认的地名人名，当然以改用常用字为是。事实上也在做了，例如把"瀋陽"改为"沈阳"，"鬱林"改为"玉林"。把大多数生僻而难认的地名和人名用字，都改成常用字，这对减轻学生负担的作用就不小。至于人名喜欢用生僻字，是从前怪僻好古的"士大夫"一种自炫博古、自欺欺人的怪现象，以后可能不再有了。

四、铅字的笔画，印刷体和手写体不一致，例如用做偏旁的"辶"（印刷体）和"辶"（手写体），吕字中间多一点少一点等显然彼此不同，在教学上对小学生和初识字的群众也往往会发生疑问，当然应该一致，以免分歧。

此外，我认为先学拼音字母，对识字、读书、学习普通话，都有好处，只要问问小学老师，就可以知道。拼音字母的先进教学方法也很多，急切需要总结、介绍。这都不再详说了。

（原载于《文字改革》1964 年第 6 期）

第六辑

师生研究

我回到了革命青年杨贤江先生的跟前

　　昂藏结实的身材，团团红润的脸，和蔼可亲的笑容，洪亮温婉的声音，抖擞奋发的精神，抱着一腔革命的热忱，滔滔地倾谈革命的理论；有时候，站在工人面前，把工人组织起来，跟工人们共同讨论……这就是当年活跃的革命青年杨贤江先生。

　　大概是离开现在二十七八年罢，我到了上海商务印书馆的编译所。我编辑小学教科书，贤江主编《学生杂志》。他常常向我要教育论文的稿子，于是我们很快就认识了。

　　之后，我也反帝反封建，同情社会革命，但因为一心想办教育，并没有参加革命的实际工作。贤江跟沈雁冰先生等，却以为革命高于一切，革命如果不成，一切努力全是无谓，全是空虚的。因此，贤江常跟我长谈，劝我加入改组后的中国国民党；我也心服贤江，乐于接受他的话，他跟雁冰先生就做了我的入党介绍人。

　　党的集会，是在我所兼办的尚公小学秘密举行的。但贤江等却往往利用星期日，在尚公小学的教室里，集合了商务印书馆的许多工人，关上了门，在谆谆地另作讨论。那时，国共合作，我知道他是站着进一步的立场，在作更进一步的努力；当时，我因为信服贤江，也很想推门进去，参加学习。

但一九二四那年，我因事离开上海，到了菲律宾的马尼拉。从此，我跟贤江的关系中断，我的革命生命，也就停顿在前一阶段，不再更进一步了。

在菲时，我一面教书，一面主编华侨的一种报纸，虽也团结了一部分青年，跟反动势力斗争，但不过徒托空言而已，对于工农运动等的实际工作，根本就没有开展。

一九二七，大革命面临失败的时期，我觉得无补的空言，也没法说下去了。于是我离开马尼拉，黯然回到了上海。那时上海正在反共清党的高潮中，贤江……以及后我而参加革命的朋友，都逃亡的逃亡，被杀的被杀了。我举目无人，有踽踽独行之感，于是起了"隐于教育"，"为教育而教育"的妄念，反转入歧途，踏进了反动的阵营，忝然向反动派讨生活。从此，我跟革命就脱了节。二十多年来，只把力量消耗在无谓跟空虚之中，不但不革命，实际也无补于教育了！

起初，我听到商务工人在北伐战役中的英勇斗争，曾暗暗地佩服贤江……的成就；听到贤江以及许多朋友的或死或逃，也暗暗地惨痛。中间，以为邓演达先生所领导的革命行动委员会或有可为，曾秘密地前往参加，眼看邓先生的被害，章伯钧先生等的逃亡，也暗暗地慨叹。后来，反动势力更加猖獗，从"安内攘外"，走向法西斯道路，在抗战时还处心积虑准备发动内战，我也曾悲愤填膺地离开过他们，第二次往菲律宾。在香港跟中共代表接洽过，想转向革命的阵营……但佩服、惨痛、参加、慨叹、悲愤、接洽、想，……也仍是空虚的，对于实际的革命，并没有丝毫的贡献。

我常想，贤江年纪虽比我小，却是我的热心领导人。如果当年我们的关系不中断，我的参加革命，决不会停顿在前一阶段。如果我回国仍能见到他，他不死，仍能予我以鼓励……我也决不会转入歧途，跟革命完全脱节。可惜关系中断了，我回国不能见到他，他也死去了，因此，我的革命生命也就完全断送无一是处了，这是何等可悲的悲剧啊！

不过，我个人虽然可悲，在贤江死后的十八年间，整个的革命生命，却慢慢地生长强大起来；继贤江而起的革命青年，却像雨后春笋，到处活跃；到现在，不但一个贤江复活，千百个贤江的化身也欣欣向荣地活起来了。

贤江既然复活，既然化身千百而依然活跃，那末我这被领导的人，怎样能不回到贤江的跟前来呢？"爸爸，你回来了！"我到北平的第二天，就听到革命阵营中一个革命青年——我自己女儿在电话中的招呼，于是我悲喜交集，不觉掉下泪来，心想："这分明是贤江的一个化身在招呼；这招呼，何等的亲切感人，令人又愧悔，又兴奋啊！"

既入歧途而又老朽的我，其实回来不回来，都无关宏旨；即使回来了，也未必能追随学习，返老还童，有补于革命。但毕竟回来，毕竟回到贤江的跟前了。你看，昂藏结实的身材，团团红润的脸，和蔼可亲的笑容，洪亮温婉的声音……不是依然在我的眼中、耳中、心中……活跃吗？——即使因长期的奋斗，长途的跋涉……复活而化身的贤江，都消瘦了，病了，不如以前了，但精神也还是抖擞奋发的。

经过了二十七八年，我老朽无能，怕也追随不上、学习不来，真无补于革命了。但是不老不朽，能追随、能学习的人还多着呢；所愿复活而化身的千百贤江，加紧予以领导，别让他们停顿，别让他们转入歧途……。革命的前途荆棘仍多，有待于共同努力斫除；能多领导一个人，就多增加一分力量，这对于斫除荆棘，也不是毫无补益的罢？

一九四九年八月在北平

（原载于《光明日报》1949年8月9日）

小学师生通常礼节的拟议

（一）平日升降国旗，以不集合教师和学生行礼为原则。遇到重要的节日，如国庆节、劳动节和本校校庆日，可集合师生举行升（降）旗的仪式。其节目是全体肃立，唱国歌，升旗（或降旗），全体向国旗行礼（注目礼，如都戴帽，就行举手礼），礼毕。

（二）唱国歌和国际歌或在校内会场外听到场内唱国歌，都肃立表示敬意。

（三）在课堂上：

1. 上课信号发出后（信号可分预备信号和上课信号两次。预备信号发出后，学生就可陆续进课堂），学生就可依次（不排队，以免费时间）从前门（靠黑板一面的门）进课堂，各就原位。在教师就位后，全体对教师行礼（可立正注目或一鞠躬，从各地方习惯），等教师还礼（点头或说"小朋友请坐"或鞠躬）后坐下。

2. 下课时，学生起立对教师行礼。等教师走出课堂后，学生再依次从前门走出课堂（值日生可留在课堂里）。

3. 上课后，来宾由后门进出课堂。如果没有后门，必须先商得任

224·

课教师的同意，才可由前门进出。

4. 上课后，校长、来宾进出课堂，学生都不起立行礼，以免妨碍教学，但教师命令学生致敬时，学生就应起立或鼓掌表示敬意。

（四）上体育课时，学生集合排队，全体依口令（由教师或指定的学生呼喊）对教师行立正礼，并依口令"稍息"。课毕，依口令对教师行"立正"礼，并依口令"解散"。

（五）在集会时：

1. 校长、教师、来宾或是同学上讲台说话或是说完下台，师生以鼓掌表示欢迎。有坐位坐着的不起立，没坐位站着的也不必立正。

2. 接受证书或者奖品、奖状……受者上前向授者立正，接受后行礼（一般学生一鞠躬或者和授者互相握手），然后转身退下。

3. 呼口号时，坐着的起立举右手。宣誓时，举左手。

4. 哀悼仪式，一律不鼓掌，不呼口号，以严肃态度表示哀悼。默念时坐着的起立，时间不超过三分钟。

（六）学生每日在校内第一次见到教师或是在校外第一次遇见教师，都行礼致敬（立正或者一鞠躬礼，或者说"老师好"，从各地方习惯）。在同一地方第二次……相见，用亲切的态度打招呼，可不再行礼。

（七）穿清洁整齐的衣服、鞋袜，不忘记扣纽扣，结带子（少年先锋队队员系红领巾）。在屋子里上课或开会，一律脱帽。但天冷时在不生火的屋子里，教师或者主席许可的话，可不脱帽。

（八）对父母、老人、客人、国际友人、外宾和一切人的礼貌、礼节，从各地方的习惯。总以诚恳、亲切、活泼、大方，不冷淡对方，不让对方见怪为原则。

（九）鞠躬礼的姿势，先立正，然后上体略向前下弯。

（十）少年先锋队队员，在全体学生队伍中依照全体学生的礼节。个别行礼或者全体作队的活动时，一律照少年先锋队的规定执行。

（选自吴研因编《小学生守则和实施原则说明》，文化教育出版社1957年版）

《小学生守则》解读[①]

第一条

"努力做个好学生，做到身体好，功课好，品行好。准备
为祖国服务，为人民服务。"

"小学生守则"第一条是全守则的总则。这一条非常明确地规定了
做一个好学生的标准，那就是：第一，要具备"身体好、功课好、品行
好"三个首要的条件；第二，要以"准备为祖国服务，为人民服务"
做自己的努力目标。

"小学生守则"第一条是根据"培养社会主义社会全面发展的成
员"的教育方针，对小学生提出的总要求。教师必须根据这个总要求，
教育学生努力做个好学生。

身体好是指身体发育得很正常，例如身长、体重、胸围、肺活量等
都和学生的年龄相符；而且健康、结实，精神饱满，朝气勃勃。

---

① 原为吴研因编《小学生守则和实施原则说明》的第一编，原题为《小学生
守则逐条说明》。

学生要做到身体好，必须很好遵守"小学生守则"第十九、二十条所提出的要求。这里，我们着重地提一下：

（1）要注意锻炼身体。就是必须认真做好儿童广播体操、少年广播体操，参加各种文娱体育活动，到野外远足。特别是户外生活，能促进人体的新陈代谢作用，提高人体对疾病的抵抗力。在劳动中也能锻炼身体，教师应该跟家长联系，要求学生做一些力所能及的家务劳动或生产劳动。

锻炼必须经常化，不论夏天或者冬天，都要坚持下来。教师还要防止学生一下子就想把身体锻炼好的急躁情绪，过急过猛的运动，对于身体反而有害。

（2）要注意清洁卫生。清洁卫生是预防疾病，保证健康的必要条件。一个人单有体育锻炼、多吃有营养的东西和注意正当的文娱生活，不一定能完全保证身体健康；还需要重视个人和环境的卫生才行。

（3）要注意生活规律化。合理的有规律的生活，不但能提高学生的学习效果，防止疲劳，增强他们对活动的兴趣，并且对于身体健康有很大关系。

生活散漫的人，精神萎靡不振；生活没有条理，身体也很难坚持锻炼。因此，有规律的生活，是要求学生每天起床、睡眠、吃饭、学习、运动、休息等都有一定的时间，并且能合理地分配这些时间。

功课好是指自觉地牢固地掌握知识、技能和技巧，各门功课的学习成绩都很好。

自觉地掌握知识，跟学生机械地把所学的东西死记下来大不相同。学习的自觉性，表现在学习过程中，学生能运用自己的思考能力，积极地去掌握知识，领会知识，并且能够把所学的知识跟实际联系。目前，我国小学毕业生多数不能升入中学，我们应该进一步使他们能够把学得的知识应用到生产劳动中去。

死记死背的学习方式，并不能提高学生的知识质量，而且会造成学生知识上的缺陷。例如，有些学生学了自然，得到了一些书本上的知识，可是，他们却不会解释自然界某些最简单的现象；有些学生，学了地理，记住了不少地名，可是，他们却不知道那些城市在哪个国家，在哪一个洲；有些学生学了加减乘除，却不会运算日常的四则算题。当然，这就不能叫作功课好了。

学习成绩可以反映学生掌握知识的熟练程度，所以，学习成绩好是功课好的具体表现。功课好应该是各门功课的学习成绩都很好，而不是单独一二门功课成绩好。小学教育是基础教育，小学里的各门课程都是一些基本知识，学生必须全部掌握它。因此，从兴趣出发，只喜欢语文，不喜欢算术，只喜欢算术，不喜欢历史等等都是不对的。我们不否认每个学生可以有他的特长和爱好，譬如有的爱好图画，有的爱好地理，这都是很自然的。那么，我们也不是不允许他们从这些方面发展，毫无疑问，只要他们真的愿意从这些方面发展，我们不仅要鼓励他们，而且还得具体帮助他们。但是，爱好图画、爱好地理，不等于就可以不要学好语文，学好算术而只在图画、地理方面畸形发展，不要全面发展。何况小学里各门功课都是学生所必需的基本知识，没有这些基本知识，会直接影响他们今后进一步的发展和提高。所以，功课好决不是专门注重学好哪几门功课，而是学好所有的功课。

"小学生守则"第四、五、六、七、九、十二等条，具体地规定了学生的学习纪律。学生能切实遵守这几条守则，就能做到功课好的地步。

品行，今天来说，就是共产主义道德品质。品行好，就是学生具有共产主义道德品质，一切行为符合于社会主义社会的标准。

培养新生一代具有崇高的共产主义道德品质，这是我们学校教育中最主要的一项任务，也是全体教师应当共同负起的最重大的责任。它的内容主要是培养学生爱祖国、爱人民、爱集体、爱劳动、爱科学、爱护公共财物等的社会公德。

必须明确指出：学生能够努力遵守"小学生守则"，就是品行好的具体表现。

身体好、功课好、品行好，这是对小学生全面的要求，这三者彼此间有密切的关系，决不能说哪一好比哪一好重要。身体好是功课好品行好的必要条件，只有能做到了身体健康，才能坚持锻炼，克服学习中种种困难。品行好也是身体好、功课好的推动力量；只有品行好的人才知道学习知识和锻炼身体的重要性；也只有品行好了，才能力求掌握知识，练好身体为祖国人民发挥更大的作用，才能符合祖国和人民的要求。所以，小学生要以努力做到"三好"为目标，不能偏重一好或者二好。

"小学生守则"上所规定的"三好"，跟毛主席要求青年的"三好"——"身体好、学习好、工作好"是相衔接的。小学生现在能做到守则上的"三好"，将来自然就能够做到毛主席所提出的"三好"。

努力做个好学生的目的是"准备为祖国服务，为人民服务"。一个人的幸福不能和整个国家整个社会的幸福分开来，只有把我们的祖国建设成一个繁荣富强的国家，我们才有无限美好的生活，才有个人的幸福。小学生是国家未来的主人，今天能做个好学生，就是给将来成为工农业中的生产能手、祖国边疆上的英勇战士、学校中的优秀教师、机关中的好干部做好准备。一句话，就是很好地准备把伟大的共产主义事业继承下去。

当然，所谓"准备为祖国服务，为人民服务"，并不是说小学生现在就不能直接为祖国和人民服务。例如在学校或者家庭的园地上种植些有益于祖国和人民的特种植物，或者参加社会公益活动，做些有益于祖国和人民的事情，都可以叫作为祖国和人民服务。不过，对于小学生来说，最重要的还是在于努力做个好学生，做到上述的三好；等到长大以后，祖国人民需要自己的时候，就可以贡献出更大更多的力量。

要求学生做到这一条，在说明的时候，教师必须避免生硬地搬弄教条。对低年级学生，尤其要多用具体的事例和故事、画片等来加以说明。学校里有"三好"学生，就应该加以表扬；并向全体学生介绍他的事迹。本校毕业学生，升到中学以后有成为"三好"学生的，也可以邀请他到母校来介绍他自己是怎么克服困难做到"三好"的事迹。如果本校毕业学生在工农业生产中，有成为劳动模范、先进工作者或积极分子的，教师也要介绍给学生，使学生自觉地向他们学习，逐步诱导他们努力做个三好的好学生。

总的说，只有在社会主义思想教育的基础上，加强对学生的正面启发教育，锻炼学生坚强的意志，培养学生的优良习惯，才能使学生真正做到这一条。教师们对这一点，必须充分认识。

第二条

"尊敬国旗。敬爱人民领袖。"

爱国主义是我国人民最重要的道德内容之一，是宪法所规定的神圣任务，是我国人民克服前进道路中一切困难和阻碍以及建设社会主义共产主义的强大动力。"小学生守则"第二条，要求学生从"尊敬国旗""敬爱人民领袖"开始，培养对祖国、对人民的热爱。

一九四九年九月，在中国人民政治协商会议第一届全体会议的决议中，制定了以"五星红旗"作为我们中华人民共和国的国旗。旗面的红色象征革命。旗上的五颗五角星及其相互关系象征共产党领导下的革命人民大团结。同年十月一日的开国大典上，我们敬爱的毛主席在天安门前亲自按动电钮，升起了新中国第一面庄严美丽的国旗。从此，这面美丽的五星红旗就代表着我们的伟大祖国，成为我国六亿人民革命胜利的标志。

教师必须使学生了解国旗的意义，熟悉制定我国国旗的历史情况，懂得尊敬国旗是热爱祖国的一种必要的行为。这样，可以进一步提高他们热爱祖国的思想感情。

尊敬国旗，要教育学生在举行升降国旗仪式的时候，立正、对国旗行注目礼，不讲话，不嬉笑。升国旗要升到旗杆的顶端。没有得到有关志哀的正式通知不下半旗。队伍中的旗手，举国旗要端正高昂，不平扛、歪举，尤其不能把国旗拖在地面上。悬挂国旗，地位要合适，不乱挂、倒挂、反挂。有些人把国旗当作装饰品，这种举动要坚决反对。

学生还应该爱护国旗，不随便玩弄或损坏国旗。看到别人玩弄国旗损坏国旗的时候，要立刻禁止他们，向他们说明道理，禁阻他们不尊敬国旗的行为。

尊敬国旗，应该成为一种出自内心的敬爱，是自己热爱祖国感情的自然流露。教师可以利用图片、电影和讲述故事，来加强学生的这种崇高的情感。使学生深刻理解到：爱护国旗要像爱护自己的生命一样。

还必须教育学生，不但要尊敬自己国家的国旗，也要尊敬和我国友好的一切国家的国旗。要向儿童说明，尊敬友好国家的国旗，也就是尊重友好的国家，尊重友好国家的人民。从这个基础上，可以发扬学生的国际主义精神。

敬爱人民领袖，培养学生对于人民领袖的亲切的感情，可以进一步发展他们爱祖国、爱人民的高贵品质。

敬爱人民领袖，首先我们要敬爱我们伟大的毛主席。因为我们敬爱的毛主席是中国共产党的领导人，是领导革命的伟大舵手，是全国人民的爱戴的导师。教师应该系统地讲述毛主席怎么领导全国人民从封建的、买办的、法西斯主义的统治之下解放出来，建立了中华人民共和国，并且还逐步带领我们进入幸福美好的社会主义社会。要使学生懂得今天大家能在学校里学习，过着愉快欢乐的日子，正是我们的毛主席在领导党和人民坚决跟敌人艰苦斗争之后，取得伟大胜利的成果。让学生深刻体会到光荣、幸福地生活在新中国里，是和毛主席的领导作用分不开的。进一步说，我们敬爱毛主席，就是敬爱中国共产党，就是敬爱全体人民和我们的祖国。因为毛主席是正确地领导共产党和人民，使我国走向繁荣富强的道路的。

通过课堂教学、课外活动和纪念节日，都可以对学生进行敬爱人民领袖毛主席的教育。例如语文课讲到国庆日，教师向学生说明这是庆祝新中国的生日。这一天，全国人民都感谢着毛主席的功绩，感激他领导党和人民创造幸福的生活。所以，大家抑制不住内心的兴奋，高呼"毛主席万岁！"这是充分表现出劳动人民对自己领袖毛主席的热爱。

应当告诉学生，毛主席时刻关心着全国的少年儿童。常常讲述毛主席喜爱儿童的故事，使他们心里塑造起人民领袖的伟大亲切的形象，能够加深他们对领袖的热爱，并能产生做个好学生的强烈的愿望。

其次，要让学生明了我们的国家是人民民主国家。毛主席和他的战友们受了人民的委托处理国家大事。遇到重大事件，他们就一同商量，共同工作，所以，教师应该很好地向学生介绍毛主席的战友们，介绍他们的生平事迹，特别注重介绍这些领袖们对人民革命事业的伟大贡献。使学生也同样敬爱毛主席的战友们。

敬爱人民领袖，要很好地团结在领袖们的周围，服从他们的领导。对于学生来说，还应该学习领袖们的模范行为，把他们的言行作为自己努力的方向。例如教师在讲述毛主席青少年时代，讲到朱副主席在延安参加劳动的故事的时候，可以培养学生的谦虚、热情、坚毅、勇敢、热爱劳动等等优秀品质。

敬爱人民领袖，应该爱护领袖们的相片，不把它们放在不适当的地方，不玩弄或涂抹、不损坏它们。在节日里，要向毛主席和他的战友们热烈欢呼，祝贺他们的健康。

一个真正的爱国主义者必须同时是一个国际主义者。因此，为了团结苏联和民主各国的人民，学生也要敬爱苏联和民主国家的人民领袖，对这些国家的人民领袖们产生亲切的感情。

必须特别指出：教师在进行爱国主义教育时，必须防止"大国主义""大民族主义"和"地方民族主义"的发生和发展。

尊敬国旗、敬爱人民领袖，是培养学生爱国主义的极其重要的开端。这也是使学生能够很好地遵守学生守则，努力做个好学生的思想基础。教师要求学生做到这一条，必须明确指出：学生时代能够学好功课，严格遵守自觉纪律，符合共产主义道德要求，积极锻炼身体，也就是热爱祖国、热爱人民领袖的表现。

第三条

"听从校长教师的教导。爱护本校本班的名誉。"

听从校长教师的教导，这是严肃地对待校长教师的劳动、尊敬校长教师的表现。爱护本校本班的名誉，这是关心集体、热爱集体的表现。

校长教师受着祖国和人民的委托，由政府派到学校来执行和贯彻国家的教育方针政策。他们的任务是把学生教育成为社会主义社会全面发展的新人。所以，学生听从校长教师的教导，并不是听从某某具体的个人，而是尊重国家和政府对校长教师的委托，尊重校长教师的光荣任务。

要知道，教育工作是一种需要高度责任心的复杂的劳动。校长教师受了祖国和人民的委托，要负责把自己的学生教懂、教好，所花费的精力和时间是不可限量的。譬如讲解一节课，阐明一个问题，做一次报告，他们就得用很多精力和时间去搜集材料、钻研教材，然后，费心费力地向学生进行教学，此外备课、批改作业，往往要工作到深更半夜，甚至连星期日也得不到休息。学生知识的增长，从完全不理解到理解，从不识字到会写字、会写文章……都是校长教师每天辛勤劳动的结果。不仅如此，他们还用尽一切方法求培养学生的优良品质和行为，关心学生的身体锻炼。校长教师为学生而这样的劳动，学生如果不很好地听从他们的教导，不但对不起他们，对不起自己，实在也对不起祖国和人民。

很显然，一个学生不能很好地听从校长教师的教导，他就不会成为一个好学生。这不仅是学生自己在品德上学业上的严重损失，而且，也辜负了祖国和人民的期望。所以，学生应该把听从校长教师的教导，看成为对祖国负责、对人民负责。

怎么样才能叫作听从校长教师的教导呢？主要的就是能够很好地做到校长教师提出来的要求。

校长教师要学生听从自己的教导，接受自己的要求，必须注意：第一，不断地提高自己的威信，就是提高自己的道德、品质、思想……能使学生对所进行的教导和所提出的要求，由衷地听从和接受；第二，使学生自觉地听从和接受，就是所进行的教导和所提出的要求要由校长教师对学生进行教育、说服，使学生认为必须听从，必须接受，而不是强迫命令；第三，符合教育原则和教育目标，就是教导和要求在教育范围以内，对学生的道德、知识有一定的作用，而不是"无的放矢"；第四，适合学生的年龄特征，教导和要求是要学生能够听从和接受的，决不是过高过急，为学生所难以听从、难以办到的；第五，校长教师要团结一致，不互相分歧、矛盾，使学生有所"适从"的；第六，在做好家长工作的基础上，争取与家长合作共同来督促学生。

爱护本校本班的名誉是集体主义的表现。

学校、班级和学生个人，这三者是一致的、息息相关的，而不是对立的；因此，教师必须教导学生要像爱护自己的荣誉一样爱护本校本班的荣誉。常常以本校本班的荣誉作为自己的光荣。要教导学生注意自己的行为，不要因为自己的坏行为，破坏班级和学校的名誉。同时，为了本校本班的名誉，必要时，还要自觉地放弃个人利益而服从整个学校的利益。

学生的品德学业、集体纪律，乃至学校的环境清洁卫生、校外的公益活动等各个方面的好坏，都直接影响到学校和班级的名誉。所以，教师要教导学生不但要求自己努力做个好学生，而且也要帮助别的同学能够做个好学生，不但要求自己的班级搞好，也要帮助别的班级搞好。例如全校大扫除的时候，高年级应该比低年级多做点事情，有时并且到低年级课堂里去帮助他们打扫。见到同学有缺点，不能漠不关心；见到同学的行为将要严重地影响到学校和班级的名誉，就要及时勇敢地揭发，或者诚恳地批评他、阻劝他。还要教导学生如果对自己的班级和学校有意见，应该正面提出来，不要在背后乱说，这才是爱护学校，爱护班级的表现。

还要教导学生如果在校外听到有人歪曲或破坏本校本班的名誉，应该诚恳地向他们解释，希望他们到学校来实地了解；如果有人正确地指出本校本班的缺点，应该虚心地接受，并且还要把意见反映给校长教师，大家共同来克服缺点。

爱护学校和班级的名誉，决不能掩饰本校本班的缺点；也不是和别班别校竞争，向他们多端挑剔，想把别班别校压下去。所以教师一方面应该将自己学校中一些爱护学校班级或者不爱护学校班级的典型事例来教育学生，激发学生爱班爱校的感情，使他们能够自觉地完成学校和班级所交给的各项任务，努力使自己的学校和班级成为好学校好班级；一方面还要采用别校别班的生动的优秀的事例来教育学生，使学生也关心别班别校。听到别班别校受表扬，很高兴，听到别班别校受批评，不但不幸灾乐祸，并且希望他们很快地恢复学校和班级的名誉。

如果一个学生在学校里学习的时候，能够时刻关心自己班级和学校的名誉，充满对自己班级和学校的荣誉感，而且还能够揭发、反对同学在校外作出破坏学校名誉的行为，阻止别人对自己学校名誉的歪曲和损坏，那么，这个学生长大以后。无论到哪一个工作岗位，他也就自然地能够为他所属的单位，企业或机关的集体荣誉而奋斗，推而至于由爱自己的单位到爱人民和祖国，能够为人民和祖国的荣誉而奋斗。

必须指出：只有校长教师努力办好学校，搞好教学，才能使学生很好地听从校长教师的教导，才能自觉地爱护本校本班的名誉。

第四条

"按时到校，按时上课。不迟到，不早退，不随便缺课。"

遵守时间是自觉纪律的具体表现。由于能够遵守时间，也就能够爱惜时间，不随便浪费时间。

学生按时到校，按时上课，这不仅是学校的学习制度，也是小学生的良好习惯。我们应该加强学生的时间观念，培养他们在学习生活中及时努力的正确的学习态度，因此，教师要从积极的意义上要求学生切实做到这一条。

教师可以用成人的事例来讲解遵守时间的重要性，然后联系到学生必须按时到校，按时上课。这种讲解的方法，特别对于低年级儿童，会收到很大的效果。例如讲工厂里的工人，如果不能按时上班，就不能制造出更多的东西。如果全厂机器是按时发动的，到时没有工人在边上管理，那更要发生事故了。再如老师上课，打了钟还不来，同学们一定等得心焦起来，也许要高声嚷叫了。很清楚，如果小学生不能按时到校，按时上课，他就不能学好功课，而会影响到自己的学习成绩。只有学生自觉地了解到遵守时间的重要性，才能培养学生的按时到校、按时上课的良好习惯。

遵守时间对于学生来说，也是一个意志锻炼的过程。所以，教师一方面要介绍成人们遵守时间的模范事例给学生听，介绍某些同学克服困难按时到校的好行为给学生听，同时，组织学生访问解放军叔叔、工人叔叔等，请他们谈谈为什么要按时接班上班。使学生向模范事例学习，把遵守时间作为自己对集体应负的责任。另一方面必须提出严格要求，要求学生从入学的第一天起，就要严格遵守时间。

不迟到，不早退，不随便缺课，这是做到功课好的最起码的要求。学习是长期的、艰苦的劳动过程。学好功课不是单靠愿望，而是靠行动，靠意志，靠能不能真正做到坚持学习。迟到、早退、随便缺课都是学习松懈、不专心的表现。尤其是随便缺课，如果时间长了，会造成对学习劳动的厌恶情绪和逃避行为。

我们向学生反复说明迟到早退和随便缺课给学习带来的重大的损失，这是有很大教育意义的。迟到，使自己不能听到一节课的开头一部分，因此往往会弄得整个一节课听起来都非常吃力，或者摸不着一点头绪。早退，使自己不能听完一节课的后面一部分。如果后面这部分正是教师作重要总结的话，那就影响自己对整个一课的理解。随便缺课，情况更加严重，往往因为不能听到整个一节课的讲解，使自己所得到的知识不是有系统的，而是一些片段的不完整的东西，当然对于知识的深入理解就会发生困难，也不容易牢固地掌握知识。

迟到早退的人在课堂上进出的时候，还要妨碍别人，影响同学安心听讲，妨碍老师讲课。

守则上指出的是不随便缺课，因此，教师要告诉学生，在哪些情况下可以请假，哪些情况下不应该缺课。假使学生生病，这是应该请假的。如果为了一点小事轻易请假，那就不应该了。学生缺课必须向教师请假；事前没有请假的，事后需要家长证明，才可以补假。认真办理请假手续，不仅要求学生严肃地对待自己的学习，同时也加强了学生遵守

制度的观念

教师对学生的迟到、早退和缺课现象，不能漠不关心，即使是偶尔一二次，也要查明原因，作出正确的处理。一个热爱儿童的教师，随时都关心着自己的学生，如果随便放任学生迟到、缺课，那就是不负责的态度。假使学生有正当的理由，由于发生特殊事故要求早退、迟到、缺课，这是可以允许的；并且，事后还要很好地帮助他补课。如果没有正当的理由，必须根据具体情况分别教育和处理。处理以后，也应该很好地帮助这些学生补课。

通常，学生迟到、缺课的原因，除了在家中或路上发生特殊事故，不是故意耽误以外，在学生方面，有两种情况：一种是学生本人生活没有规律，晚上迟睡早晨迟起；或者就是东西乱放，早晨找寻文具书籍花去很多时间。因此，学校应该规定"作息制度"，教师应该和家长一起，帮助学生照作息制度具体安排作息时间，督促学生按时作息，同时，也要教育学生养成物归原位、物放定处的良好习惯。另一种迟到缺课的原因是由于学生意志薄弱，学习不能专心的缘故。例如冬天早晨怕冷赖被窝，睡懒觉。或者经不起外界引诱，爱玩，就干脆逃学。有时也因为家庭作业没有做好，怕检查，就欺骗家长、欺骗教师装病缺课等。这种情况是严重的，教师应该以严肃的态度对待学生的无故缺课，向学生提出严格要求，并给以一定的惩罚。不过，单是教师提出要求，给以惩罚，并不能根本解决学生随便缺课的问题，必须具体帮助学生克服这方面的缺点。学习信心不高的，要加强他的信心，鼓励他努力学习。不能按时做好作业的，要适当地组织同学和他共同学习。帮助他合理地分配时间，并且请家长协助监督。如果学生贪玩，更需要和家庭取得密切的联系，首先设法排除外界对他的引诱，把他的兴趣转向学习方面来。通过各种活动，有意识地加强学生的集体教育，加强学生学习的责任感。有时学生也由于缺乏雨具，天冷了短少寒衣，这是因物质条件的困难而缺课；有些学生由于交通上的原因而缺课迟到。这时，教师就应该根据具体情况，积极想办法来帮助学生解决这些问题。这样做法，比生硬地规定一些制度不准学生这样做、那样做，在教育作用上说，要积极得多。

有时也由于家庭原因，造成学生的迟到、缺课现象。例如妈妈饭烧迟了；家里有了客人，要孩子陪客人；或者因为下雨，刮风，母亲疼爱孩子，不让孩子上学。遇到这样的情况，一方面教师应该进行家庭访问，说服家长，要求家长不使自己的孩子迟到和随便缺课。另一方面，教师也要向学生进行教育，让学生回家去，能够说服家长。

农村学校，迟到缺课现象比城市里要多一些，特别是学生迟到更为普遍。这是跟学生家长的不守时刻、不重视时间的习惯分不开的。现在，农村都迅速地走上合作化道路，农民们也改变了过去那种个体生产的方式，他们也要逐步做到按时工作，按时学习了。因此，教师们如果能够很好地和农业生产合作社配合，学生的迟到缺课现象也可以得到扭转。

我们在第一讲里，提到学生做到学习好，跟学生具有正确的学习态度有很大关系。而按时到校、按时上课，不迟到、不早退、不随便缺课，这是树立正确的学习态度的第一步，因此教师必须重视学生遵守这一条守则，逐步克服学生在学习中自由散漫、漫不经心的现象。

第五条

"上学的时候，带齐要用的课本和用品。上课以前，准备好上课要用的东西。"

"小学生守则"第五条，要求学生做到两件事情：一件是每天上学带齐要用的课本和用品，这是学生在家里前一天晚上或者至少当天到学校来的时候，就得做好的；一件是准备好上课要用的东西，这是学生在教师到教室以前，就得做好的，自然从学校回家，也一定要把自己的课本用品整理好，好好地带回家去，不让它们丢失。

事先做好充分的准备，是保证顺利完成任何工作的必要条件。课堂听讲也是同样道理。事先不把上课要用的东西准备好，临时造成忙乱，会妨碍课堂教学的正常进行。

上学前准备好一些书籍用品，还能帮助学生做好上课学习的思想上的准备。当一个学生在家里收拾明天或者当天要用的课本和用品的时候，他就要想到明天或者当天有些什么课程，自己要做些什么东西，就可以检查自己作业做得怎样，对于复习问题是不是理解清楚了；所以，等到学生上学的时候，心中也有了数目，还可能引起一种新的求知欲。学生在课前准备下一节课的东西，他更会具体地想到该要学习些什么，这时，他的注意力已经开始转向将要进行的新课，考虑教师提问的内容，尽管时间很短，但是，由于思想上做了准备，所以等到一上课，注意力也很快就能集中了。

由此可见，学生遗忘学习用品，主要是没有养成事先准备的习惯。这也在不同程度上反映了学生在学习中缺乏自觉积极的劳动态度和良好的劳动习惯。

事先做好准备工作，低年级学生比高年级学生要困难得多。教师可以通过具体事例，教育学生认识到课前准备的重要性。这可以组织学生进行比较：一次让学生按照老师的要求，上课前早把书本用品准备好。上了课，很快就能安心地听老师讲解。另一次学生没有做好准备，上了课，还得临时东找西翻，不能很快地就安下心来听讲。这种教育方式，对幼年儿童有很大效果。

中、高年级学生应该各有一个日课表，以便查看明天或者当天有些什么课，可带什么东西。低年级学生还不会看日课表，教师可以在每天放学以前，对他们说明天要上什么课，该带些什么东西，这能帮助学生记好第一天要带哪些书本和文具到学校里来。教师还应该提醒学生在上学的时候，最好能检查一下所带的东西是不是合适，是不是把用不着带的东西也放到书包里去了。加强这方面的工作，能提高学生学习的责任感。

教师要教导学生，不论在学校里、在家庭里，自己的学习用品一定要放在固定的地方。用的时候，有顺序地拿出来，不是乱抽乱翻；用完以后，要按照原来位置放好，不是乱塞乱丢。这样，第二天要带些什么东西，准备起来就非常方便，课本文具也不会损坏。家长们最好也不要随便乱翻乱扔孩子的东西，更不应该把孩子整理好的东西随便移动。

教师和家长，如果发现学生把学习用品乱扔乱放，必须及时纠正，要求他们重新放好。但是，对于低年级学生，有时得帮助他们整理，先做给他们看，再让他们学着做。上学时候，家长也可以提醒学生有没有带齐东西，看一下孩子的书包是不是收拾得很整齐。

教师和家长还要教导学生经常爱护自己的课本、笔记本、练习本、作文本和文具等，不让弄脏、弄坏，如果簿子破了要修补，铅笔头坏了，要削好……这样，带到学校里去，用起来才很方便。

开学以前，家长应该帮助子女准备好一切文具用品，没有书包的，最好能给孩子做一个。很多学生不能带齐学习用品，有些是由于家长没有给他们所需要的东西；有些是没有书包，上学的时候，把东西乱夹在一起，半路上掉了。

要训练学生每天一到校，就把书本用品放在一定的地方，并且把书本用品整顿好。上课的时候，桌面上只放本节课要用的东西，下了课立刻收拾好，随手把下一节课要用的东西安排妥当。为了能够养成他们事先准备的习惯，教师也可以规定一些具体做法。这对中、低年级学生是很必要的。譬如上午第一节是语文，第二节是算术，那么，就把语文课本、生字簿叠在一起，放在抽屉的左边，把算术课本、练习本、铅笔、橡皮等叠在一起放在抽屉的右边。听到预备钟以后，把本节课应用的东西放在桌角上，等候老师上课。如果是算术课，要把小尺、铅笔等放在练习本上，把课本放在桌面中间。这里必须指出，有些教师要求学生用小刀或铅笔夹在当天要学的那一课页中，这样做是不妥当的。我们要学生爱护书籍，在书本里可以夹书签，不要夹铅笔、小刀。当然，每个年级并不一定要机械地规定非这样做不可。如果根据自己班级的具体情况，能让学生自己制定一些具体的做法，对小学生说，还是有一定的作用的。

要学生做好这一条的要求，教师必须丝毫不放松地严格督促学生实行，如果不实行，一定要予以批评，使他感到东西准备好也是保证学习好的重要条件。

这里需要特别指出：规定一些具体做法，决不能让学生消极地模仿，决不是在课堂中造成一种机械的呆板的格式，面是通过集体一致的行动逐步养成学生的课前准备的习惯。所以教师在进行这方面工作的时候，必须防止形式主义的倾向。

如果下一节课要用到地图、挂图、仪器、标本或运动器具，课前，学生应该帮助教师做好准备工作。这也是学生关心课堂秩序，关心老师教学的表现。

从做好课前准备工作的基础上，可以进一步发展学生凡事预先准备的能力，可以培养学生做事有计划，事先多考虑的良好习惯。

第六条

"上课的时候，要整齐、安静、姿势端正。要离开课堂，先请求教师许可。"

课堂教学是学校对学生进行教学的基本形式。学生在学校里，一天的学习活动大部分时间是在课堂中进行的；各科知识的传授，共产主义道德品质的培养，主要也是通过课堂教学而获得的。学生在上课的时候，能整齐、安静、姿势端正；离开课堂，先请求教师许可，这样就可以维持良好的课堂秩序，保证教师能够顺利讲课，也保证学生能够专心学习。

上课的时候，要整齐。这包括两个方面。一方面要求集体的整齐；一方面要求学生个人的整齐。集体的整齐指打钟上课，学生进入课堂不争先恐后，不东冲西撞，一个个有顺序地走；课堂里面，学生坐位排得很整齐，所有公共用具都收拾得很整洁等等，这不仅使课堂很美观，而且也便于全班同学行动。个人的整齐，首先要求学生个人服装整齐，进入室内脱帽，桌面上的书籍用品不乱放，大家都坐得很端正。这样做，会使学生很快就能安静下来。集体的整齐和个人的整齐是分不开的，只有每个人都能要求自己、关心集体，才可以达到集体的整齐。

上课的时候，要求安静。那是因为课堂里同学很多，大家都非常专心地听老师讲课，如果有人不能保持安静，譬如大声说笑，彼此吵闹，或者挪动桌、椅，翻弄书本发出很大的声响，就会妨碍大家学习。更重要的，学生本人不能安静，会影响到自己的注意力。无论做什么工作，注意力不集中就很难做好它；学生学习成绩不良的原因，多半是由于上课时候注意力不集中的缘故。

要使学生能在较长时间内集中注意力，第一步必须做到安静。教师应该告诉学生在课间休息的时候，不要作激烈的活动，不要玩太兴奋的游戏，否则，上了课，坐在坐位上满头大汗，喘息未定，当然就不容易很快安静下来。低年级班主任尤其需要正确指导和组织学生的课间休息。

上课的时候，学生做到了整齐、安静。姿势端正不端正又有什么关系呢？

姿势端正不端正，能表现出一个人的精神振作不振作，精力充沛不充沛。上课的时候，学生坐的姿势不端正；有的歪着身体，有的用手撑住下颚，有的伏在桌子上，这都是精神不振作的现象。坐的姿势不端正，容易使身体疲劳，往往因此打呵欠，不知不觉地瞌睡起来。所以我们要求学生姿势端正，跟他能专心听讲有很大的关系。

姿势不端正，还会妨碍我们身体的正常发育，特别是少年儿童正在身体发育的时候，影响非常大。教师必须向学生说明姿势端正的好处，譬如坐正以后，脊柱不弯曲，肺部呼吸很畅。同时，也要给学生演示正确的姿势，叫他们多练习，以矫正自己的不正确的姿势。坐在椅子上，头要正背要直。写字的时候，要坐直，胸部不要靠紧书桌，头和肩要保持平衡，两脚平放在地板或踏板上。在读书唱歌的时候，不要摇头摆脑，眼睛离书本、歌谱不能太近，适当的距离约一市尺左右。

姿势不端正，也是不尊敬教师的表现。一个懂得礼貌的学生，上课的时候一定不会坐得背弯头歪，东倒西斜，一定不会满不在乎地伸长着腿，斜靠着身子的。

上课的时候，教师要时时留心观察学生。学生的姿势不端正，课堂秩序不安静，有时可能是教师的教学方法有问题，不能引起学生的兴趣，使学生注意力不易集中，情绪不饱满。这时，教师应该及时改进。有时可能是学生疲劳了，尤其是低年级坐久了容易疲劳，因而秩序混乱起来。这时，教师必须使自己的教学内容更加生动，更加吸引学生，或者让大家作短时间的"课内体育活动"。否则，一味要求学生姿势端正，而不考虑到引起学生姿势不能端正的某些原因，这样对于学生的身心健康反而有害。

"小学生守则"第六条还规定：要离开课堂先请求教师许可。为什么要求学生遵守这一点呢？这不单是为了维持课堂中的良好秩序，重要的是使学生明白：教师是主持课堂教学的，学生在课堂上的一切活动，都得在教师的领导下进行，并且还得接受教师的监督。学校教育必须重视课堂教学。在课堂中教师系统地、循序渐进地把各科知识传授给学生，指导学生完成各种作业，学生才能牢固地掌握各科知识、技能和技巧。假使每个人要想离开课堂就随便离开课堂，一来，不能使自己很好地听完一节课；二来，会扰乱大家的学习，打断教师的教学，这是集体所不能允许的。同时，教师上课要对全班同学负责，每一个学生的任何行动应该得到教师的同意。当然如果学生有正当的理由，教师是可以允许他们离开课堂的。在暂时离开课堂之后，回到自己坐位上，也得站着等教师许可才坐下去。

学生迟到，要求进入课堂，也得先请求教师许可。如果教师查问，必须把迟到的原因讲清楚。

第七条

"上课的时候，认真做功课，用心听教师的讲解和同学的问答。不随便说话，不做别的事情。"

学习是一种紧张的劳动，它和所有的劳动一样，如果缺乏坚强的意志，不经过一番努力，就不会获得任何的成就。上课是教学工作中最重要的一环，是学生取得知识的主要源泉。上课的时候，如果学生不能遵守课堂纪律，精神涣散，就会影响到他们的知识质量和学习成绩。

应该让学生知道，教师为了教好一节课，在上课以前，就花费了很多精力和时间进行备课，有时如果需要找寻补充材料，制作直观教具，往往在晚上要工作到深夜。上课的时候，教师还要把教材组织得很浅近，很生动，使学生易于了解也易于接受，所以，上课，对教师来说，也是非常紧张的。学生上课的时候，能够用心听教师的讲解，也就是尊重教师的劳动。

认真就是要求肯多动脑筋，把每一个问题都彻底搞懂，而不是粗枝大叶、敷衍潦草，稍稍懂一点就不再深入钻研。毛主席说："学习的敌人是自己的满足，要认真学习一点东西，必须从不自满开始。"① 教师应该防止和纠正学生在学习上的自满情绪。上课的时候，认真做功课，就是努力完成教师所指定的课业。比如在语文课上学习生词，对于某些生词，教师要求学生不仅要会念、会写、会正确地讲出它的意义，并且还会正确地运用，学生就应该掌握教师传授的全部教材，能够做到会念、会写、会讲、会用。再如上体育课，教师教了一项新的运动，学生依照教师的讲解示范，用心练习，一直练到姿势正确，动作熟练，这也叫作认真做功课。

上课的时候，用心听课和听同学的问答，不随便说话，不做别的事情，也是认真做功课的表现。"小学生守则"中所以要着重提出来，因为这是课堂教学对学生的基本要求。

用心就是集中注意力。只有当我们集中注意力的时候，才能排除对我们学习有妨碍的各种影响，才会把全副精力用在对课程内容的理解上。比如，有些学生，人虽然在课堂里，眼睛望着教师，可是脑子里却想着别的事情，想着下午的小皮球比赛，想着昨天晚上看过的电影，这样当然不是用心听教师的讲解了。我们知道，学生接受新知识，必须建筑在原有的旧知识的基础上；这一节课没有听懂，下一节课就更难听懂，并且，学生如果不能当堂接受和理解教师所传授的知识，等到自己做课外作业就得花费很多时间，甚至一点也做不出来。教师应该告诉学生：用心听讲是打开"知识"大门的第一把钥匙。

一个常常不用心听讲的人，到了考试或者教师检查作业的时候，只好"临时抱佛脚"，东拼西凑地抄上一点，成绩一定不会好。有时候虽然考试、检查应付过去了，可是，他得到的是一些零乱片段的知识，过了不久又都忘了。教师必须严肃指出，这样的学习是对祖国对自己极不

---

① 见《毛泽东选集》第 2 卷第 500 页，人民出版社 1966 年 7 月横排本。

负责的态度。

为什么要用心听同学的问答呢？这对于所学的课程的理解有很大帮助。有些学生以为教师跟同学之间的问答，只是某一个学生跟教师发生关系，自己听不听无关紧要。事实上，课堂提问也是课堂教学的一种形式。不管提出问题也好，回答问题也好，都是和课程内容有关联的。所以，每个人都应该用心听别人的发言。听同学的问答，要听他问些什么，老师怎么解答；也要听老师问些什么，同学又怎样回答，回答得是不是完全、有没有需要补充或纠正的地方……在教师让大家补充发言的时候，可以提出自己的意见来。也许有时提出的问题正是自己急需了解的，那就更应该用心听老师或同学的回答了。

上课的时候，随便说话和做别的事情，最容易分散注意力。俗语说得好"心无二用"，这就是说在同一时间只能集中注意做一件事，如果学生在上课的时候做了别的事情，就顾不上听讲了。有些学生上课看小人书，补做作业，爱跟旁边的同学谈话，传递纸条，这都是不对的。有些学生还故意做鬼脸逗人发笑，这更是破坏课堂纪律。在课堂里不只是两三个人，而是几十个人。不遵守纪律，既影响了自己的学习，也妨碍了别人的学习。所以，学生努力保持课堂中的安静，也是关心集体的表现。

学生是否能够用心听讲和教师的教学好坏有很大关系。要求学生切实遵守这条守则，也必须要求教师提高课堂教学的质量。

教师应该认真备课，充分掌握教材；正确估计学生的接受能力，合理地组织教学过程；讲解要生动浅近，提问、演示、指导复习都要简明易懂。在整个教学过程中，随时注意启发学生的思维活动，以加强他们从事独立工作的兴趣，这样，学生学习的积极性自然就会提高。

掌握可接受性原则，并不等于叫学生不用脑筋，而是在学生的原有知识的基础上提出新教材。决不能把教材咀嚼得像粥糜一样，再喂到学生嘴里去，使他们丝毫不费思考；也不能生吞活剥地像填鸭一样，把教材硬塞到学生的肚子里去，引起他们严重的"消化不良"。这些情况，学生都是忍受不了的。要知道，课堂纪律不好，学生不用心听课，往往是由教师对教材教法掌握不好而引起的。

良好的课堂纪律是课堂教学成功与否的重要关键。无论教师的功课准备得怎么好，也不应当放松培养学生在课堂中的自觉纪律。适当运用口头表扬和批评的办法是非常必要的。必须指出，教师应当避免大声吆喝的粗暴态度和其他违反教师优良工作作风的影响办法。万不得已时，为了免得妨碍全班学习，可以暂时叫其中某一个捣乱的学生离开坐位，隔离在不能捣乱的地方，随班上课。甚至报告校长或教导主任，让学生暂时离开课堂，进行教育。这个学生所缺的课，仍得给他补习。

第八条

"上课的时候，要回答问题或者提出问题，先举手。教师让说，再站起来说。教师让坐下，再坐下。"

课堂教学并不单单是教师一个人的活动，而应该是学生跟教师的共同活动，这种活动是在教师直接领导下进行的。在整个教学过程中，学生活动的方式是多样化的，其中，学生的发言就是很重要的一种方式。（有些教师机械地理解学生在课堂上的活动只限于课堂提问，这是不正确的。）

我们常常见到，有些教师在整个一节课里，只有他一个人滔滔不绝地讲述，学生除了听教师的讲解以外，没有其他活动。这是私塾式的教学方法。这种教学方法只具备了上课的形式，却不能提高学生学习的积极性，更谈不上什么教学效果。

教师在指导学生复习旧课和巩固新课的时候，恰当地提出一些问题，或者启发学生对某一个问题展开讨论；通过学生的发言，可以启发他们的思考，扩充和巩固他们的知识，还可以检查他们接受知识的程度和课堂教学的效果，以帮助自己改进教学方法。因此，我们要把学生的发言，看作教学过程中的一个必要的组成部分。教师应该鼓励学生发言，学生也应该积极表示自己的意见。

学生在课堂上的发言，虽然是教学过程中一个重要的组成部分，但是，决不允许学生可以随便发言，想说什么就说什么。学生的发言必须遵守"小学生守则"第八条所提出的要求。

上课是有组织的集体活动，教师是领导集体活动的中心人物。每一节课都要按照教师预定的计划顺序进行，学生的一切行动必须在教师的指导之下。因此，学生的发言，应该先得到教师的许可。学生在准备和愿意回答问题的时候，轻轻地举起手来，这就表示要求发言；教师看见了，自然会指定其中的一位同学发言。课堂里同学很多，如果大家都想发言，不举手就争着讲话，课堂秩序就要混乱了。何况上课的时间有限，不可能每一个学生都有机会发言，不经过教师的指定，也就要耽误教学进度。

有些学生在课堂上要求发言的时候，表现得很不好。他们虽然举起手来，嘴里却忍不住叫："我知道，我会回答""快问我吧！快问我吧！"等等，有的等不及教师指定就先嚷起来，你一句，我一句，教师听也听不清楚，也不知听哪一个的话好，结果，时间浪费了，问题还是弄不明白。甚至，有时候大家一嚷，乱糟糟地，竟使得不少同学连刚才老师问些什么也搞糊涂了。

教师让说话了，学生要端正地站在坐位旁边再说话。教师应该告诉学生，在课堂里坐在位子上对教师讲话，是不礼貌的行为。

回答问题，必须针对教师所问的回答。回答的时候，每一句话都要说得清清楚楚，说得完整、简练，并且从容不迫地回答出来，使教师和全班同学都听得见、听得懂。提出问题，必须和课程内容有联系，问题要提得明确，使教师和同学们一听就知道问些什么。可是有些同学在发言的时候也表现得很不好。有的身体靠着桌子，态度不严肃；有的声音说得很低，一句话支支吾吾翻来覆去说好几遍；有的只要想到什么就随便乱扯乱问。显然，这都会影响教师上课，影响同学学习的。因此，教师应当从学生初入学的时候就养成他们善于清楚地在课堂里发言的习惯。在发言的时候，既要严肃而活泼，又要不害羞胆怯。

教师还要及时指出学生中间的虚伪的友谊，指出提问的时候给同学暗示答案，这不是友爱，而是非常错误的行为。应该告诉他什么才是真正的友爱和同志的情谊。对于那些由于暗示才答出问题的学生，应该考虑降低评分或不予评分。但是，这样做必须体现出教师的严格要求的精神，而不能带有对学生人格的不尊重。

学生如果把问题回答错了或者答得不完整，应该用心听取教师的正确意见和同学们的校正或者补充发言，不要答完了就往下一坐，不去理睬别人的发言。

学生向教师提出问题，必须是对本堂功课有关系的，不能乱扯乱问。如果提出的问题，富于思想性，教师应该加以很好地解答。

为什么发言以后，教师让坐下，再坐下呢？我们说，学生要求发言，既然得到教师的许可，才站起来说话；那么，说完了教师让坐下，再坐下，这也是对教师应有的礼貌。同时，学生发言以后还不知教师有没有听懂，需不需要再作补充提问，一定要等让坐了，才表示教师已听清了学生的话，或者对学生的发言表示满意，这时学生再坐下，也是对自己发言负责。

要发言先举手，发言时要起立，不抢先说话，不打断别人的说话，这是良好的有礼貌的行为。学生在课堂教学过程中养成了这种行为习惯，不仅在学校里能遵守集体纪律，以后，在校外的集会场合也能做到这一点。因此，要求学生遵守"小学生守则"第八条，既保证了课堂教学的顺利进行，也巩固了学生有礼貌的行为和习惯。

第九条

"按时用心做好教师指定的课外作业。"

做好教师指定的课外作业，可以巩固和加深学生在课堂上所学到的知识，提高学生正确掌握知识、技能、技巧的能力。课外作业和课堂作业不同，课外作业是在学生独立、自动之下进行，而不是在教师直接监督和指导之下进行的。所以，做好课外作业，又可以促进学生学习的积极性，发展他们独立思考的能力，养成他们有条理地安排自己课余时间和独立完成作业的劳动习惯。一个不重视课外作业的学生，会严重地影响到他的知识质量。

做好教师指定的课外作业，必须达到两个要求：一个是"按时"，一个是"用心"。能按时而不能用心，能用心而不能按时都不能认为已经做到了守则第九条所提出的要求。

必须让学生知道：我们的学习是有系统地进行的。今天教了一些新的内容，明天又要在这些内容的基础上再增加一些新的东西；总是今天比昨天要多一些，明天又比今天要深一些。学生接受这些知识，理解这些知识，一定要建筑在牢固地掌握旧知识的基础上。而按时完成课外作业，就是巩固旧知识的一个最重要的手段。比如，我们在上一节教了加法，光听了一遍，自己不动手做习题，到了第二节，教师要讲得深一点，听起来就不是很顺利了。一个常常不能按时完成课外作业的学生，学习上的困难必定越来越多。因此，按时做好教师指定的课外作业，对于接受新知识有很大的帮助。

每天，教师在课堂上都有新的作业布置下来。如果前面拖延了，新的作业就不能按时完成，这样一天比一天分量加多，结果，为了应付教师的检查，只得草草了事，甚至拿人家做好的重抄一遍。很清楚，这种完成作业的方式是永远不会提高自己的学习成绩的。教师应该告诉学生：按时完成作业，不仅可以并且能够加强学生的学习责任感，提高学生的学习效果，帮助克服学习上的疲沓拖拉现象。

我们在第七讲里，讲解了学生在上课的时候，要认真做功课；学生在课外的时候，也应该认真做功课。课外作业是课堂教学的继续，用心做好教师指定的课外作业，就是在课外能够认真做功课。

用心做好课外作业，首先要求学生必须独立完成作业。有些学生做课外作业的时候，怕麻烦，没耐心，看到比较复杂一点的问题，不去仔细考虑，马上问别人，请别人帮助他解答，或者干脆就去抄别人做好了的习题，不管人家做错做对，只要能抄下来不耽误第二天交给老师批改就得了。遇到这种情况，教师一定要严厉批评，同时也要加强检查和帮助。要告诉学生，自己看不懂习题或其他作业的内容，可以问一问别人，但是不能依赖别人。教师应该以克服困难、坚持学习的范例教育学生，使他们了解独立完成作业也是对教师负责，对自己负责。

在学生开始做作业的时候，教师就应该培养他们专心负责的态度，要求他们在做作业以前，先把功课复习一遍，仔细理解了作业的内容，再开始工作。不要把功课粗略看了一下，就动手。粗心了，容易发生错误。要向他们指出：有些学生在书面作业里，字迹潦草，涂涂改改，甚至有画小人头的，有画飞机的；有些学生不爱护作业本，把作业本弄得很脏，开学的时候，很厚的一本，用不了几时，就扯得很薄了。这都是不用心做作业的表现。教师也应该让学生知道，作业本上字迹模糊，东涂西改，就会使得教师批改的时候发生很多困难，浪费很多时间。同时，这样的作业本，既不整洁，又不美观，自己和别人看了都不喜欢。更重要的，作业本弄得很脏，往往会减低做作业的兴趣。

用心做好课外作业，还要求学生能够独立检查自己的作业，发现错误并改正错误。学生切实做到这一点，更能牢固地掌握知识，提高知识质量。

要使学生正确地对待课外作业，教师在布置作业的时候，应该注意作业的目的方法和分量质量。布置作业不能没有目的地随便吩咐，不能不指出达到目的的方法，否则，教师乱布置，学生乱做，等于枉费工夫。布置作业不能分量太多，各科作业应该统一布置。作业留得过多，只能加重师生的负担，达不到提高教学质量的目的。布置作业也不能机械地理解为一种教学上的必须履行的公式，而要把它作为教学工作的有机组成部分。否则就会影响学生，使他们认为作业是为了教师的检查，做作业只是对教师负责。因此，他们做作业就不是积极主动地为了获得更多的知识技能而做作业，却是为了教师、为了免受指责才不得不完成教师指定的作业。

有些教师对学生的要求不严格，学生不交作业也不问，迟交少做也不问；有些教师只要求学生按时完成作业，自己却拖拖拉拉，不能按时完成批改工作，或者草草了事，连学生在作业中存在着重大的错误也不去纠正，这些情况，也会使学生不能认真做好课外作业。

当然，学生不能按时用心完成课外作业的原因，也有由于教师讲课不清楚，不透彻，没有注意复习、消化和巩固工作所致的。学生对于课程内容还没能很好掌握，做课外作业，也只得死背硬记地赶"任务"，作业的质量也就降低了。

对于个别基础较差的学生，教师应该给他以必要的帮助，帮助他补习，逐步培养他独立完成作业的能力。必须在一面帮助、一面督促之下，学生才能按时用心地完成指定的课外作业。

学生的课外作业，大部分是在家庭中进行的。因此，教师应该访问家庭，帮助学生在家庭中创造一些安心做课外作业的必要条件。教师可以要求家长，让孩子有做作业的固定地方，并尽可能在做作业时不去打扰他，使他能够聚精会神地工作。比如在室内不高声谈话，不开收音机等。同时，家长也应该督促学生，在一定的时间内进行作业。完成作业之后，再去玩耍；并且要禁止学生一吃完饭就做作业的不良习惯。孩子遇到困难，要鼓励他们多思考，在任何情况下，家长都不应该代替学生完成课外作业。

如果学生在家庭里，学习条件不好，不能完成课外作业也可以让学生在学校课堂或者其他地方做课外作业。如果是二部制学校，还应该让学生分组在有条件的家庭，完成课外作业。

教师发现优秀的课外作业，要及时表扬，并且将这些作业本，交给学生传看。对于那些不认真做作业的学生和在作业本上乱涂乱画的学生，必须个别进行教育，督促他们改正，假使几次都不能改正，就要指定重做，并且在班上提出批评。学校在学期开始或中途，举办优秀作业本的展览会；对学生遵守"小学生守则"第九条，也有很大的教育意义。

第十条

"好好当值日生。积极参加课外活动。"

学校中的值日生工作，在教育上也是有重要意义的。学生在完成校内规定的值日生工作过程中，可以培养组织能力和责任心、遵守秩序、爱劳动和爱护学校的优良品质。

学校的值日生，不论是班级值日或者全校值日，都是为集体服务的。这中间，一方面表现了集体对值日生的信任，把班级和全校的清洁卫生、集体纪律交给值日生去管理，一方面也是值日生对于集体的关心和爱护，因为有了负责管理清洁和秩序的人，就可以使同学们学习得更安心，活动得更愉快，因此，好好当值日生，是树立为群众服务的劳动观点的有效手段。

班级值日生由班主任排定名单，全班同学轮流参加。他们的任务主要是打扫课堂内部的清洁，比如清除纸屑、垃圾，擦拭黑板、门窗、桌椅、玻璃等；帮助教师搬运上课用的东西，保管课堂和课堂里的一切东西；上课开始向教师报告缺席同学人数、姓名……；有些学校，班级值日生每天早晨还负责检查、记录同学们的身体服装的清洁。二部制学校，第一、二部上完了课，值日生应该把课堂收拾好，检查一下全班的书桌，看看有没有遗留的东西，如果有书本或文具遗留在抽屉里，要交给班主任，到第二天再交还给遗留东西的同学。

全校值日生，一般是由三年级以上各班挑选出来，由负责全校教导的校长或主任排定名单，每天课外在值日教师的领导之下，分布各地区轮流工作（全校值日生也可以带上臂章）。例如在各地区扫除垃圾，保持清洁，在大门口防止同学在放学以前走出校门；在运动场上照料同学，保管运动器具，防止发生争吵、损坏运动器具和意外的危险；在校园里保管花木、小动物、防止同学采摘花木或伤害动物；在走廊、门口拥挤的地方维持交通秩序。另外还要有几个全校值日生往来巡视。全校值日生，有时还要维持公共秩序，调解同学在课外时间发生的一些纠纷。

由此可见，学校里的值日生，所负的责任是很大的。但是有些同学，轮到自己当值日生的时候，不感到这是光荣任务，反而认为这是一种负担。所以做起工作来，马马虎虎，敷衍塞责。教师必须指出：这种情况正是放弃了集体对自己的信任。还要用具体的事例向学生说明：如果课堂里天天不打扫，或者打扫得不干净，地上全是纸屑，桌凳也很肮脏，这样，不但会妨碍卫生，还会影响到学习的情绪，减低学习效率。再如没有值日生擦黑板，每次上了课都要老师自己把黑板擦干净，这就浪费了许多的教学时间。

教师还应该教育学生服从值日生，尊重值日生。在值日生职权以内的工作，必须听从值日生的指挥。当然，值日生也应该尽自己的努力把交给的工作做好，尤其是全校值日生还要注意自己的工作态度，处理事情要公正、合理。

课外活动就是除了上课以外的各种有组织的活动。内容包括"课前操（或课间操）和清洁检查""体育锻炼""生产劳动""学习小组""校会""班会""少年先锋队的活动"以及"社会活动"等。

课外活动同样也是教育学生的一种重要手段。通过课外活动，可以扩大、补充和巩固学生在课堂教学中获得的知识技能和技巧。可以充分发挥学生的积极性和创造性，并且也能增进学生之间的友爱和同志情谊，促进学生优良品质的成长。例如体育锻炼，使儿童的体质增强；生产劳动，使学生获得一些生产中的基本知识和技能，也加强他们的劳动观点和习惯；学习小组，可以发展学生的某种特长，提高他们在某一方面的科学知识和技能；组织学生参加公益活动，比如植树造林、绿化都市村庄，消灭麻雀、老鼠、苍蝇、蚊子等活动。可以使学生把自己的劳动贡献给祖国和人民，就会比从前更加爱护自己的祖国和人民。因此，"小学生守则"第十条要求学生积极参加课外活动是有很大的积极意义的。

要求学生积极参加课外活动，应该注意这几方面：

一、课外活动必须成为学校经常工作中的一部分，要订出一定的制度而加以保证。每周活动，一方面要顾到每天都有一种活动，而又不和当天的正课重复。比如，那天已有体育，就不要再有体育活动。另一方面要把各种活动在每周中分排均匀。

二、把学生分成小组，每组人数看活动的种类而定，每组人数不能太多。每组都要有组长领导。教师还必须负责检查督促。学生既然参加了某一小组，必须和上课一样，按时参加，不能想来就来，想走就走。有些学校对课外活动的检查督促工作做得不够，因此，往往助长了学生的散漫松懈的习气。

三、课外活动是有组织的集体活动，应该有它的特点，决不能把它作为正课看待。它的特点在复习正课，或者补正课之不足，除了小组学习之外，不需要另定新教材。必须轻松愉快，多种多样。比如班会变成了班主任上"政治课"，这就容易使学生感到课外活动是一种沉重的负担，积极性就不会很高了。

四、课外活动也要照顾到儿童年龄特征和个别儿童的特殊情况。比如年龄过小、体质过弱的学生就不适宜爬山运动或到郊外去植树造林。如果不照顾到这方面的情况，一律要求积极参加，也是不妥当的。

五、课外活动某些项目内的各个具体活动小组，可以让学生根据自己的爱好自由选择。尤其是"学习小组"这一项活动，爱好音乐的可以参加音乐小组，爱好自然的就参加米丘林小组或无线电小组。但是，在课外集体活动的大项目上，不允许偏重在某一种活动上。例如有的同学只爱好体育锻炼，不积极参加生产劳动；有的同学只爱好学习小组，不热心社会活动。遇到此类情况，教师应该及时说服动员，纠正偏向。

六、课外活动必须注意安全，对学生进行安全教育，要求学生遵守活动纪律，正确运用器具、工具等等，避免发生危险。

为了配合"小学教学计划"的执行，1955年颁发的"小学课外活动的规定"，把过去规定的某些不必要的项目精简了，活动的时间也作了合理的安排，并且照顾到有具体困难的学校，在活动时间的要求上也不一样。学校领导和教师们应该根据小学课外活动的规定，切实展开活动充实课外活动的内容，要求学生积极参加，这样，才能使学生真正做到"小学生守则"第十条所提出的"积极参加课外活动"的要求。

第十一条

"尊敬校长教师。上课下课都对教师行礼。在校外遇见校长教师也行礼。"

校长、教师受了国家、人民的委托，为祖国教育新生一代。他们是学生的最亲切的教导者。学生在学校里学习，能够做一个好学生，将来能够为祖国为人民服务，都跟校长教师的热心教导有直接关系。学生尊敬校长和教师，是尊重他们的劳动，尊敬他们辛勤地为祖国教育新生一代。

我们必须充分认识到这一点：尊敬校长教师，是学生遵守纪律的最重要特点之一。一个不尊敬校长教师的学生，他也就不会很好地尊敬劳动人民；一个在校长教师面前表现得粗野无礼的学生，他在任何人面前也不会表现出文明的行为。

"小学生守则"第十一条要求学生尊敬校长教师，这也是培养学生的社会主义待人态度的起点。

听从校长、教师的教导，切实做到他们所提出的要求，遵守学校制度和课堂纪律，认真做好功课和课外作业等都是尊敬校长和教师的具体表现。这些，我们在前面几讲已谈过了，现在，我们来谈谈学生对校长教师的有礼貌的行为。因为这也是尊敬校长教师的一个重要方面。

对校长教师的有礼貌的行为，表现在很多方面。例如不给教师起外号，不故意模仿教师的生理上的缺陷，不在背后说教师的坏话等等。"小学生守则"第十一条特别指出：上课下课都要对教师行礼。在校外遇见校长教师也行礼。这不仅是有礼貌的行为，而且还是纪律性、组织性的一种表现。

为什么上课下课都要对教师行礼呢？

教师上课是教师执行国家交给自己的任务。所以，当教师进教室的时候，学生要对教师行礼，表示敬意。

学生起立应当很严肃，等到教师走上讲台，回礼以后，学生才轻轻地坐下，不要发出很大的声音。大家应该明白：上课的时候，学生向教师行礼，固然表示一种礼节，而且还意味着，现在已经是上课时候了，要专心学习了，在休息时间所进行的一切活动和不定的心情到这时应该停止了。所以，这也是"组织教学"的一个重要部分，决不能认为这是一种可有可无的形式。

下课对教师行礼，是表示感谢教师完成了一节课的教学。当教师宣布结束这一节课的时候，学生应该起立，等教师离开课堂以后，才走出课堂。如果学生不等教师离开课堂，自己先跑到课堂外面去，这就是不礼貌的行为，教师决不能予以容许。

在校外遇见校长和教师要行礼，这是表示师生的关系更加亲密并能帮助学生养成有礼貌的习惯。有些学生在校外见到校长和教师好像见到陌生的人一样，一点表示也没有；或者躲躲闪闪，只想避开；甚至有不尊敬教师的表现，这都是学校对学生不注意礼貌教育或注意得不够全面所致。因此，教师必须全面地注意教育学生，不仅在校内学习时要尊敬教师，在工作中要尊敬教师，在校外任何地方要尊敬教师。在校外遇见校长和教师，对他们行礼，决不是一种形式，而是一种道德品质的表现。因为有教养的人，在任何地点都会表现出自己有礼貌的行为。

所谓行礼，在上课下课的时候通常行注目礼。教师走进课堂，学生站着，望着教师走上讲台，问好以后再坐下。不必鞠躬。在校外见到校长和教师的行礼，一般是亲热地打招呼或行少年先锋队的举手礼。

应该告诉学生，尊敬校长教师是学生对校长教师应有的一种正确的态度，不能把它当作无足重轻的事。教师应该帮助集体造成一种正确的舆论，反对那些不尊敬师长，对师长不礼貌的行为，也要反对在教师面前假装尊敬教师，在教师背后却轻蔑教师、谩骂教师的虚伪行为。因此，认真执行这条守则，也是一个社会主义思想教育的过程。

尊敬别人，才能使别人尊敬自己，这是一条最基本的原则。所以，校长教师也必须亲切、诚恳地关心学生、对待学生，帮助他们解决一些学习上、生活上的困难和痛苦，尽量接近学生，消除师生之间的距离而建立起师生之间的正常的友谊，这才能使学生自觉地尊敬老师。要别人对自己尊敬，先要自己具有可以被尊敬的条件，这也是最基本的原则。所以，校长教师还必须努力学习，提高自己的思想水平，搞好业务，处处以自己的模范行为作学生的榜样。此外教师之间也要亲密团结，一个健全的教师集体，对学生起着很大的示范作用。但是，如果借"尊敬教师"的名义来威胁学生，强迫他们尊敬自己，甚至不惜用体罚来树立自己的威信；或者用不正当的手段，以欺骗、利诱拉拢学生。这样做，不但受不到学生的尊敬，反而要受到国家法律和社会舆论的严厉制裁的。

教师有错误，学生提出正确意见来，要虚心接受，展开自我批评。只有谦虚、热情、认真、负责，才会取得学生衷心的尊敬。

我们要求学生对校长教师有礼貌，同时也要求校长教师对学生有礼貌。如果对学生不大理睬，很冷淡，见到学生打招呼或行礼，不马上回礼或装作不见，有时还嫌麻烦。这样，渐渐地，学生对校长和教师也就不再有礼貌了。

第十二条

"和同学友爱团结，互相帮助。"

要求学生跟同学友爱团结，互相帮助，这是培养集体主义精神的基础。

学校生活是集体生活。每天，同学和同学在不断接触的过程中，很自然地就会发生一种相互关系。由于小学生缺乏生活经验，知识也还浅薄，他们常常误解友谊，因此，这种相互关系，有时是正确的，有时是不正确的。教师对学生的正确的友爱团结，应该帮助他们巩固发展起来。这可以讲述一些生动的具体的事例求感染学生，使他们认识到什么是正确的友爱团结，什么是真正的互相帮助。教师对不正确的关系也有必要引导学生对它展开批评，要求大家以真诚的友谊对待同学。这样，才能更有效地帮助学生切实做到学生守则上所提出的要求。

友爱团结不能和互相帮助分开来。互相帮助是团结友爱的具体表现。我们必须明白：只有通过互相帮助，友爱团结才能得到巩固和发展。所以，我们在讲到友爱团结的时候，也应该把互相帮助紧密联系起来。

友爱团结主要表现在互相关心，互相同情，共同解决困难问题争取优良成绩，养成良好的习惯上。也就是说，每一个学生都应该自觉地愉快地和同学们一起学习、工作，同时，也关心别人的学习、工作。希望自己成为好学生，也希望别人并且帮助别人成为好学生。见到同学的优点，不但要虚心向他学习，而且要帮助他、巩固他的优点。

真挚而诚恳的友爱是一种坚强的、鼓舞前进的力量。建立起一个友爱团结的班集体，那么，任何困难，对于这个班级中每一个成员都不可怕的。友爱会鼓舞每一个人，使他相信自己的力量和集体的力量，使他知道自己不是孤独的，使他能够坚决地完成集体交给他的任务。

友爱团结还表现在正确地建立男女同学之间的情谊上。男孩子和女孩子应该互相有礼貌。无论在工作上、学习上和生活上，要彼此尊重，彼此帮助。有些学校或班级里，常常发生男女同学互相对立的现象，这说明了还没有做到友爱团结。教师必须注意组织男女学生共同游戏、共同工作，使男女学生在共同生活中建立友爱团结的正常关系。还必须防止个别男生轻视、侮辱女生的不良行为。

和同学的真诚相处，没有虚伪没有妒忌，没有隔阂没有成见，这不等于无原则的一团和气。因此，友爱团结还有一个重要的方面，就是见到同学的错误行为能够提出批评，对破坏班内团结和不正确的友谊关系要作坚决的斗争。当然，这种批评、跟不良行为习惯作斗争的出发点是治病救人关心同学，帮助同学，而不能有侮辱或打击的情绪。有些学生在家庭里或街道上染上了一些流氓习气，往往带到学校里来，在班上欺侮弱小同学，故意破坏班级纪律。遇到这种情况，决不应该不加理睬。

为了集体的名誉，必须阻止和消除这些不良的习气，为了同学的进步，也必须坚决要求他改正这些缺点。所以，当学生提出正确意见的时候，教师应该支持他们，帮助班级内部建立集体舆论，一致向这些错误行为提出意见。如果情节严重，教师可以启发少年先锋队优秀队员和班上的积极分子对错误行为展开批评。但教师应很好地掌握，不要形成斗争会。有些学生平时不用心学习，到了课堂提问的时候，回答不出来，周围的"好友"就帮助他解决困难，做暗示动作啦，故意抢先报出答案啦；在书面测验的时候，甚至传送答案，用欺骗老师的方法使他获得优良的成绩。有些学生做了坏事，例如破坏了公共财物，等到教师查问了，不肯承认，"好友"们也给他隐瞒；谁也不肯揭发出来，他们认为说出同学的错误就是"对不起朋友"。教师应该带动学生分析这些是什么样的"友谊"，同时帮助学生做出结论：这是可耻的，也是害人害己的行为，根本谈不上友爱，而且也不能称作团结。这种行为和态度，发展下去，不但不能促使一个人的进步，反而会断送一个人的前途。

教师必须使学生明确认识：我们可以有自己亲近的忠实的朋友，可以有在学习上志趣相近的同志，但是，有了这些亲近的同学并不妨碍我们和更多的人去建立友爱关系。尤其在学校里，同学们都是为了准备将来为祖国服务、为人民服务而努力学习着，同学关系也就是同志关系。因此，功课好的同学帮助成绩不良的同学补习功课，身体好的同学帮助体弱的同学进行体格锻炼，年长的同学热心照顾年幼的小同学，就不能局限在自己亲近的同学范围以内，而要将友爱团结，互相帮助扩大到全班全校。也只有从班内同学的友爱团结扩大到全校同学的友爱团结，才能避免有和集体利益脱离的倾向。

教师还必须严密注意同学中的小集团现象，往往由一二个人带头，拉拢和他们要好的人，或者怕他们的人，打击不跟随他们的人，使得同学顺从他们，甚至不敢向教师报告。教师必须采取有效办法教育说服大家，共同利用集体力量来扭转这种不良倾向。

在学校中，养成了学生跟同学友爱团结的品德，将来他们在工作中就会团结周围的同志努力搞好工作，就会团结全国人民，共同保卫祖国、建设祖国，也就会团结全世界人民，为保卫世界持久和平而奋斗。

第十三条

"上学和放学回家，在路上不耽误时间，避免发生危险。"

"小学生守则"第四条要求学生按时到校，第九条要求学生按时用心做好教师指定的课外作业，第十三条要求学生上学和放学回家，在路上不耽误时间。这三条守则是密切联系着的。在路上不耽误时间，也就不会迟到，就会按时做好作业，并且还能养成遵守时间、爱惜时间的良好习惯。

有些学生认为上学和放学回家，在路上的时间是自己的时间，可以听任自己自由支配，爱多玩一会儿就多玩一会儿，爱到什么地方去走走，就到什么地方去走走，谁也管不着。教师必须指出这种看法是不对的。学生上学和放学回家，在路上耽误了时间，会引起教师和家长的挂念。他们耽心孩子是不是发生意外事故了。如果这时大人们在做工作，也就安不下心了。他们要担心，要悬望，一直要见到孩子才能安心，甚至有时还要到外面去寻找，这不是也耽误了教师和家长的时间了吗？所以，学生能够遵守第十三条守则，不仅对自己是必要的，而且也是对教师和家长负责的行为。

当然，教师应该向学生说清楚，学生上学和放学回家，在路上不耽误时间，这决不是束缚了学生的自由，限制了学生的行动。不是叫学生在路上快走快跑。而是要求学生能控制自己的行动，不受外界某些原因的影响而在路上逗留太久。一般情况，学生上学的时候，能够重视这条守则，放学的时候，却容易忽视这条守则，特别是有些家长对子女要求不严格，更会造成学生在路上东荡西逛，往往到天色黑尽，肚子感到饿了，才带着非常疲乏的身子回到家里。这样，回到家里，急急忙忙地吃饭洗脸、料理睡觉前的一切事务，也往往不能按时做好课外作业了。

低年级儿童的好奇心很强，常常容易被外界新奇事物所吸引。在城市中，这类情况很普遍，比如孩子们在街上走着，许多店铺的橱窗里，陈列着形形色色的货物，他们要站着看一看；街头围着一撮人，他们也要挤进去瞧一瞧。最严重的，当他们看到街头的杂技表演、木偶戏等，一些平时好玩的学生就简直忘掉了上学和回家这件事了。有时，他们虽然也想着应该赶快离开，可是又留恋着这个热闹的场面，因此，就不知不觉也会耽误很多时间。教师针对这些情况，可以利用一些故事来向学生进行教育，培养学生的自制能力。从低年级就开始教育学生能够和自由散漫的闲荡的习性作斗争，这是有重大教育意义的。

高年级学生，年龄较大，他们上学和放学回家，在路上耽误时间，有时是挤到出租小人书的书摊上看小人书看得太久了，有时是为了临时组织起来的踢小皮球，一玩就耽误很多时间，有时是因为乡间有庙会或市集，常常相约着到三五里外去看热闹。教师可以告诉学生，看小人书、踢小皮球或参观庙会等，都不是坏事。但是决不能在上学或放学回家的路上，随自己高兴想看小人书就看小人书，想踢小皮球就踢小皮球。上学的时候，路上玩久了，不但要迟到，而且会影响专心学习。回家的时候，固然应该在户外活动活动，休息休息，这也必须回到家里，和家长说了，再问问有没有什么事情要帮助做，如果没有，才可以到外面去玩，最好还要说定回家的时间。这样，如果家长知道学校里最近要考试的话，他就会帮助子女合理地分配时间，要求他们能够按时复习功课。

对于一些常常迟到或晚归的学生，教师应该进行一些必要的组织工作，比如事先和家长们联系好，规定学生到校和回家的时间，防止学生在路上闲玩打闹。或者按路程分区，把住在同一地区的学生组织起来，由年龄较长，体力较强的学生做领队，带领这一地区的同学一同上学一同回家。必须注意：这样做，应该多从积极意义上启发学生互相关心，彼此爱护，促进他们之间的友谊，而不能形成一种单纯对学生行动的监督。

"小学生守则"第十三条，要求学生在路上不耽误时间，也要求学生在路上谨慎小心，避免发生危险。

要学生在路上避免发生危险，教师有责任对学生进行安全教育，首先把交通规则向学生解释清楚，接着再提出一些具体的要求。比如在街上走，有便道的走便道，没有便道的靠边走。在路上听到来车信号，要让路，不故意阻挡，不向驶过的车辆投掷灰沙。不和车马赛跑，尤其禁止攀登将要开动的车辆。过马路的时候，要看清红绿灯，服从警察的指挥，从"人行横道"通过马路。禁止学生在桥上、河边、船上打闹；禁止学生在危墙断壁的下面玩耍。教师也应该告诉学生哪些是有毒的植物，不要随便采摘来放在嘴里，哪些是会伤人的动物，不要随便去捉、去招惹。还要告诉学生不独自下水游泳，不在垃圾堆中找东西或者玩耍，不玩弄电线、爆炸物、玻璃球等容易发生危险的东西。

有时候，由于学生在路上耽误了时间，怕上学迟到，就慌慌张张赶路，不注意周围的行人和车辆，这样也最容易发生意外事故。

教师在平时还必须调查学生通往学校的路上，如果有太窄的桥，易陷人的沟、坑，易倒塌的墙壁……应该联系街村组织，设法修理、整治，以免学生往来间发生危险。如果路途中临时发生危险事故，例如山洪暴发，山间发现猛兽，教师应该委托当地群众护送，或约请学生家长接送。总之，要求学生遵守这条守则，一方面是加强他们的自制能力，一方面也要使他们能体会到成人对孩子的关心和爱护。

第十四条

"敬爱父母。爱护兄弟姐妹。帮助父母做自己能做的事。"

小学生，特别是低年级学生，他们的性格正在逐渐形成，他们对待人和周围的环境的态度也在越来越明确。在这阶段中，我们要求学生敬爱父母，爱护兄弟姐妹，帮助父母做事，这对于在家庭中创立相互亲近、友好的环境起着很大作用。这可能会帮助学生成为平静的、可信的、关心别人的和生活愉快的人。

要求学生敬爱父母，不是用旧社会的封建道德来要求学生在父母面前表现虚伪的"孝道"。同样也不要单纯从父母对子女在生活上的照顾，给孩子吃、给孩子穿等等方面来教育学生对父母报恩。这样的敬爱也是十分肤浅的。教师应该告诉学生，父母抚养子女，处处为子女操心，一方面表现了伟大的"亲子之爱"，另方面也是受了国家的委托，执行着教育好新生一代的神圣任务。把父母在日常生活中对子女的挚爱，和对子女的殷切期望，这两方面结合起来，使学生深切了解才能激发学生对父母的最深厚最质朴的情感，才能促使学生产生出努力做个好学生的愿望。教师还应该把革命领袖对父母敬爱的生动故事讲给学生听，告诉学生，敬爱父母是新中国少年儿童应有的品质。

敬爱父母决不是盲目听从父母的嘱咐。应该告诉学生，如果父母把自己当作温室中的花朵一样看待，下雨天不让上学，有小事就要自己请假，就不必一定要听从。教师还可以向家长正面提出来，纠正他们对子女的过分溺爱的思想、态度。

爱护兄弟姐妹跟"小学生守则"第十二条所提出的和同学友爱团结，互相帮助是完全一致的。

有些同学常常以错误的态度对待兄弟姐妹，要在兄弟姐妹中间逞强，叫他们服从自己。或者常常捉弄兄姐，打骂弟妹，把泥土等脏东西撒到他们身上。教师应该指出这是最不友爱的行为。兄弟姐妹常常争吵也是不敬爱父母的表现。父母总是希望自己子女友爱相处的，如果每天吵闹，互相不爱护，会引起父母的最大烦恼，也会加重父母的辛劳。

爱护兄弟姐妹，一方面是关心彼此的生活。比如家里的书报杂志应该共同阅读，玩具应该共同玩，食物应该分了吃，谁也不应该企图独占；家庭的劳动应该按照各人的能力，合理分工。兄弟姐妹中有人病了，如果不是传染的疾病，要耐心看护，设法解除他们的痛苦；弟妹年幼，更要从各方面来帮助和照顾他们，使他们生活得更愉快。另方面是关心彼此的进步。比如见到弟妹有不良行为，要善意劝导，帮助他们养成良好的习惯。如果兄弟姐妹做了坏事，受到国家法律的制裁或者学校当局的惩罚，情节较轻的要帮助他们改正错误；情节严重的，应该服从国家和学校的决定。

应该指出，爱护弟妹关心弟妹也就是帮助父母做事，减少他们在这方面的操心，可以让他们把更多的精力用在工作上。帮助父母在家做自己能做的事，这应该是劳动教育的一个重要部分。有些学生在学校里做值日生，打扫清洁非常努力，可是回到家里，就什么都懒得动手，并且要求别人服侍他。教师要很好地解释：在学校里做值日生，是为集体服务，应该努力；在家庭中做家务劳动，不仅是帮助父母，也是为自己和为所有家庭成员服务，也应该努力。父母在外面工作了一天，身体已经很累了，回家来还要做这做那，更会增加他们的疲劳。如果我们多做一些家务劳动，减少父母的一些家务工作，使他们能够多休息一会儿，这也就是敬爱父母的具体表现。

有些学生感到可以在家里帮助父母做事，要他到外面买些东西就觉得不好意思。尤其不愿提篮挑担，认为碰见同学不光彩。教师一定要指出这是轻视劳动的错误的看法。能够帮助父母做事是应该的，只有那种要父母帮助他做一些自己能做的工作，那才是不光彩的。

小学生在家庭中能够帮助父母做的事情很多，从打扫庭院，整理东西，洗涤饭具、小件衣服，帮助生火做饭，量力帮助家庭饲养家畜、家禽，参加生产，照顾病人以及代替年老力衰的家长参加社会活动，帮助成人学习文化等都是很好很重要的事。这里应该注意"小学生守则"上所提出的是做自己能够做得到的事，所以也要防止学生做超出他们能力所及的家务劳动。

要使学生很好遵守这条守则，教师应该加强家庭访问工作，纠正家长对待子女的不正确态度。父母们往往有两种不同的教育方式：一种是一味溺爱，纵容放任的结果，学生反而会不敬爱父母；一种是过于严峻，严加管教的结果，也会使学生跟父母疏远。教师有责任帮助家长正确教育自己的孩子，端正自己对孩子的态度，并且给子女合理地分配家庭的劳动工作，切切实实地做一切能做的事。还得常常进行调查学生在家的劳动情况，表扬做得好的，批评做得不好的人。能这样，孩子也就自然会敬爱父母。等他们长大以后，也会深深感激父母对他们的教养。

敬爱父母，也必须敬爱家庭中的长辈，对于祖父祖母、叔伯等要同样敬爱，并且对同学的父母也要敬爱。爱护兄弟姐妹，也要爱护同学的兄弟姐妹。这点，教师在讲解"小学生守则"第十四条时，也应该加以补充说明。

第十五条

"尊敬老人。对老人、小孩、病人、行动困难的人，让路、让座，给予可能的帮助。"

我们生活在新社会里，人和人之间的关系，应该反映出社会主义的人道主义。尊敬老人。对老人、小孩、病人、行动困难的人的爱护、照顾，给他们以可能的帮助，正是社会主义的人道主义的表现。

尊敬老人，不但是因为年老的人年高、经验丰富，应该受到尊敬，而且是因为年老的人对社会已作出重大的贡献。教师必须说明年老的人，已经替社会做了许多事情，创造了社会的物质财富。我们今天能享受到的，正是他们辛勤劳动的成果。我们应该尊敬他们。同时，教师也要让学生知道只有在人民的国家里，老年人才能得到尊敬和关怀。教师可以举例说明这种情况，比如在我们国家里，颁布了劳动保险条例，到了一定工龄的老年人，可以退休，并且可以在休养所里休养，度过自己舒适的晚年生活。可是在旧社会，尤其在资本主义社会里，年老的人如果没有财产就受到人们的冷淡，轻视，过着非常悲惨的晚年。教师能够恰当地再用一些事实来对照说明新旧两种社会的两种对待老人的态度，一方面可以加深学生对我国社会制度的优越性的认识，一方面可以加强学生对老人的亲切的情感。

应该让学生知道老年人的生活经验和劳动经验比我们丰富，他们有许多非常可贵的生产实践中的知识。其中有些老人还可能在反帝、反封建的斗争中出过力。我们要虚心向他们学习，接受他们的积累起来的经验和知识，才能很好地继承他们的事业。看不起老人，以为老人的经验都是过时的东西，这是没有根据的。老人也可以说是我们生活中、工作中和学习中的老师，我们必须尊敬他们。对老人有了正确的认识，比如在车上让座，就不会只是一种怜悯的心理，而是出于一种热爱和尊敬老年人的心情。在日常生活中，也就不会故意模仿老年人的姿势，装出弯腰咳嗽的老相来取乐了。

老人、小孩、病人、行动困难的人，或者是身体弱、力量小，或者是有痛苦，行动艰难，都得诚恳地同情他们，对他们让路让座。

所谓"行动困难的人"是指盲人、跛子、孕妇、抱小孩的人、拿重物的人等。一般女人也比较男人身体弱，困难多，所以男人一般也要对女人让路、让座。

对老人、小孩、病人、行动有困难的人在路上、桥上、公共场所出入口等地方，遇到人多拥挤的时候，应该让他们先走，必要时还要保护他们，帮助他们不受挤轧。在车上、船上和其他公共场所，遇到人多坐位少的时候，要让他们先坐，如果自己先坐了，要站起来让座。

让路、让座，看起来只是一种形式，养成习惯以后，就能很自然地从各方面关心别人，帮助别人。一个能关心别人，帮助别人的学生，如果见到同学和青年人在车上不让座，而让老人孕妇站在自己的旁边，就会去向同学解释，要求他们让坐；见到同学或人们在公共场所出入口争先恐后，并且还推倒小孩老人，就不是漠不关心，而是提出指责。这样，新的社会道德也就会牢固地形成。

"小学生守则"第十五条还要求学生给老人、小孩、病人、行动困难的人以可能的帮助。教师可以先让学生自己设身处地地想一想，当自己迷路的时候，或者在车站上不知道怎么乘车的时候，这时如果有人来帮助自己，解决自己的困难，会多么感激和愉快。能够细心地体会老人小孩们的困难，就会尽自己能力去帮助人家。比如见老人、小孩摔倒了，要赶快扶他起来，问他摔痛了没有，有没有受伤。受伤了，应该告诉附近的急救站。见到他们拿不动东西，要帮他们拿。见到他们过桥、横过马路不方便，要扶着他们走。遇到病人，如果是中暑，立刻告诉附近的警察急救。见到迷路的小孩和老人等，如果他去的地方就在附近，要尽可能带他到目的地，或者详细告诉他怎么样走法。

今天，在我们的国家里，关心别人爱护别人已成为一种新社会的风气了。每一个新中国的小学生，更应该做出良好的榜样，使这种社会主义的道德风气更加得到发扬。

要学生具有这些帮助别人的善良行为，可以从学校中举行恳亲会、游艺会等活动招待家长和来宾做起，还可以带学生出外参观、远足，在旅途中实地练习。

热心帮助别人，就是尽自己的可能去帮助别人。教师应该指出决不是超出自己能力范围，什么事情都去帮助别人。比如上车的时候，见到老人拿着很重的东西，自己想去帮助却又提不动，可以和他一同拿上车，或者请求别人来帮助这位老人，或者跟同学们一起来帮助，这样也就是尽可能帮助了别人。如果超出自己能力范围单独去帮助别人，既不会把事情做好，也往往要引起被帮助的人的不安，有时人家还会拒绝你的帮助。

第十六条

"对人要有礼貌。不骂人，不打架。不在公共场所吵闹。不妨碍别人的工作、学习和睡觉。"

礼貌是一种文化修养的标志。在社会主义社会里，人和人之间有适当的礼貌，也是新道德的具体表现。这种礼貌不是封建社会里序长幼、别尊卑的有等级的礼貌，也不是资本主义社会里根据人所占有的社会财富的分别对待的那种拜金主义的礼貌，而是共同参加社会劳动的人和人之间平等的、相互尊重的一种真正文明的态度。我们已经讲过：对人民领袖、校长和教师、父母、老人固然要有礼貌，就是对同学、朋友、自己的兄弟姊妹和一般人也需要有礼貌。有些学生认为只要对长辈有礼貌，对其他的人可以不注意礼貌，这就是错误的。

不能把礼貌只看作斯斯文文，彬彬有礼。不能单从形式上来谈礼貌，要跟对人的注意、对人的关怀结合起来说明礼貌的必要。如果只把一些礼节告诉了学生，也要求他们照着做，并没有说明为什么要这样做，结果学生就把礼貌当作一种规则，一种制度，照例地做。比如见了人要打招呼，他就打一个招呼，要给长辈让座，他就让座，可是没有一点表情。这样非常机械地执行不能认为懂得了礼貌的意义，更不能认为已经是真正有礼貌的文明行为。因为在教师面前这样做，决不是对别人的注意或关怀，只是一套形式，甚至是假貌伪善。让学生假貌伪善，结果学生在教师面前可能表示得恭恭敬敬，可是一离开教师，就原形毕露，甚至蛮横无礼，恶劣异常了。

有礼貌的行为，在日常生活的各个方面都可以表现出来：比如见到长辈、老师、同学、国际友人或外宾，都要亲热地打招呼，向他们问好。和别人同走、同坐的时候，不抢先，不占别人的坐位。跟别人在一起的时候不浮、不躁。跟别人一同吃饭，不挑菜，不抢吃。谈话的时候，不打断别人的说话，也不听了一半就自己走开。衣服要穿得整齐，不在大众面前赤胸露背。头发梳好，在室内要脱帽。走进别人的住室，应该轻轻叩门，没有得到别人允许，不随便走进去。不看别人的信件、日记、包裹，不乱翻别人的抽屉。不对朋友起恶意的外号……有礼貌的行为，也表现在"礼尚往来"上，比如见到别人和自己打招呼，应该很好地回礼。如果得到别人帮助或接受了别人的东西，一定要道谢。如果自己做错了事情妨碍了别人，一定要道歉。

上面所举的一些例子中，非常明显地看出一点：有礼貌的行为是和说话的粗暴，态度倔强，只管自己方便安适，不顾别人的利益是完全不相容的。因此，"小学生守则"第十六条还特别要求学生不骂人、不打架。不在公共场所吵闹。不妨碍别人工作、学习和睡觉。

骂人、打架所以是不礼貌的，不但因为这种行为表现出来的态度非常粗暴蛮横，而且也是一种对别人人格的侮辱，是一种非常不友爱的行为。所以，骂人、打架在集体生活中是违反纪律的。

遇到学生骂人打架，教师必须仔细调查研究事实的过程，分析原因，注意学生这种行为是偶然的，还是一贯的。同时还要注意学生的年龄特征，再作出适当的处理。低年级学生常常容易为了一件小事情，彼此争吵起来，不久，他们又安静下来，愉快地一起玩耍了。遇到这种情况，教师非常严肃地去干涉，显然是不妥当的。因为低年级儿童的情绪还不稳定，教师可以用一些有趣的游戏和故事使儿童不再注意争吵对象，就可以消除他们的争吵。至于常常骂人打人的学生原因是很多的：或许家庭对他太溺爱，太纵容；或许父母常常相骂相打，影响了他；或许受了校外不良习气或者顽劣儿童的影响，或许教师对他初犯骂人打架的错误行为的时候，没有提出严格要求和说服教育，反而有些怕他闹，对他采取了息事宁人的态度；或许教师自己也粗声暴气爱骂人，影响了他；或许教师讨厌他，使他得不到温暖，养成了他的怪僻的脾气；或许同学讽刺他，讥笑他，他不得不反抗……这就需要调查研究，针对原因作出慎重的处理。

有些教师遇到学生骂人打架，不问青红皂白，将骂人的同学嘴上画个红圈，将打人的同学头上戴纸帽，这种处理办法，是根本违反教育原则的，不但是对学生人格的侮辱，而且会起不良影响，使学生坚持自己错误，用来对抗教师。所以我们要坚决反对教师处理学生纠纷时所采取的粗暴手段。

要求学生不骂人，不打架，不是单纯地禁止和抑制就会见效的；这是一个细致的教育过程。就是平时必须加强友爱团结教育，多讲一些生动的事例来感染学生，使他们认识到粗暴蛮横、打人骂人是跟一个新中国少年儿童的和蔼谦逊、对人亲切的态度完全不相称的；临事必须平心静气，对犯过的学生进行教育、说服，使他知道自己的过失，不再重犯。

有些学生见到同学欺侮小同学，捉弄小同学，一时气愤也可能打人，对于这样的情况，教师处理起来更要慎重。一定要在巩固他的优点的基础上，告诉他今后见到这类事情，可以提出严厉的责斥，但不要动手打人，打人总是不对的。

公共场所，人很多。如果大声吵闹会妨碍集体的安静。比如看戏剧，高声谈话，就要妨碍别人，使别人对台上说唱些什么也听不清楚。在课堂上或者会场上吵闹，更影响别人的听讲和学习。并且，教师也要求学生在公共场所见到别人吵闹，能主动劝阻他，请他别扰乱集体安静的秩序。处处重视集体利益，不以个人的"自由"妨碍集体，这就是礼貌。

在公共场所（如会场里，戏院中）迟到早退也是不礼貌的。如果迟到了就坐在后面，不向前乱窜；即使要走动，脚步也要轻轻地，尽量不妨碍别人。

有礼貌的行为还必须重视和细心体察别人的工作、学习和休息。教师应该要求学生：在校内课堂附近和走廊里不吵闹，以免妨碍还在上课的同学的学习；在其他地方，当人家工作、学习和睡眠的时候，不去吵闹他。不在别人工作、学习和睡眠的地方叫喊，走过这些地方，脚步要放轻，开关门窗也要放慢放轻，进别人屋子先轻轻叩门。夜深人静的时候，更必须想到别人已经入睡，不应该吵醒他们。自己如果因为特殊的原因没有睡或者睡了又起来，要特别注意使自己的举动不妨碍别人睡觉。

一个有礼貌的人，不只是在某些时间、某些场合、某些人的面前才表现出自己的有礼貌的行为，而是不论在什么时候，不论在什么场合，不论在亲近的人或陌生的人面前，都应该表现出自己的有礼貌的行为。因此，教师不能满足于学生外表的礼貌行为，还要注意使学生从思想深处了解礼貌在社会主义社会生活里的意义。

第十七条

"不说谎，不骗人。不赌博。不私自拿别人的东西。不做对自己、对别人有害的事情。"

"小学生守则"第十七条要求培养学生的诚实的态度，要求学生能够跟自私自利作斗争。

教师必须深刻认识到这一点，诚实是我国人民的一种高贵的品质，也只有在新社会里，人和人之间才能做到高度的互相信任。诚实这种品质建筑在学生的自觉性、责任感、勇敢、尊敬年老者的基础上。不巩固这个基础，也就不可能要求学生诚实。所以，培养学生的诚实态度，不是用某种特别的方法可以教育成功的，而是要在教育工作中把学生的全部生活加以正确的组织，才能成功。

教师要根据儿童不同的年龄，针对具体的情况，将说谎和骗人的事实加以分析。低年级儿童的说谎现象往往是他们的一种想象，或者是由于他们对某些现象理解得不透彻、记忆得不完整，并不是为了达到某种预定的目的而欺骗别人，那就只要用说明事实真相来加以矫正就够了。但是，对于那些有意识的说谎和骗人，教师必须严加注意。因为说谎、骗人往往伴随着个人主义的打算，也就是说往往是同其他不良品行一起发生的。例如有些学生上学的时候，在路途中玩了一会，到校上课迟了就说家中有事，或路上被阻；这样的情况，已经不是一个简单的说谎者，而是成为一个利己主义者，他只想到自己的玩乐，不顾功课和教师的等待；他只想用欺骗教师的手段，取得教师的信任，不觉得自己的不对。这种行为逐渐发展下去，从说一次谎话开始，就一次一次地接着说谎，最后，习惯成自然了。所以学生开始说谎骗人，教师便应该抓紧教育，不轻易放过，不让它发展。

正直的人同时也是勇敢的、意志坚强的人。教师教导学生做一个正直的人，首先，要求他们对教师、家长、同学、兄弟姐妹和一切朋友，都要忠诚老实，实事求是，不隐瞒过失，不撒谎，不装假骗人。应该告诉学生夸张个人的能力，夸大个人的成就和作用，有意违反别人的信记，曲意逢迎别人，不切实际地对人恭维，也是欺骗行为。

培养学生诚实态度，应该向学生说明说谎骗人对自己的危害和对工作的损失。利用一些故事的讲述使学生对真挚诚实的形象发生喜爱，而对于蒙骗欺诈产生出鄙视和厌恶的心理，这能收到很大的教育效果。

教师自己必须以身作则，做出范例，对学生不说谎、不欺骗；也要求家长不欺骗自己的子女，更不帮助子女在教师面前说谎。

遇到学生不诚实的时候，一定要及时揭穿，这是不容怀疑的。但是采用的方式方法必须很好考虑。因为揭穿的方法如果做得很笨，有时会严重打击学生的自尊心，使学生感到难堪，反而会引起他的反感。所以，教师要根据情况，运用自己的教育技巧，能做到严格要求学生，又能尊重学生。学生时代毕竟还是一个受教育的过程，是成人帮助他认识是非对错的过程。所以，处处都要考虑教育的实际效果。

赌博是利用一种机会或者一种手段把别人的财物拿过来作为自己所有。赌博会发展一个人的不正确的冒险行为和侵占别人利益的侥幸心理，使一个人堕落。它正是资产阶级的剥削思想和行为的具体表现。

必须严厉禁止学生用钱赌博，即使用画片作类似赌博的游戏，也不能允许。因为在画片的输赢上，往往会形成学生赌博的习惯。而且这些游戏最浪费时间，最浪费精力。有些学生平时不能完成作业，考试的时候成绩低劣，多半因为他们迷恋于赌博性质的游戏的缘故。

要求学生不赌博，除了对学生说明利害关系以外，必须加强组织工作，特别对于学生的校外生活，应该要求少年先锋队组织和家长帮助监督。另方面还要加强学生的文娱、体育活动，把他们的不正确的兴趣转移到正当的娱乐上来。

很早就应该告诉学生：不征得别人同意或者当人家不在的时候，私自拿人家的东西，不只是不礼貌的行为，而且也是一种偷窃的行为。教师必须重视培养学生不私自拿别人东西的习惯，即使只拿一针一线，事先也应该征得人家同意。遇到有些学生因为羡慕别人的东西，随手拿来，或者没有告诉人家，却先拿来用了，就要及时纠正，要他们马上归还原主，或去征得原主同意。如果有意识地要将别人的东西占为私有，故意趁人不备的时候，私自拿过来，这是一种严重的错误举动，教师要及时处理。在集体生活中，偷窃是一种不能容忍的可耻的恶劣的流氓行为。教师如果姑息学生，认为"家丑不可外扬"，不及时揭发他的错误，那就会给集体带来很大的不幸。

对偷窃的处理应十分慎重，必须经过详细的调查研究，分析原因，慎重处理。处理的过程应该是对学生进行教育的过程。所以，教师更需要有高度的教育技巧和机智。要启发学生自觉自动地改正。对屡教不改的，要会利用集体舆论和集体力量来谴责，来跟这些不道德的行为作斗争。通过这种集体舆论的指责，也就是告诉了每一个学生：不论偷窃任何东西，都是破坏了集体纪律。

要求学生不私自拿别人的东西，应该表扬学生路不拾遗、把失物交给原主的行为。学校中应该设置"失物箱"，要求学生把拾到的东西，放到"失物箱"里以便原主领取。

说谎、骗人、赌博、私自拿别人的东西，都是对自己、对别人有害的事情。所谓"有害"，就是危害到自己和别人的学习、工作、道德，甚至危害到祖国和人民的利益。

学生随着年龄的增长，生活经验的丰富，个人兴趣也逐渐广泛，这时，他们最喜好模仿大人的行为，可是又没有能力辨别好坏。因此，就容易受到一些不良影响，染上了一些不良的嗜好。例如吸烟喝酒，看封建迷信的武侠小说，宣传资产阶级堕落生活的书刊，甚至参加校外不正当的组织等等。教师必须密切注意这些情况，加强对学生的教育，严肃而又诚恳地告诉学生：吸烟、喝酒、看坏书对身体没有一点好处，参加不正当的组织，要被别人利用来破坏祖国和人民的利益，最后会毁坏自己的名誉，甚至丧失自己的前途。

对自己和别人有害的事情，除上面所说的以外，还有很多，例如过早谈恋爱，损坏和浪费自己和别人的东西等，是好是坏，学生自己往往辨别不清，教师首先要培养学生的辨别能力，使他们知道哪些事情做了以后，对自己有好处，对别人也有好处，哪些事情做了以后，对自己有坏处，对别人也有坏处。不先做好这一步工作，学生就不能辨别是非，自觉地遵守"小学生守则"第十七条。有些教师用举例的方法，向学生讲许多例子，这当然是对的，但不会产生很大的效果。教师应该通过电影、故事和生活中发生的事件，先使学生受到感染，到了一定的时候，再组织学生讨论、分析，帮助他们作出正确的结论：什么是好，什么是坏。这样，学生掌握了好和坏的实质，才能对一切事件有辨别好坏和是非的能力。

比如，有些同学故意破坏别人的名誉，损坏别人的东西；有时，他认为这样做是使对方有了损失，而自己却得到了"报复"。教师就可以利用这些情况展开讨论。从同志友谊方面，从班内团结方面，从对方在精神上物质上所造成的损失方面，从一个新中国少年儿童的道德品质方面……使学生明确认识：这样做对自己一点好处也没有，并且破坏了集体的友爱。

第十八条

"爱护公共财物。不弄坏弄脏桌椅、门窗、墙壁、地面或者别的东西。"

公共财物是建设社会主义社会的物质基础，对于提高人民的物质生活和文化生活有最直接的关系。我们的宪法上规定了公共财产神圣不可侵犯。

爱护公共财物是新道德的特征，是关心集体利益，尊重人民劳动成果的具体表现。在我们国家里，爱护公共财物应当成为每一个人的自觉的社会道德。

要求学生爱护公共财物应该让学生知道：不论爱护的和节省的公共财物值钱不值钱，数量是多还是少，都应该看成是积累社会主义财富，帮助祖国建设。比如学生经常爱护学校中的一切设备，不使它受到损坏或浪费，就可以节省许多修建费、设备费。给国家节省了这些钱，再用到最需要的地方去，不是增多了社会财富吗？不是直接帮助了国家建设吗？此外，凡是国家的土地、矿山、工厂、森林、河流、道路、公园、剧院……乃至供公共游览的地方一草一木，供公共使用的一球一棒、一纸一笔都必须加以爱护。

培养学生爱护公共财物的习惯，应该从提出严格的具体要求开始。

在学校里首先要求学生做到不弄坏弄脏桌椅、门窗、墙壁、地面或别的东西。

学生进学校的第一天，教师就应该带领他们熟悉一下学校环境，告诉他们教师和从前的同学是怎么样保护和创造这个学习环境的，告诉他们教师和上一班同学是怎么样爱护课堂里的所有设备的。同时向学生提出：要他们向教师和同学学习，爱护自己所坐的桌椅和学校中的一切设备。

经常向学生提出要求。比如：不用刀和粉笔在桌面上、墙壁上乱刻乱划。轻轻开关门窗，不忘记把窗钩钩上，插销拴好。保护玻璃，不在玻璃前面抛掷东西。保持墙壁和地面的清洁、完整，不在墙上涂抹或随便张贴纸张。不随地吐痰。不乱丢纸屑。不挖拆墙砖。不在地面打洞。爱护花草，不任意采摘。图书、运动器具也要爱护，不使它损坏或遗失……这样做是非常必要的。教师也应该经常督促检查，要求他们切实做到。

如果引导学生参加管理校舍、设备和修理一些学校用具的工作，更能加深他们对于爱护公共财物的自觉态度。

比如管理运动器具、文娱用品，管理图书或一部分学校财产（如果树、菜地等），修理一些教学用具，修补一些破旧的图书等工作，使学生认识到由于自己劳动，可以不使学校财产受到损失，或少受到损失。

特别是修补一些器具和图书，会使学生更爱护公家的东西，这样，他们也就能够对破坏或浪费公共财物表示不能容忍。

应该告诉学生，特别是小同学：扶正了被风吹歪了的花草，拾起落在地上的图片，刮风的时候能主动关好门窗或请大同学来关，这也是爱护公共财物，也是参加了管理学校设备工作。

爱护公共财物，并不是一个人的事情，而是大家的事情。所以，要求学生自己能做到不损坏不浪费公共财物，同时也要求他能够跟破坏公共财物的现象作斗争。

见到破坏公共财物的行为，不加劝阻，对于破坏公共财物的行为，不加批评，实质上也是不关心集体利益不爱护公共财物。特别是对于占有公共财物的现象不严加申斥和揭发，那是绝对不能容许的。比如有的同学，借了图书馆里的图书，任意剪下书上的插图，这是一种可耻的偷窃行为。每一个同学都有责任揭发这种错误行为，还可以要求教师组织讨论。一个好学生能够严格要求自己，也应该严格要求别人。

要使学生切实遵守"小学生守则"第十八条，教师还应该和家长联系，共同培养学生俭朴的生活和节约的习惯。

学生俭朴的生活和节约的习惯，是爱护公共财物的先决条件。有些教师只要求学生爱护大家的东西，没有重视教育学生也要爱护自己的东西，这是非常不对的。

教师应该使学生认识到任何东西，私人的也好，公家的也好，都是劳动人民辛勤创造出来的。教师可以用事例告诉学生制造任何东西，都需要花费很多时间很多气力。比如编印课本，要编书的同志费许多心力编写出来，还要用工人们辛勤劳动造成的纸张，由排字工人排字，印刷工人印刷；制造铅笔笔杆，要到山上去采伐木材，再运到工厂加工，要锯要刨，还要涂上颜料，中间不知经过多少手续，学生如果随便涂抹课本，损坏铅笔，也就是不节省工人的时间，不节省工人的精力。所以，决不能以为自己的东西可以任意损坏，反正有钱可以买。糟蹋自己的东西，虽然不会直接影响别人，但这也是不热爱劳动不尊重劳动的表现。要求学生爱护公共财物，还必须从儿童幼年起就要养成他们不弄脏衣服，不乱涂东西的习惯。

提出严格要求和加强思想教育是一致的。我们要在学生的思想认识基础上提出要求，才能培养他们的自觉态度。因此，教师应该经常讲一些具体生动的关于爱护公共财物的故事给学生听。比如解放军战士怎么样爱护武器，工人同志怎么样爱护机器；解放军战士爱护武器为了打击敌人消灭敌人，保卫祖国的安全，工人同志爱护机器，为了更多更快更好更省地生产，可以改善人民的物质生活，增加国家的财富。做一个学生应该向解放军战士、工人同志学习。爱护学校中所有设备，这是为了让同学们更好地学习，为了让同学们学习之后将来给祖国和人民做更多的工作。如果图书馆里遗失了一本书，就会使许多同学看不到这本书，运动场上毁坏了运动器具，就会使许多同学不能锻炼身体，所以，不能爱护公共财物，也就是做对自己有害，对别人也有害的事情。

对高年级学生，教师还可以拿新旧社会来对比，使学生了解到旧社会，大家对公共财物是不爱护的，因为那时候这些东西并不能为人民创造幸福。比如工厂里的机器是资本家的，是作为剥削工人的工具，当然用不着爱护它。现在不同了，所有公共财物都是人民所有的，是自己的东西了。如果不留意不爱护，那就是国家和人民的损失，也就应该受到批评或处分。

第十九条

"按时吃饭、休息、睡觉。常常游戏、运动，锻炼身体。"

"小学生守则"第十九条要求学生建立起个人的正常的生活制度，能够按时作息。这个制度可以保证学生认真地学习和愉快地生活，而且也表现了一个人的文化修养。

经常在一定的时间吃饭，到时候，胃就开始分泌胃液，刺激食欲，这时吃下食物，就能很好地消化吸收。不按时吃饭，比如早晨起身很迟，快要吃中饭了，才吃早饭，吃过早饭不久，又接着吃中饭，这样最容易引起消化不良，并且也会损伤消化器官。吃饭要定时，也要定量。吃得过饱对身体没有好处，吃得过急，不注意细嚼慢咽，也要造成消化的困难。每天，吃饭的时间能够规定，正常的生活制度也就容易建立起求。

按时休息，可以防止学生学习、工作过度疲劳，也能帮助学生精神恢复。会休息的人，才会更好地学习和工作。工作效率的提高，不在连续坚持三四小时工作以后，而在有了适当的休息时间以后。所以，按时休息，这是非常必要的。有些同学，下课十分钟也不休息，仍旧坐在课堂里看书，这样不仅对身体有害，就是对下一节课的听讲时候的注意力和记忆力也有影响。从表面上看，十分钟也抓得很紧，实际上却浪费了很多时间。听不好一节课，等于浪费了四十五分钟，往后复习起来又要花费很多时间。在家里做作业也要注意按时休息。长时间的书写和阅读会使身体疲倦，一般家庭作业最好分做两次进行，工作二十五分钟到三十分钟以后，就要休息五分钟到十分钟。所以，教师布置家庭作业也要照顾作业的总时数。通常一、二年级做作业的时间，应当不超过四十分钟，三年级以上可以有一小时左右的家庭作业。

教师必须纠正学生的这种偏向：认为休息就是什么都不干，只往床上一躺，或在桌上一伏。睡觉固然是休息，但并不是说一休息就得睡觉。下课的时候，到户外散散步，做一些轻松的游戏，活动活动，也就是很好的休息。在家里，休息时间，跟兄弟姐妹们做些游戏或做些轻微的劳动，如浇花、扫地等，对于休息脑力有很大的帮助。应该注意的是休息时间不要引起过度兴奋，否则会影响休息以后继续工作。

安静睡眠的时候，身体能够得到充分的休息。学生能在一定时间睡觉，一方面可以保证足够的睡眠时间，一方面也能养成立刻入睡的习惯。

睡觉有了一定时间，那么就可以在睡眠以前适当的时间内，不做过于活动的喧闹的游戏，不听可怕的故事，不做使精神和身体紧张的工作。这样，一上床就容易很快入睡，也不会做梦，也不会在睡梦里惊喊起来，动作起来。睡觉有了定时也容易培养学生睡前不吃东西的良好习惯。

按时作息，可以加强学生的时间观念，可以养成他们的正确的劳动态度，渐渐地会使他们对于散漫的生活感到非常不习惯。

游戏的种类，根据游戏的内容和形式的不同，可以分为创造性游戏、运动性游戏和教学游戏。这里所指的是运动性游戏。游戏和运动，广义说来，也是一种很好的休息方法。这不仅可以恢复疲劳，还可以锻炼身体。游戏当中，有跑步、跳跃等动作，这些动作能够加强肌肉、关节和骨骼的活动，发展学生健美的体格。因此对于低年级学生，教师应该经常组织他们做游戏。

教师必须告诉学生：要常常游戏、运动，促进人体的新陈代谢，才能使身体因锻炼而逐渐增强。因为常常锻炼，身体就会发育得很好，常不锻炼身体就会衰退，这是人体的生理规律。"三天打鱼，两天晒网"的锻炼方法是不会有效果的。有些同学，在春夏秋三季还能坚持，到了冬天，畏惧寒冷，就不继续锻炼了。有的同学，高兴就练几下，不高兴就闲几天。有些学生，空了多练些，忙了就干脆不练，这样，往往就连过去已经取得的成绩也会减退。还应该向学生说明：锻炼身体需要坚强的意志，在坚持锻炼的过程中也就锻炼了自己的意志。没有经过长期体育锻炼的人，意志总是比较脆弱的，往往缺乏信心，十分胆怯。

要求学生能够常常游戏、运动，教师也需要帮助他们组织起来。比如在一定时间做少年广播体操，参加集体游戏，参加各项球类或跳高、跳远等运动，必要时还可以组织比赛。还需要指导他们在适宜的地方和时间用适宜的方法游戏运动。比如不在尘土飞扬或者垃圾堆旁边进行，不在吃饱后跑步，做剧烈运动。有时教师光讲道理或提出要求，却不具体引导学生帮助学生，这也是没有效果的。

我们在第一讲里提到做一个好学生必须具备的条件之一，就是要身体好。切实执行"小学生守则"第十九条所提出的要求，能够帮助学生做到身体好。

养成按时作息、经常锻炼的习惯，教师必须跟家长取得密切联系。很多学生在学校能够遵守作息时间，回到家里常常不能坚持；尤其在假期更容易散漫起来。所以，教师应该也请求家长经常督促检查，更不要妨碍子女按时作息。学校和家庭统一起来，才能巩固学生的正常的生活制度。

第二十条

"对身体、饮食、服装、用品、床铺和住所，都保持清洁卫生。对公共场所也注意清洁卫生。"

个人的清洁卫生和集体的清洁卫生是一致的。个人卫生做不好也就不可能做好集体卫生；集体卫生很坏，也就不可能保证个人卫生。比如个人的住屋打扫干净了，可是周围环境还很脏，门外还积着污水，这就使苍蝇、蚊子有了繁殖的场所。蚊蝇大量繁殖起来，就会给人们带来一些如霍乱、赤痢、脑膜炎等疾病。在公共场所，大家随地吐痰，地面弄得很脏，每个人的健康也都要受到影响。

应该向学生指出，注意清洁卫生决不是生活琐事，而是做到身体好的必要条件。清洁卫生习惯也是一种很重要的文化生活习惯。

也应该向学生指出，做到清洁卫生决不是困难的事情。比如手帕脏了洗一洗，地面脏了打扫一下，并不费力。因此，一个人如果不爱清洁也可以看出他是不爱劳动，生活没有规律。

个人的清洁卫生，范围很广。我们举一些具体的事情来说：每天洗脸、刷牙。常常洗手、洗脚、洗澡。常常梳洗、修剪头发。保护眼睛，不用脏的或别人的脸布、手巾擦眼睛。不在光线太强或太弱的地方看书做作业。不随便挖耳朵。不把脏东西放到嘴里。睡觉时候，头露在被外。每年都打防疫针。照规定时间，检查身体。每天多喝开水。吃干净的、容易消化的食物。不吃刺激性的东西、不吃别人吃过或病人吃过的东西。自己病时吃过的东西也不给别人吃。饭前洗手，饭后漱口洗手。衣服、鞋袜不太窄太宽，并且常常换洗。常常收拾整理衣服等，把它们放在一定的地方，不乱堆乱塞。换下的脏衣服要马上洗干净，不要塞在一边。保持玩具、用品的清洁。不在书本上乱涂。常常换洗被单，洗擦席子、帐子和晒被褥。经常扫除垃圾，擦洗桌、椅、门、窗、地板。努力扑灭蚊、蝇、蚤、虱和老鼠等有害于人的动物。注意室内通风和光线……都是良好的清洁卫生习惯。

个人清洁方面要做的事情虽然很多，但是，教师可以根据学生年龄，逐步提高要求。有些在学校里应该做到的，就要坚决执行，比如不随地吐痰，不乱抛纸屑等。有些需要家长帮助的，就要向家长讲明道理，请求他们共同协助和监督，比如每天学生上学的时候收拾得干干净净，带着清洁的手帕，穿着干净的衣服等。有许多卫生习惯的形成不是短时间或规定一些制度就有效果的，教师必须常常提醒学生，重要的，还要讲解些科学卫生知识给他们听，利用一些图片或幻灯，使学生知道为什么要经常注意清洁卫生。比如有些学生常把书本弄脏了，书上的字迹模糊，不但会减低阅读的速度，引起错误的理解，而且会使视力紧张，容易损坏眼睛。有些学生不注意皮肤清洁，懒得常常洗澡，皮肤上的细菌就有了繁殖机会，等到皮肤抓破一点就容易化脓。比如吃东西不注意清洁，脏东西上带着很多病菌，吃进肚子，就容易害病。床铺不常洗换，灰尘积多了，皮肤容易肮脏，并且也容易繁殖大量细菌，有时，也使得睡眠不能安适。

教师还应该做给学生看，怎么洗手帕，怎么扫地，怎么刷牙等，同时也要经常和同学一起打扫学校公共地区的清洁。教师的备课室和宿舍必须是清洁的整齐的，教师衣服必须是干净的。总之，教师应该是一个爱清洁、注意卫生的人。这样在学生中间才能起积极示范作用，也才能帮助学生形成卫生习惯。

当然，一个人的清洁卫生不仅保证了自己的健康，对于别人的工作学习也有直接关系。身体常常害病，也就不可能学好功课、做好工作。因此，教师也应该帮助学生在集体中建立一种舆论，对于一种不注意清洁卫生的同学要提出责问，要表扬一些经常保持清洁的同学，并且建立起一定的检查制度，促使学生切实遵守这条守则。

必须向学生说明：讲究清洁卫生，决不是图舒服，爱漂亮。要求穿干净的衣服，不等于穿好的衣服。要求吃干净的东西，不等于吃好的东西。有些学生以为要清洁卫生，就得花钱买新的东西或者增添新的设备，这是不对的。

公共卫生是要大家来维持的。一个真正爱好清洁的人，他一定也重视公共卫生。教师应该使学生明确认识在公共场所必须注意清洁卫生。这是关心集体的表现。

在公共场所注意清洁卫生，主要的是不随地抛弃纸屑、果皮，不随地吐痰，不随地大小便，保持公共场所一切用具的清洁。不把脏东西丢在公共的水池里或在公共的水池里洗涤。有了疾病不到公共场所去玩。有些地方如果有特殊规定，要很好遵守所订的规则，比如到外地去旅行，遇到车站防疫站需要注射防疫针，就不要拒绝或逃避。

清洁卫生，既然包括个人和集体两方面，因此，每个人除了要求自己养成清洁卫生的习惯以外，也应该要求别人做到清洁卫生。特别在公共场所，如果看见有人随地抛掷果皮，就要很好地告诉他，要求他把果皮丢到垃圾箱去。

在班级里，在学校里，教师应该每天进行"晨检"，检查学生的衣服，手、脸、脖子是否清洁，有没有疾病……督促学生天天注意清洁卫生；经常进行课堂、厕所、场地、走廊………的清洁检查，使学校的环境十分清洁。还应该帮助学生集体造成一种舆论，表扬一些经常注意清洁卫生的同学，批评一些不注意清洁卫生的同学，要求每一个人都能养成清洁卫生的习惯，每一处地方都很清洁而不妨碍集体。

（选自吴研因编《小学生守则和实施原则说明》，文化教育出版社1957年版）

小学生守则实施原则阐述

一、小学生守则的性质和任务

（一）小学生守则的实施原则是由中华人民共和国教育部在"关于实施小学生守则的指示"（下简称"指示"）中简要指出的。指示首先说明小学生守则的性质和任务，要求全国各级教育行政部门和各小学行政领导加以重视，根据各地情况，积极地、有步骤地贯彻执行；其次把实施原则八项，逐项指出，目的在使执行的时候有所遵循，不致发生偏差；最后要求各级教育行政部门督导所属小学负责学习研究，予以实施，并且经常对各校指导具体执行方法，检查执行情况，及时纠正错误并向上级汇报、请示，总结情况，报告教育部；附带声明，除了少数民族地区在必要时可另定小学生守则之外，全国小学一律应该遵照教育部规定的小学生守则实行，不得有所纷歧。

（二）指示首先指出小学生守则的性质，说它是全国小学学生的学习纪律和日常生活规约。

为什么小学生要有学习纪律呢？原来学生以"好好学习"为主要任务，而学习一方面是各自学习，一方面是班级的集体学习，要是没有一定的学习纪律，那就会妨碍自己，使自己无法好好学习、完成学习任务，也会带累班级集体，使同学无法好好学习、完成学习任务。例如上课没有一定的时间、制度和秩序，课就无从进行，学生自己和同学就都无法好好学习。因此，学习纪律是非常重要的，每一个学校，每一个学生都必须遵守。

为什么小学生要有日常生活规约呢？原来学生不但要好好学习，还得在学校、家庭、社会中好好过日常生活，要是没有一定的日常生活规约，那就会到处混乱，甚至不容易生活下去；学校、家庭、社会的秩序也会立刻被个人破坏，使大家不能安静下来。例如在路上不好好行走，就要妨碍交通；在公共场所吵闹，就会妨碍别人；不讲究清洁、卫生，也要害己、害人。因此，日常生活规约也是非常重要的，每一个公民，连小学生在内，也都必须遵守。

（三）指示又指出小学生守则的任务，就是通过它应该对学生进行共产主义的道德教育，养成学生的良好品德和习惯。

道德本来就是社会的生活规约，拿它来维护社会秩序的，它是社会的产物。新社会已代替了旧社会，旧道德也就让位给新道德。咱们的新社会是以建设共产主义为目标的，所以咱们的新道德，应当就是共产主义道德。其主要内容，就是：爱国主义和国际主义、集体主义、自觉纪律、忘我劳动和对公共财物的社会主义态度、社会主义的人道主义等等。守则全部条文，就是包含着对学生进行这些共产主义道德教育的内容。

为什么要进行爱国主义教育呢？热爱祖国是中国人民的一贯的、传统的美德。咱们的祖国，本来有广大的土地、丰富的物产、悠久的历史、优秀的民族，确实是很可爱的，值得咱们热爱的。但是在封建时代和半封建半殖民地时代，整个祖国受封建主或者封建买办阶级奴役，还受帝国主义侵略的。他们为着自己的利益：残酷地压迫并且剥削着咱们人民，使咱们过着贫苦不堪的生活；他们不许人民过问国事，挑拨民族间的恶感，使咱们的民族互相对立甚至仇杀。咱们人民不但得不到祖国的多大庇护，甚至连爱国的权利也没有。在国际间，更是受尽所谓"列强"的凌辱，把咱们当作"劣等民族"，当作"苦力"看待，使咱们抬不起头来。自从共产党、毛主席领导人民革命，把蒋介石国民党打败、帝国主义赶走，建立了咱们自己的独立、统一的中华人民共和国之后，咱们人民才有了真正的自己的祖国。而且这祖国是建立在日益繁荣、优越于其他一切社会制度的社会主义基础之上的，它将通过总路线，实现社会主义工业化，完成对农业、手工业和资本主义工商业的社会主义改造，逐渐最大限度满足咱们人民的物质生活和文化生活，使咱们永远生活在繁荣幸福的社会中，目前国际地位也提高了。所以咱们应该自觉地热爱咱们的祖国。人民的爱国主义，也不同于过去统治者所提倡的狭义的国家主义和民族主义：它是建立在人民间和各民族间以及全世界人民的友爱团结和和平共处的基础上的；它没有大国主义和大民族主义（例如以汉族统治一切，不照顾少数民族）以及地方民族主义（例如一地方的民族，只顾自己，不顾国家的整体利益）的偏见；它是和国际主义相结合的，不怀抱侵略别国、称霸世界、独占一切的野心；同时，它对兄弟国家——苏联和人民民主各国——亲如手足；它对世界任何其他国家的劳动人民是力求紧密团结的，除了对进行侵略的帝国主义好战分子之外，丝毫不怀敌意。这样的爱国主义是大公无私的，是属于共产主义的道德范畴中的一种最主要的道德。所以咱们小学对学生进行共产主义的道德教育，首先就必须进行这样的爱国主义教育，使学生热爱祖国，对祖国的领土、主权和一切建设事业，表现无限的热爱，对祖国人民民主政权，表现无限的忠诚，并且依照宪法第一〇三条的规定，把保卫祖国当作自己的"神圣职责"，依照宪法序言团结全国人民，发扬各民族间的友爱互助，同全世界爱好和平的人民增进友谊，勇敢、坚决反对帝国主义以及它们的走狗，并且和帝国主义以及它们的走狗做坚决的斗争。

为什么要进行集体主义教育呢？集体主义跟个人主义是对立的，它是社会主义社会成员所必须具有的精神，也是革命斗争的必要工具之一，通过它，可以扩大胸襟，克服自私心理，关心天下大事，关心国家建设，关心人民苦乐、集体利益，把个人利益和集体利益相结合，认识到给集体服务，就是满足个人利益，乐于发挥个人的天才，为集体服务，而且在必要的情况下，能够为了集体的、公共的利益而牺牲个人的利益。社会主义社会，就是集体主义的社会；要是由小学教育培养成为社会主义社会的成员，如果没有集体主义精神，那么怎么能消灭资产阶级的私有心理，怎么能生存在这个社会中而和许多人民坚强团结在一起，全心全意地为祖国、为人民服务呢？所以集体主义教育，也是非常重要的，它在共产主义教育中占有非常重要的地位。

为什么要进行自觉纪律教育呢？所谓"纪律"，包括学校和社会的一切规则和秩序，它是人类道德的一个组成部分。列宁把人类不同社会的纪律，分作"奴隶的棍棒纪律""资本主义的饥饿纪律""社会主义社会的自觉纪律"。棍棒纪律和饥饿纪律，是用棍棒管理奴隶、用饥饿强迫工人工作的纪律来维持统治阶级的利益的。社会主义社会不是靠棍棒和饥饿来强迫人民遵守纪律，而是靠人民自觉自愿地遵守纪律，所以它叫作"自觉纪律"。在教育上，主要是说明、说服以及集体力量的帮助、督促，使学生自觉地遵守纪律。只有在自觉的基础上执行纪律，才能成为确实被遵守的"铁的纪律"。学生守则是纪律的明文规定，执行得好，那就可以成为学生的自觉纪律。这个自觉纪律，是进行课业、保证学生学会必要知识的先决条件之一。如果没有了它，那么所谓爱国主义、对劳动的社会主义态度、意志的坚定与勇敢、有组织的文化社会活动，更是不可想象的。小学生如果从小能自觉地遵守纪律，有了巩固的习惯，那么将来"遵守宪法和法律，遵守劳动纪律，遵守公共秩序，遵重社会公德"（宪法第一百条）也就可能习惯成自然了。所以自觉纪律教育，也非常重要。

为什么要进行劳动教育呢？"劳动是中华人民共和国一切有劳动能力的公民的光荣的事情"（宪法第十六条），也是公民的权利（宪法第九十一条）。小学生还不是能享劳动权利的公民。但是公民的劳动能力，却必须从小时候培养起，要培养学生的劳动能力，尤其必须进行劳动教育。劳动教育，可以养成学生社会主义的劳动态度、劳动习惯和不轻视劳动、尊敬劳动人民的思想感情；也可以养成学生的劳动技巧，打好生产技术的基础，增进创造才能；并且可以锻炼体格，培养坚忍、刻苦、有计划地利用时间、合理地进行工作、积极地建设祖国、为人民服务的高贵品德。劳动是改造自然、改造社会的原动力，也就是建设社会主义和共产主义社会的原动力。没有了它，就没有人的生活，也就不能建成社会主义和共产主义社会，也就无法最大限度地满足人民的物质生活和文化生活需要。因此，马克思和列宁都认为教育必须和生产劳动结合，使学生全面发展，能做一切能做的事——既能从事体力劳动又能从事脑力劳动；苏联初等学校"教学计划"中已增加了每周一节的"手工劳动"，咱们1955年9月公布的"小学教学计划"中也开始增加了"手工劳动"科，以使学生受到实际的劳动训练。中共中央宣传部"关于高小和初中毕业生从事劳动生产宣传提纲"中指出："新中国的教育任务，就是为提高人民的劳动生产率，这首先就是教育人民要具有社会主义的劳动态度。""小学教育……目的就是为了提高广大劳动人民的文化水平，使今后的工人、农民及其劳动者，……在建设伟大的社会主义事业中，能有更好的劳动态度，能更好地掌握技术，成为工业农业中的生产能手。"可见劳动教育在共产主义道德教育中，是非常重要的一环。

此外，对公共财产的社会主义态度（就是爱护公共财产），包括节约，是建设社会主义，使生产资料从私有制到公共所有制的基础，是维护人民劳动成果、集体利益的社会公德，所以宪法第一〇一条规定公共财产神圣不可侵犯，公民有爱护公共财产的义务。社会主义的人道主义，是对人民的亲切关怀也是社会主义社会人和人之间的一种公共道德，表现在敬老、慈幼、尊重妇女，同情并援助鳏、寡、孤、独、病、弱、残、废……爱护公共财产和以社会主义的人道主义待人，也都是共产主义道德的组成部分，在对学生进行共产主义教育中，也不能不予以重视。

上述共产主义道德教育，都是十分重要的，都反映在"小学生守则"中，所以指示指出"通过它可以对学生进行共产主义道德教育"。但是教师要靠守则来对学生进行共产主义道德教育，除了运用学生的集体，对各个学生进行帮助和督促以外，自己还必须对守则和共产主义道德以及共产主义道德教育的方法有深切的认识和体会，并且对共产主义道德能够躬行实践。只有这样，才能用守则去指导学生实践。才能养成学生良好的品德和习惯。否则一定会徒托空言，无补实际。

二、实施原则一——必须使学生自觉积极地遵守守则

指示指出的第一个实施原则是："小学生守则的实施，必须建筑在学生的自觉性和积极性的基础上，使学生清楚地明了守则的作用并认识遵守守则的必要"；防止并反对把学生守则"当作管制学生的工具"。

唤起学生的自觉性和积极性，是德育的基本原则之一。所谓"自觉"，就是要学生在理性认识的基础上，自觉自愿地去实践，不是被动而盲目地做。例如对学生守则，首先要彻底了解守则的意义和内容，认识到守则是自己学习和生活上所必需的准则，只有从小遵守学生守则，长大之后才能遵守宪法和法律以及公共秩序，好好地为祖国和人民服务，因而切实地予以遵守。所谓"积极"，是跟着自觉来的，既然自觉

了，那就必须积极地努力去做，决不会消极不愿。例如对学生守则，既然自觉到守则是学生必须遵守的准则，当然也就会积极努力地去学习实行，因此教师必须在这个基础上把学生守则的"逐条意义和必须遵守的理由向学生反复说明，并且把守则实行后的具体效果和遵守守则的模范事例，经常向学生提示"，以使学生认识到它是自己行为的规范，从而积极努力地去学习、去实行，那才能学习得好，实行得彻底有效。否则学生不理解，或者理解得不够，只是一知半解，或者不知道怎样去具体实行，那就不会觉得守则是自己所需要的，也就不会积极努力去学习、去实行；即使教师用命令强迫他们学习、实行，或者把不学习，不实行的人，给予处分，使他们不得不服从，那也只是形式主义，没有多大效用。因此，咱们首先必须反对形式主义：把学生守则当作空洞的教条，死板的公式，只装潢在课堂里的墙壁上，叫学生"盲目地"照读、照做，甚至背得烂熟，作不动内心的摹仿；或者把学生守则当作管制学生的工具，动不动拿它来威胁学生，限制学生的必要的活动，使生气勃勃、天真活泼的儿童，成为呆板的小老人。

教师在遵照指示所指出的这一原则具体实施时，必须注意下列各点：

（一）在每学期开学的头几天，要依照预定的计划把学生守则的重要意义，反复地向学生作一般的介绍，使学生对守则十分重视。并且酌量把开学之初必须遵守的各条内容和实践方法，反复地向学生说明，再提出要求，使学生理解实践。因为开学之初，有些班全班学生都是新生或者有一小部分是插班的新生。慎重介绍和反复讲解学生守则，一方面对新生是必需的，对旧生也可以使他们复习一下，以免遗忘、松懈。

（二）在一定的时期内，具体了解学生执行守则的情况，把学生已符合某条条文的行动，明白地加以称许，使它巩固下来。再把应该立即实行还未实行或者还未实行得好的条文提出，联系典型事例，或者学生的已有知识，向学生反复问答说明这条为什么要实行的意义和怎么样实行得好的方法，务使学生彻底明了，没有丝毫疑问，从而成为学生自己的信念、信条，感到遵守守则是自己和集体的光荣，因而切实地学习、实践。

（三）全部条文，尤其是概念（抽象的、原则性的）性的条文，单是反复地说明还是不够的，必须在各科教学和课外活动中例如在语文科中通过文艺故事，在唱歌科中通过歌曲，在体育活动中通过游戏，在手工劳动中通过制作教具、玩具、培养植物……加以引证、启发、说明。当然在本班本校学生中如果有活生生的典型事例，足以证明遵守守则的必要性和遵守守则的模范行为等等，经常向学生生动地提示引证、说明，那更是必要的。

（四）条文的内容，即使通过了故事、歌曲……具体事例，反复引证启示、说明，还是不够的；尤其是要实行的事项，决不能单凭口说。所以除了引证、启示、说明之外，需要示范的，还必须由教师演示或者用图片等直观指导。例如要"姿势端正"，必须由教师把坐、站、走、执笔、读书等的端正姿势演示给学生看，那才能使学生格外理解并且学会。自然，单是直观学习一二次，也还是不够的。需要练习的，更必需经常练习。例如坐、站、执笔、读书等的姿势，必须经过许多次的练习，随时检查矫正，才能正确。

（五）使学生经常遵守学生守则，成为学生集体间自然的共同的习惯，这是非常重要的任务。如果养成了共同的习惯。要是有一个学生偶然违反了这个习惯，学生的集体就会促使那个学生改正。另一方面，学生个人的旧习惯，有些是和学生守则不相容的，教师必须注意使他们把旧习惯革除，新习惯建立起来，要打破旧习惯，教师必须考查这个习惯所以形成的原因，然后对症下药地帮助学生和旧习惯积极做斗争，使旧习惯破坏。有些坏习惯是受了社会的影响而形成的，教师还必须一方面联系社会工作者和家庭，使社会和家庭的这种坏风俗、坏习惯逐渐改变；一方面教导学生认识社会家庭的坏习惯不应该沿袭，沿袭坏习惯是非常可耻的。应该拒绝这个坏习惯，甚至努力去影响成人，使成人也能改正。要培养新习惯，教师必须使学生明了这个习惯的意义和实质，并且教导学生练习实做，在无数次的行动中，逐步加强，以至建立起来。教育上形成习惯的规律是：1. 尽可能从小做起。因为年岁越轻，旧习惯越少，新习惯越容易生根，年岁越大，旧习惯越难于破坏，新习惯越难于建立。2. 学生一有恶劣的习气和作风，立刻要加以纠正，别让它发展下去，形成坏习惯。3. 给予以身作则的好榜样，或提出优秀人物的具体事例，使学生模仿。4. 用信任学生的态度，鼓励学生光荣愉快地模仿好习惯，拒绝坏习惯。5. 要在集体中通过集体帮助学生形成良好的习惯。

（六）不先使学生理解、掌握、熟习、乐于遵守，而强迫学生盲目地、消极地照做，这是一种偏向，必须改正。但是学生如果已经理解、掌握、熟习，而实际却并不遵守守则，让守则成为挂在嘴边上的"口头禅"或者贴在壁上的"具文"那又怎么办呢？当然这样的学生，只是极少数；但是教师对这些学生，如果姑息、宽容，不闻不问，那又是另一种偏向，也必须急切地予以纠正。正当的办法，教师对这些学生要格外注意，对他们耐心说明、说服，亲自或者利用学生集体，帮助他们克服困难、解决问题，要求他们"言行一致"，不得说的是一套，做的又是一套。必要时也可以坚决地要求他们实行，绝对不放松一点。因为你如果姑息、宽容了，对这些学生固然是有害无益，还会影响别的学生，甚至弄到守则废弛，无法收拾。

三、实施原则二——必须随着学生的年龄特征和个别差异而提出要求

指示指出第二个实施原则是必须顾到学生的年龄特征和接受能力，

就是首先把学生守则的内容分别深浅、难易,"对初入学儿童首先要求他们遵守……具体而又容易做到的各条;以后随着学生的年龄增长并根据具体情况,逐步增加要求,做到遵守全部规定"。

守则各条的内容,确是深浅、难易不同的。大概具体而容易做的,就比较浅、易。例如守则第四、五、六、七、八各条的全部和第十三、十八等条的一部分都比较浅、易,也就是比较简单具体容易做的,初入学儿童就应当实践。其余如第二、三、九、十、十二、十四、十五、十六、十七、十九、二十各条,都是比较深而且难,也就是比较繁重、抽象不易做的,对初入学儿童虽然也要求他们实践,但是可不提出整个的条文来。这些条文的提出,可以随着儿童年龄的增长和本校的具体情况,逐步增加。尤其是第一条,更是比较抽象而难做,也许到三年级(九岁)的时候,才能提出而使学生了解。因此,全部守则,可以到第三学年才向学生完全提出,才要求学生全部去做。

即使年龄相同,智力差不多的学生,他们的行为习惯等,也往往有个别差异的。教师如果只掌握儿童的年龄特征,用一般的方法来处理同一年龄的儿童,显然还是不够的。因此教师又必须体察各个儿童的个性,各个儿童的兴趣、习惯,各个儿童的优点、缺点,各个儿童的家庭生活、社会环境,可能或者已经受到家庭和社会影响的……哪怕是小事情,都用记录本把它记录下来,然后研究分析,针对各个人的具体情况,进行教导。一般地说,对年龄差不多的大部分学生,可以对他们提出同样的要求;但对其中的个别学生,却又必须个别教导。例如对"顽皮"的学生,可拟定长期的计划,在长时期内耐心地进行教育;对健康不良的学生,可特别把第十九、二十两条去启发、说服、教导他,使他注意锻炼身体,保持清洁、卫生;对喜欢在公共场所吵闹的学生,可特别把第十六条去启发、说服、教导他,使他注意不骂人、不打架、不在公共场所吵闹,不妨碍别人的工作、学习和睡觉;对任意毁坏课本、随便涂抹墙壁的学生，可特别把第十八条去启发、说服、教导他，使他涉意不把书本、墙壁……弄坏弄脏……

此外，教师也不能把大量的守则条文，即使是浅、易的条文在一次和几次的教学中，就要求学生全盘或大部分接受。因此又必须把守则的条文像课程似的，分成阶段，做有系统的排列，然后定下进程，逐步教导学生，使学生容易接受。

同时，指示指出：比较抽象的、原则性的条文，必须通过具体事例，对学生示范，并且叫他们反复练习，使他们对抽象的、原则性的条文能深刻理解、贯彻实行。

所谓"通过具体事例……"，就是使条文尽量具体化：把若干生动的事例举出来，或制订成各项明显的规则，以使学生容易接受并且实行。例如"认真做功课"，是比较抽象的、原则性的，但是一年级小学生也知道自己的班中谁认真，谁马虎，教师如果把具体事例指出，说："某某认真写字，认真演算术，认真做作业，认真……大家应该学她的样……"，一年级生也就不难具有"认真做功课"的概念而逐渐实践了。又如"爱护公共财物"，也是比较抽象的、原则性的，教师如果讲述一个故事，说某某孩子，他自家的墙上挂着一幅人民领袖像，有人问他是哪儿来的，他说是书本上撕下来的。那人说："你不是把书本撕坏了吗？可惜啊！"孩子说："可是我并非从我自己的书上撕下的，是从图书馆里的一本书上撕下来的呀！"……这个不爱护公共财物的具体事例，在讲述之后可以引起学生对那个孩子的愤慨、批评，经过讨论，可得出公共财物必须爱护的一致结论。教师也可以有计划地叫学生对全班进行一次检查，查明谁是不弄脏弄坏东西的，总结出来，说："他们爱护公共财物，是好的，是遵守学生守则的，值得大家学习。"这样也可以使学生概念明确，易于实践。

其实即使是比较具体的条文，例如"尊敬国旗"——国旗有什么用呢？为什么要尊敬？怎样去尊敬？……内容还是不少的。这些条文要学生遵守，也必须使他们更加具体化，例如从说明国旗的形式起，到如何在升降国旗时对国旗行注目礼，如何保存，爱护国旗等的具体方式、方法也向学生一一说明、说服、演示、练习，那才能使学生理解、学会而且贯彻实行。

要知道：深、浅、难、易、抽象、具体，并不是对立的。教师对任何条文，都必须用具体的事例和实际的行动，使学生从直观而加深印象，成为感性知识，再从感性知识成为概念，达到理性认识，能够实践。这样，不论条文如何，都行得通。否则，比较抽象的条文固然无法实行，比较具体的条文也不一定能实行得好。

四、实施原则三——必须着重正面教育，反对惩办主义

指示第三个实施原则指出：实施守则以正面教育为原则应该防止惩办主义的偏向。并且具体指出，奖励和处分办法应根据：1. 教育学生本人和全体学生为目的；2. 必须慎重仔细，不可简单从事；3. 最高的奖励是发给奖状；4. 最重的处分是开除，这更应该慎重其事。

要学生遵守学生守则，除了用许多积极的方法，使学生自觉积极地遵守之外，再用奖励和处分等方法来鼓励和劝诫学生，使他们争取表扬，力避处分，这当然也是必要的。

现在把奖励和处分的作用、方法、实施时应行注意各点分述如下：

（一）奖励

1. 奖励的作用　奖励可以鼓励学生积极遵守守则，还可以刺激学生改正一切不遵守守则的行为。例如对遵守守则不完全好的学生，偶然发现他在某一点上却遵守得很好，教师于是给予口头赞许或是特地在他的家长面前予以称道，这个学生就可能因此努力起来，把所有的守则都注意遵守，而且遵守得很好。

2. 奖励的方法 学生如果积极遵守学生守则并且热心帮助同学遵守守则，有显著表现时，除了口头赞许，在家长面前称道，在学期末操行评定时评为"甲等"之外，还应当酌量给予各种奖励。奖励的办法，按照指示由各地方根据具体情况，规定执行。现在把通常的办法开列如下，以供参考。

（1）当众（班会、校会……）口头表扬。

（2）给予一定的职务（例如派任管理图书、管理园地等）表示信托。

（3）书面表扬（例如在墙报表扬…）。

（4）给予一定的权利（例如奖给电影票等）。

（5）发给奖品（例如奖给书籍、文具、玩具……等）。

（6）发给奖状。指示指出奖状是小学最高的奖励，应由班主任提出名单，请由校长交校务会议讨论通过后，在每学年末的休业式上发给。发给时，必须说明所以给予奖状的缘由（奖状格式可由各地自行规定）。

3. 照指示，对于奖励的问题，教师必须用负责的态度，慎重处理。所谓慎重处理，可参考下列各点：

（1）必须在应得的基础上，给予公平的、相当的奖励，防止过当或不及——即"防止因奖励不当而发生流弊"。

（2）对受奖者本人和学生群众能起一定的鼓励作用，使大家感觉到受奖是光荣的、应该的，不滥不冒。避免未受奖者和受奖者之间造成对立（给奖前，最好启发学生对受奖学生的好行为加以肯定）。

（3）避免对同一个学生给予过多的奖励，以免受者骄傲自满，别人或许发生嫉妒之心。

（4）决不可用金钱做奖励品，以免引起学生贪钱、浪费等资产阶级思想。

（5）奖励不只是给予学生个人，还可以给予小组或班级等组成的一个集体。

（二）处分

1. 处分的作用　处分就是惩罚，"只是一种辅助的方法，在不得已的时候才可以采用"。如果不用惩罚的方法，而能用同情、关切的态度和恳切劝告的方法，使学生遵守学生守则当然是最好不过的。但是如果对一个犯过失的学生，一次、两次、三次都不加以处分，那也会有很坏的结果。所以处分，一方面是为了个别学生的自己利益，另一方面也是为着全班学生的集体利益，有时候也是必要的。

但体罚和变相体罚，是过去资产阶级学校广泛采用的方法，现在的学校中应该绝对废止（参考《小学教师》一九五二年十一月、十二月，一九五三年一月、二月、三月、六月各号"关于废止体罚的讨论"）。因为：体罚是使学生身体直接受到痛苦的打击，例如打手心、敲头、敲背、扯耳朵、打屁股、罚跪、罚晒太阳……有些会直接损害学生的身体，间接养成学生的恶劣品质——弱者被养成奴隶性、胆怯、自卑或者善于说谎以逃避责罚；强者被养成蛮不讲理的性格，无耻、凶狠、残暴，不顾一切。

变相体罚，例如罚站（立正的站着）、饿肚子、禁闭、斗争等，糟蹋学生人格的惩罚，例如挂上"可耻牌"、坐上"可耻凳"、戴上"可耻帽"，性质和体罚差不多，甚至比体罚还恶毒，也会直接间接养成学生的恶劣品质。

2. 处分的方法　学生如果不遵守学生守则，应立刻对他进行教育、说服，或者运用学生的集体力量帮助他改正，绝对不放松一点。如果教而不改、情节比较严重，就应该报告校长，联系全校教师和学生的家长，共同进行说服教育和帮助。如果这样做也无效，那才可以酌量给予处分。处分的办法，按照指示，由各地方根据具体情况规定执行。现在把通常的办法开列如下，以供参考。

（1）轻微的处分，例如：

a. 责备。教师如果能不动声色，用"沉默的责备"（盯一眼或表示十分冷淡）或"间接的影响"（转移犯过者的目标，使他不继续胡闹或乘机讲一个犯同样过失者的简略故事给同学批评，而不针对犯过者去说话）使犯过者安静下来，那最好。否则在适当的时间和地方，约犯过者单独给予责备。比较有严重影响的，才可以在班上当众责备。话要严肃、明朗、简净、有力而不带气愤。

b. 命令纠正，也是比较有效的方法。例如弄脏了地方，命令他打扫干净；违反了游戏的原则，命令他停止游戏；没有做完课外作业，命令他在放学后留校补做；看戏剧、电影或者远足等不守秩序，命令他下次停止参加；弄坏了公物，命令他修理或者赔偿；排队抢先，命令他排在最后；乱嚷乱跑妨碍别人的工作、学习或睡觉，命令他向别人道歉，并且重新不做声地轻轻地行动几次，一面使他学习，一面让他觉得胡闹会遭受一定的制裁，因而不再乱来。骂了同学或者对大人粗鲁，命令他向同学或者大人道歉。

但是命令的发出，要注意：（a）态度必须严肃、坚决，但是绝对不粗声、暴气，也绝对不对学生作恳求的态度和口气。（b）要估计是学生必然能够接受、能够做到的。（c）必须公平、合理。（d）不和从前或者别的教师所发过的命令矛盾。（e）发出之后，必须执行，不能收回或者忘记不管。

c. 警告。在责备无效时，提出警告。例如学生没有做家庭作业，责备之后，故态复萌，教师就应提出警告。警告可对本人单独进行，必要时才可当众提出。

（2）严重的处分，例如：

a. 暂时离开坐位。学生胡闹使教学工作不能进行时，教师可向他提出"再犯要离开坐位"的警告。警告之后还是不听，可叫他暂时离开坐位，在课堂后面站着听课。如果这个学生已认错了，就立刻叫他仍回原位照常上课。如果不认错，并且更坏，可把他送出课堂，请值日教师或校长代管，在课后再给予教育、说服。所缺的功课，仍给他补上。

另外，还可采用换坐位（例如坐到离教师最近或在课堂的一角独坐）、换班级（到程度相当的班级中去）等方法，使犯过者去受到一定的制裁而知所悔改。

b. 降低操行等第。这是很严重的处分。每学期评定操行等第一次。凡学习努力的，没有犯过重大的过失或虽有过失已经改正的学生，一般给予甲等。对于不努力学习，犯有比较重大的过失暂时还没有改正的学生，可评为乙等。评为乙等的学生如果经过一学期的教育还没有进步，在学期末，由班主任提出，经校务会议或校长决定，降为丙等；这样的等第，已经是开除的警告，只能存在一学期，下学期如果改正了，在下学期末恢复乙等，更好的给予甲等。反之，如果一学期后学生仍然屡教不改，而且妨碍全班学习，可由班主任提出，经校务会议通过并经教育行政部门批准，评为丁等，并予以开除的处分。班主任对被降低等第的学生：得乙等的，除记录在成绩报告单和学籍簿之外，还应当对学生本人指出缺点的具体事实和如何改正的方法，要求他注意改正，并且通知家长，认真监督、教育；又继续降低等第为丙的，除记录外，还应该对他严重警告，说明如不改正，就有被开除的可能。凡得丙等的学生，如果在下学期内能改正，可在学期末恢复为乙等，更好的恢复到甲等。

操行等第和学业分数是各别的，不能因为学业不好而降低操行等第，也不能因为操行不好而减少学业分数。前面说的"学习努力"不是根据学习的成绩来衡量，而是根据学习的态度来衡量的。

c. 开除。这是最严重的处分，所以必须经过校务会议通过，当地教育行政部门批准之后，才能执行。注意：所谓开除，只是叫犯过的学生离开本校，并不是要这个学生永远不再上学。受到开除处分的学生如果可能转入他校最好，否则，一年以后，这个学生仍可请求入原校上学。

3. 照指示，对于处分的问题，教师更必须慎重又慎重，体察犯过学生的具体情况，查明他的真实原因，研究分清"学生所犯过失是偶然的还是一贯的，是有意的还是无意的，事前已进行过教育还是没有进行过教育等"。对偶然的、无意的、没有进行过教育的，除了给予说明、说服，使他知道而且能够实践以外，应该不加处分，对一贯的、有意的、已进行过教育的，那末就应当严厉地纠正，绝对不放松一点。此外，还得从犯过学生的其他方面，例如家庭、环境方面仔细调查、研究，下一番工夫，不单从学生本身去了解。如果犯过由于家庭、环境的影响，还得设法对家庭进行说服或者和社会工作者商量改善环境。关于处分，必须注意：

（1）处分必须和所犯的过失相当。宁可罚得轻些，决不可故意加重。

（2）处分必须使学生群众感到公平、合理，站到教师自己的一边来，而不认为不当（可先发动学生，取得一致的舆论）。

（3）执行的处分，要对学生本人和学生集体确有深切的教育作用。

（4）即使是极轻微的处分，教师的态度也必须十分诚恳不带一点意气用事或者含有嘲弄、侮辱的表情，

（5）如果唆使或激动家长对犯过的子女施行体罚，那是不正当的行为，必须避免。

（6）处分也得考虑学生的年龄特征。例如开除，只适用于年龄较大的学生。

（7）处分不可对集体施行。哪怕是一班中多数学生犯了过，也不能对全班处分。因为少数人没有犯过，如一同受罚。那也是冤枉的，会引起学生和家长的不平的，

五、实施原则四——必须从实际出发，有步骤地进行

指示指出第四个实施原则是实施的一些步骤，除了"稳步前进，不要一下铺开"之外，主要要求在实施时，要从学生思想行为中目前最突出的表现开始，着重解决一两个问题。平时也可以这样做。例如每学期刚开学的时期，学生最突出的表现，可能是有许多人迟到，有许多人缺课，教师就得根据守则第四条"不迟到……不随便缺课"的规定，把迟到早退着重地认真予以解决；又如有时候学生忽然突出地把运动器具随地乱抛，教师就得根据第十八条"爱护公共财物……"的规定，着重地把乱抛运动器具的问题认真予以解决；又如有许多小学生上学时头发不梳好，手脸很肮脏……也可以根据守则第二十条，"对身体……保持清洁卫生"的规定，着重予以解决。总而言之，守则的实施，不论开始和开始以后的每学期开学之初以及平时，都要针对学生的最突出的表现，把有关条文向学生进行教育。因为这样做，才是从实际出发，才是结合实际，不至于"无的放矢"；也不致抓了这条，又抓那条，好像不善于捉蟹的人一下要抓一大堆的螃蟹，不知抓哪一只好，要知道：守则有二十条，每条有若干内容，尤其是有些是抽象的、原则性的条文，本来不易实行的，如果不从实际出发，如果不先从少数的几条开始，一定就会落空，一定就会做不好的。——有些人一看到学生守则，往往会感到条文太多，各条的内容，尤其第二十、十九、十八、十七……各条内容非常繁复，认为应该简单化，使它们容易实施。其实二十条条文都是必需的，要简化也很困难。如果实施时知道并且能够掌握这个原则，条文虽多、虽繁复，也就不难很便利地实施了。

此外，指示早就指出：守则必须有步骤地贯彻执行，这是一个重要的关键。执行学生守则的步骤，可以参照下列程序进行：

（一）认真学习（见指示实施原则第五），彻底了解守则的意义和

内容以及教育部指示全文。最好先各自学习文件，从文件中提出问题，然后汇编成讨论提纲，共同讨论。讨论时要做到彻底敞开，思想见面，把种种不正确的思想（例如认守则不必要、认守则行不通、认守则是"万应灵丹"能治百病、认守则是管制学生的工具……），予以批判、清除，达到认识一致的目的。学习也自然不是一阵风，吹过就了，还得从教育工作中，边做边学，并且常常发现问题，共同讨论，才能做到"彻底了解"。

（二）调查实际情况，把学生学习和日常生活情况以及足以影响学生学习和日常生活的社会、家庭……情况，调查清楚，加以研究分析。要把一般情况和特殊情况分别开来。最好把每个学生的特殊情况，仔细地分析、记录。

（三）准备条件，清除障碍。尤其是学校的一切制度、设施……有的便利于执行守则，有的是不便执行的障碍……便利的必须予以加强，不便的障碍必须予以清除。例如要学生清洁卫生，必须准备清洁用具，像果皮纸屑箱、痰盂之类，厕所也必须注意常常清除积粪……；要学生不弄脏弄坏桌椅、墙壁，必须修整桌椅、粉刷墙壁；要学生好好当值日生，必须定出值日生的工作办法来……校外家庭社会间不便于执行学生守则的障碍，也要逐步设法，逐步予以清除。

（四）制定计划。由领导根据全校实际情况，制订全校实施计划大纲，由全体教师研究、提意见，修正后，经校务会议通过。再由各班根据各班实际情况，制订各班的学期计划，由教师提意见修正后请领导审查批准。计划应该每学期都做，也可纳在整个的工作计划中。

（五）积极实施。除郑重宣布守则的由来、重要性和目的、要求之外，实施方法应根据"指示"实施原则一、二、三、四、六、七、八各条和本书本编二到九各节。

（六）检查、总结。教师平时对学生必须进行检查，除每天的清洁检查之外，还要注意检查学生的实践情况，对实践得不够的，要常常进行教育、帮助。到学期末照"操行评定办法"评定成绩。校长对各班的执行情况，也要进行检查，每月至少检查一次，随时予以表扬或批评，到学期末评定各班的成绩，予以宣布。每学期并且总结一次，指出成绩、缺点和问题以及改进意见，以为制定下学期实施计划的重要根据。

（七）交流经验。教师必须常常开如何贯彻学生守则的经验交流会：对好的经验，互相学习；对不够成熟的经验，提出建设性的批评修正，以便随时改进。

六、实施原则五——教师必须以身作则地教育学生

指示指出第五个实施原则：各级教育行政干部和全体小学教师必须认真学习"小学生守则"，领会它的精神、实质，做到彻底了解。尤其是小学教师，必须以身作则，用自己在日常生活中的模范行为……积极地影响和教育学生遵守守则。这是对教育工作者和全体小学教师的重要要求。大家对这个要求，必须用实际行动来予以实现。因为教育工作者，尤其是各级教育行政干部，是学校的领导者，也是"教师的教师"，如果自己不彻底了解守则的精神、实质，自己不能以身作则影响别人，怎么能领导学校、指导教师去教导学生切实实践学生守则呢？小学教师（包括校长和其他干部）更应当学习再学习，彻底了解小学生守则的精神、实质，更应当以身作则地影响并教育小学生切实实践守则的各条规定。

要以身作则，用自己在日常生活中的模范行为，影响和教育学生，必须随时随地注意检查自己日常的言语、行动是否具有威信，能否对学生起模范作用，能否使学生向自己学习，受自己影响。怎么样才能使自己言语、行动具有威信，使学生向自己学习，受自己影响呢？必须：

（一）认真学习政治、文化和业务，使自己的思想、知识、能力，逐步提高，做一个政治、文化、业务水平较高，思想、知识、能力较强的好教师，能在学生心目中具有很高的威信。

（二）认真备课，准时上课，认真教学，认真批改作业，把教学工作进行得很好，使学生在上课时愿意听教师的讲解、指挥，每上一次课总感觉到有一点进步。这样，学生才会对教师佩服，才会十分信任教师。

（三）很好地组织课内和课外活动，使学生有用心、用力之处，不让学生无事可做或者分心而致惹是生非，还必须能明察全班学生各个人的一切举动，能敏捷地判断并处理是非，使学生觉得教师聪明、能干、有办法、瞒不过，就也不敢试探、戏弄了。

（四）忠诚老实，言行一致，对己刻苦、谨严，对人和蔼、公正、不激动、不随便，一举一动都可以让学生效法。

（五）不能设想用自吹自擂，抬高自己，打击别人（别位教师）的方法来使学生信服自己。因为这样做，不但破坏了教师间的团结，而且也会给学生以很坏的影响，甚至反会使学生看不起自己。

（六）不能设想用打击、威胁学生的方法来树立自己的威严。也不能设想用发脾气、谩骂甚至用体罚或变相体罚来使学生战战兢兢地遵守学生守则。必须接近学生，对学生的兴趣和要求以及学生的喜怒哀乐很敏感。能同情，能给予可能的帮助，这样才可以获得学生的内心悦服。

（七）但是也不能对学生一味容忍，用容忍的方法来取得学生的欢心。如果这样做，很快也就会被学生抓住弱点，不但得不到学生的悦服，反会成为学生的俘虏，让学生做自己的主人来命令自己。所以正当的处理，必须对学生不生硬，不软弱，常常坚决地提出合理的要求，同时尊重学生的人格，培养学生的判断力、自信心，使学生把学生守则作为自己行动的指南针，在任何情况下都能照做。

（八）守则中有许多条文，例如"尊敬国旗、敬爱人民领袖""按时到校、按时上课、不迟到、不早退、不随便缺课""上课之前准备好要用的东西""上课的时候，要整齐、安静、姿势端正""尊敬校长教师""听从校长教师的教导、爱护本校本班的名誉""敬爱父母""尊敬老人""爱护兄弟姐妹""帮助老人、小孩、病人、行动困难的人""对人有礼貌""爱护公共财物""常常游戏、运动""对身体、饮食、服装、用品、床铺和住所都保持清洁卫生。对公共场所也注意清洁、卫生"……不但要求学生遵守，教师自己也必须遵守。否则例如要学生准时上课而自己却迟迟乎其来；要学生坐立端正而自己却不端不正；要学生对人有礼貌而自己却对人傲慢、爱发脾气；要学生不说谎，不骗人，而自己却言而无信，假貌伪善；要学生身体、服装、床铺……整洁而自己却蓬头、垢面，衣冠不整，备课桌上乱七八糟，桌下地面纸屑灰尘堆积……那就守则既不被教师遵守，也无法督责学生遵守，一切就容易成为具文了。这一点，做教师的必须十分注意，常常把守则中自己也要遵守的部分摘出，当作镜子、座右铭，常常对照、查看。

（九）教师要求学生遵守守则，还必须前后一贯。如果今天提出了要求，明天就忘记了，或者今天要求很严格，明天又放松了，甚至今天提的要求是这样，明天的要求是和今天相反的，前后极不统一，这是非常有害的，教师的威信会因此而逐渐失去。

七、实施原则六——教师们必须彼此一致地进行教育

指示指出的第六个实施原则：在实施过程中，"校长和全校教师对学生的要求和态度必须一致，不能你松我紧，彼此矛盾"。还指出："教师调动工作时，必须把执行小学生守则的情况，向继任教师作详细的交代，以免前后脱节。"这主要要求教师们对学生和学生守则应该采取彼此一致、互相配合的态度，不但同时在校的教师要和谐一致，继任

教师和离任教师也要彼此一致，互相配合。教师们的态度一致，对教育学生来说，确实是十分重要的。如果教师之间互不配合、互相矛盾，你说对的，我偏说不对，你要这样，我偏要那样，结果必然会使学生"无所适从"，对大家都不信服，因而纪律废弛，守则等于虚设。

要教师之间态度一致，必须：

（一）校长和全体教师（连科任教师在内，下同）对学生守则取得一致的认识。

（二）在执行中，如果遇到不易处理的问题，就立刻和别位教师商量，或向校长反映，在取得一致意见后，再照着执行。别位教师或校长也要立即帮助这位教师，用一致的态度，共同解决问题。

（三）校长注意严密检查，如果发现有一位教师，不能教育学生遵守守则，甚至全班秩序混乱，无法维持，就必须竭力帮助这位教师学习、改善教育方法，整顿纪律；全体教师也应当予以积极的帮助，务使能真正改善。不能袖手旁观，认为与己无干；甚至幸灾乐祸，认为暴露了这位教师的弱点、缺点。如果发现有好的经验，就要介绍，交流，使大家学习。总而言之要做到一个教师不会教导、一班学生不遵守学生守则，是全体教师和全校的大事，必须全体教师一致起来，共同努力，予以改善，不达目的，决不停止。

（四）科任教师对小学生守则的执行，也必须切实负责。不能认为自己上课时数少，对学生不遵守学生守则，就随便放任，不予注意；甚至一切推诿给班主任而自己不管，到学生对自己发生不尊敬时，还要请班主任处理。当然班主任也要和科任教师互相配合，互相协助解决问题，决不可互相推诿，互相矛盾。

（五）因故调动工作的教师，必须把执行学生守则的情况，向继任教师详细忠实地交代；继任教师也必须继承着前任教师所交代的一切，忠实地执行；彼此之间，也不能互相矛盾，甚至"反其道而行之"。因为前任教师如果不交代，继任教师如果对所交代的不重视，会使教师和学生受到一定的损失。

（六）新、老教师必须团结；新教师应该常常向老教师请教、学习；老教师应该把自己的经验不作为秘诀，向新教师介绍。

八、实施原则七——必须取得学生的集体帮助

指示指出实施原则第七："必须运用学生自己的组织，培养学生的集体舆论，以推动并督促学生遵守守则的各条规定"。这就是首先要把学生正确地组织起来，再运用学生的组织，帮助教师，用集体的力量带动督促或者监督、制裁，帮助各个学生坚决遵守守则的方式、方法。学生中的积极分子，尤其应该组织起来，使他们能和不遵守守则的人做斗争。

所谓学生自己的组织，主要是少年先锋队和班会。培养集体舆论，可利用墙报和班会等，适当地开展启发性的批评和自我批评，以推动、督促学生遵守学生守则，并对不遵守守则的人进行舆论上的制裁。分别概述如下，以供参考。

（一）中国少年先锋队

中国少年先锋队是中国共产主义青年团领导下在学校中针对九岁到十五岁少年儿童举办的广泛性的教育组织。它的任务在把广大的少年儿童组织起来，进行各种丰富而富有教育意义的活动，以启发和培养儿童的主动性、积极性和创造性，鼓舞儿童更加自觉地学习、生活和工作。它的活动除了少年先锋队队员参加之外，还吸引非队员同学参加。活动的项目，除了过队日和科学小组、种植活动、球队、合唱队、小剧团……之外，还有配合学校教育内容的课外社团活动，例如户外活动、参观、远足、露营、夏令营、运动会、展览会、文娱、绿化园庭……目的在帮助队员和别的学生锻炼健康体魄，发挥创造精神，培养五爱品德和健

壮、活泼、勇敢、诚实的精神，以扩大和巩固学校教育的成果。但不带有补充课业的性质。

少年先锋队除了受青年团组织和辅导员的直接领导之外，还要尊重学校行政和教师的指导。学校行政也要经常关心、照顾并且指导少年先锋队的工作，予以一切必要和可能的帮助。少年先锋队必须配合学校教育发挥应有的作用，号召队员率先遵守学生守则。

（二）班会

小学从第三学年起，各班学生在每学期开学时推选班干事二人到三人，并成立班会，在班干事中推选一人为班主席。

班干事在班主任的领导之下，除了积极鼓励同学学习之外，做下列的工作：

（1）分派本班值日生，检查值日生的工作；

（2）动员本班同学积极参加校内课外活动和校外社会公益活动；

（3）组织本班同学进行课外阅读；

（4）帮助班主任布置同学远足、参观、看电影、戏剧等各种校内、校外活动。

（5）监督本班同学遵守学生守则，把同学遵守或不遵守学生守则的情况，在班会上提出报告，并对不遵守学生守则的同学进行劝告。

班会由班主席主持召开，班主任必须出席指导。在班会上除了选举班干事、讨论班干事的工作、讨论参加革命纪念日和全班同学游戏、远足、参观等问题以外，对学生守则可进行如下的工作：

（1）总结本班在遵守学生守则方面的一般优点和缺点，指出如何发扬优点、改正缺点的方针、方法。

（2）在本班多数学生对学生守则某一条或某一点不注意时，提出正面劝告，唤起大家注意。

（3）为本班因遵守学生守则而得奖的学生开庆祝会。

（4）宣布本班因违反学生守则而受处分的事例，并进行批评。

（三）墙报

全校或高级班各班的墙报，应充分利用。墙报由组成的编辑小组，在教师的领导之下，计划内容，分别写稿、征稿、集稿。要尽量吸收同学参加投稿；稿子要短而精；门类花样要多，除了评论（批评和自我批评）、记事之外，要有漫画、谜语、通信、问答……各栏。最主要的任务除了鼓励学生写作以外，应该把它作为集体舆论的中心，尤其应该：

（1）鼓励督促同学遵守学生守则；

（2）说明学生守则某条的意义、作用和具体实行方法；

（3）答复关于学生守则的一切问题；

（4）表扬同学遵守学生守则的模范事迹；

（5）用文字或漫画批评或讽刺不遵守学生守则的某些事例。但以不指名为原则，还应绝对避免侮辱个人人格。

九、实施原则八——必须取得家长的一致督导

指示指出第八个实施原则："学校必须做好联系家长的工作，使家长的态度能和学校一致并充分给予子女以遵守小学生守则的各种便利和帮助。"又指出："学校对学生的奖励和处分，应该正式通知家长。重大的处分，应该在事前和家长取得联系。"做好对家庭的联系工作，确是教导学生遵守学生守则的一部分重要工作。要是不做这种工作，学校孤立地要学生实践守则，如果家庭和学校不一致，不但会使学生"无所适从"或者造成对学校是一套，对家庭又是一套的虚伪作风，甚至不违抗家庭就违抗学校，或者"教者谆谆""听者藐藐"，完全偏向家庭一方面去，那就使守则遭到破坏，完全无法执行了。

联系家庭的主要工作，大概如下：

（一）进行家庭访问。事先做充分准备，定下访问的目的和计划

（包括要谈的问题），然后按计划进行。当然，学生如果不遵守学生守则，必须报告家长，请求共同注意，一致督导；但在平时为了了解学生、报告学生在校情况，督促家长注意教导子女完全遵守学生守则，调查家庭教育情况……都得进行家庭访问。每月最好能对个别学生的家庭进行一二次访问。访问后，应有记录，以便查考。

（二）定期举行家长日，接待家长。全校性家长日，以讨论学生守则的问题为主，由校长对家长作一般性的报告，并且指定专人回答家长提出的问题，可每学年或者每学期举行一次。各班家长日，由各班定期举行，讨论班内学生的一切问题，还可指定学生向家长作简单、具体的报告，例如"我在家是怎样完成课外作业的"，使家长明了学生的良好情况，受到好的影响。每三个月可以举行一次。

（三）校内设置家长室。收集、陈列学校和家庭有关的资料，并陈列有关家庭教育的图书，让家长在平时来校阅览。

（四）举行家庭教育座谈会。邀请家长，对某些家庭教育问题，通过座谈，交流经验，最后由教师总结。

（五）邀请家长参加校务会议。讨论有关学校设备或家庭教育问题的校务会议，可邀请个别家长列席参加。

（六）组织家长委员会。邀请家长中的积极分子共同组织。（参考《小学教师》一九五三年十一月号7页《组织了家长委员会……》同刊一九五五年十月号8页《我们学校里的家长联合会》）。每班可有班家长委员会，由若干委员帮助班主任，注意本班学生的学校生活、家庭生活的一切问题，必要时由委员代表教师往本班学生家庭对家长说明问题或提出要求。全校家长委员会，由各班家长委员会推举代表组成；经常帮助校长，注意校内的行政事务，例如学期前检查、修缮校舍，修理或装置电灯，增添其他设备，建议合理使用经费……；对校外，经常为学校动员附近工矿企业力量帮助办好学校；调查服务区内学龄儿童，学校如有空额，动员未入学的学龄儿童入学；动员家长参加家长日，参加学校中举行的远足、参观，听当地教育行政部门布置的家庭教育讲演（按家庭教育讲演，可由当地教育行政部门布置，由各校优秀教师担任讲演人，分区在公共场所举行）。

（七）通过上述种种，使家长重视教育，懂得教育意义，熟悉学生守则，积极督促子女遵守学生守则，不放弃责任，并且能以身作则，做子女的榜样，不和学生守则"背道而驰"。

（八）通过家庭的联系，可使家长了解家庭教育中的一些要点，例如：

（1）必须避免溺爱。对子女的要求和淘气，不能纵容姑息而不加限制；限制并且要早。

（2）必须避免体罚和变相体罚，避免用荒诞迷信的话吓唬子女。

（3）必须有赏有罚，赏罚分明，赏不滥，罚不随便。

（4）必须全家态度一致，不得你这样，我那样，使小孩无所适从。如能订定"家庭公约"和"家庭作息制度"，大家共同遵守，对小孩的教育意义更大。

（5）要教好自己的孩子，也必须教好邻家的孩子，使自己的子女有好朋友，受好影响。

总而言之，守则有许多条文，是要学生在家庭中和校外做的，教师不能跟在每个学生后面督促学生照做，必须要家长负责教导子女。所以学校必须联系家庭，家长必须和学校合作，才真能使学生守则行之有效。

十、教育行政部门的工作

指示指出各级教育行政部门应"督导所属小学负责学习研究……实施"，"经常……对各校指导具体执行方法、检查执行情况，及时纠正偏差并向上级汇报、请示",这说明学生守则的执行,一方面要由学校负责,另一方面各级教育行收部门必须负责。在学校方面,大家不但要学习守则,还得负责研究实施的恰当的具体方法,切切实实地予以执行。但执行的方法是否恰当、具体,是否执行得很好、不出偏差,都是说不定的;所以各级教育行政部门,也要学习学生守则,也要研究实施方法,把自己所想的、见到的,经常向各级指导、检查,纠正偏差。对下级教育行政部门也必须层层指导、检查、纠正,并向上级汇报、请示,可以一直汇报、请示到教育部。

指示最后指出学生守则公布后,除少数民族地区外,各地、各校自行制订试行的学生守则,应一律作废,以免分歧。这是说明小学生守则,全国只应有一个由教育部统一规定的文件,各地各校不得各自制定、各行其是。少数民族地区,因为风俗、习惯或许有特异的地方,虽然允许他们可以例外;但是有些教育原则也是不能例外的,所以一则要在必要时才可以例外,二则这个例外要由教育部批准,教育部认为没有必要并且不予批准时,仍应执行统一的学生守则。全国小学教育在培养全面发展的社会主义成员这个总目的的指导下,总以统一而不纷歧为善。如果各自为政,各行其是,不清除纷歧现象,那是更容易出偏差,甚至会违反社会主义的教育原则的。因此,希望各地各校依照这一个小学学生守则执行,不必也不要另定、另做,即使是少数民族地区,如果没有必要,不经批准,也不必要例外。

(选自吴研因编《小学生守则和实施原则说明》,文化教育出版社1957年版)

吴研因著述年表

1.《读法教授各问题》,《教育研究》(昆山) 第 18 期。

2.《缀法教授表要览》,《教育研究》(昆山) 第 18 期。

3.《识字教授之商榷》,《教育杂志》第 3 期。

4.《学生与社会》,《学生杂志》第 3 期,署名吴研因、丁冠伦。

5. 吴研因编:《新法历史教科书》(全 6 册),上海:商务印书馆。

6. 吴研因等编:《新法历史教授书》(全 6 册),上海:商务印书馆。

7. 吴研因编:《新法历史自习书》(全 6 册),上海:商务印书馆。

8. 吴研因、吕思勉编:《新法历史参考书》(全 6 册),上海:商务印书馆。

9.《对于职业学校珠琅问题的意见》,《时事新报》(上海) 4 月 6 日。

10.《致张东荪先生》,《时事新报》(上海)5 月 16 日。

1921 年

11. 吴研因编著：《小学国语国文教学法》，上海：文新公司印刷所。

12. 《小学校国文（国语）课程改造问题》(演讲录)，《青浦县教育会年刊（1921）》。

13. 《注音字母问题质黎邵西君》，《时事新报》(上海) 4 月 15 日。

14. 《初年级就该教注音字母吗?》，《时事新报》(上海) 8 月 25 日。

15. 《初年级就该教注音字母吗？（续)》，《时事新报》(上海) 8 月 26 日。

16. 《初年级就该教注音字母吗？（续)》，《时事新报》(上海) 8 月 27 日。

17. 《致〈学灯〉记者》，《时事新报》(上海) 8 月 31 日。

1922 年

18. 《新学制建设中小学儿童用书的编辑问题》，《新教育》第 1—2 期。

19. 《中华教育改进社第一次年会报告·分组会议纪录·第三师范教育组：请提倡造就指导教员以改进初等教育理由与办法》，《新教育》(第一次年会报告号) 第 3 期。

20. 《国语文教学法概要》，《新教育》第 4 期，罢名吴研因、沈佩弦。

21. 《文字的自然教学法》，《教育杂志》第 3 期。

22. 《小学校和初级中校的课程草案》，《教育杂志》(学制课程研究号)。

23. 《小学国语课程纲要》，《小学教育界》第 3 期，署吴研因起草，委员会覆订。

24.《儿童文学概略》,《时事新报》(上海) 1 月 14 日。

25.《小学校用白话文祛惑》,《申报》3 月 14 日。

26.《小学校用白话文祛惑（二）》,《申报》3 月 17 日。

27.《小学校用白话文祛惑（三）》,《申报》3 月 21 日。

28.《告反对小学校用故事读物者》,《申报》3 月 24 日。

29.《告反对小学校用故事读物者（二）》,《申报》3 月 25 日。

30.《致〈民国日报〉》,《民国日报》6 月 8 日。

1923 年

31.《国语课程纲要草案说明书》,《初等教育》第 1 期。

32.《文字的自然教学法》,《河南教育公报》第 8 期。

33.《新学制课程标准纲要·小学国语课程纲要》,《河南教育公报》第 15—17 期。

34.《小学各科课程纲要·小学国语科课程纲要》,《山西省教育会杂志》第 4—5 期。

35.《小学国语课程纲要》(吴研因起草,委员会覆订),《诸暨教育月刊》第 11 期。

36.《新学制小学课程纲要》(吴研因在上海中华暑期学校演讲,何伟如记),《中华基督教育》第 2 期。

37.《新学制小学学程纲要草案·国语科课程纲要（附图表)》,《教育杂志》第 4 期。

38.《读刘海粟君"审核新学制艺术课程纲要以后"的以后》,《时事新报》(上海) 4 月 3 日。

39.《为新学制美术工艺音乐课程问题与刘海粟君商》,《时事新报》(上海) 4 月 17 日。

40.《致王卓然先生》,《时事新报》(上海) 9 月 25 日。

41.《致张东荪先生》,《时事新报》(上海) 10 月 31 日。

42.《怎样谈教育》,《新闻报》4 月 9 日。

43.《讨论课程的焦点》,《新闻报》4 月 13 日。

44.《政治及于教育的恶影响》,《新闻报》6 月 15 日。

45.《为师范附属小学告苏省议会》,《新闻报》6 月 24 日。

46.《告注意组织教育局者》,《新闻报》6 月 30 日。

47.《对于教育的态度当怎样（一）》,《新闻报》7 月 13 日。

48.《对于教育的态度当怎样（二）》,《新闻报》7 月 14 日。

49.《暑期讲习会当兼有三种性质》,《新闻报》7 月 24 日。

50.《暑期讲习会的具体办法》,《新闻报》7 月 25 日。

51.《怎样培植小学教员的根本学问》,《新闻报》8 月 1 日。

52.《教育不当摹仿吗》,《新闻报》8 月 6 日。

53.《为江苏教育前途告各界》,《新闻报》8 月 7 日。

54.《中华教育改进社年会的会议问题》,《新闻报》8 月 22 日。

55.《中华教育改进社年会如何处置新旧各议案》,《新闻报》8 月 23 日。

56.《教育上对日态度当如何》,《新闻报》9 月 7 日。

57.《请梦想军国民教育者猛醒》,《新闻报》9 月 12 日。

58.《新教育的成绩谈（一）》,《新闻报》9 月 30 日。

59.《新教育的成绩谈（二）》,《新闻报》10 月 1 日。

60.《新教育的成绩谈（三）》,《新闻报》10 月 2 日。

61.《新教育的成绩谈（四）》,《新闻报》10 月 3 日。

62.《新教育的成绩余谈》,《新闻报》10 月 8 日。

63.《国歌谈》,《新闻报》10 月 10 日。

64.《研究国语教科书的方法》,《新闻报》12 月 6 日。

65.《神话教材问题》,《新闻报》12 月 11 日。

66.《神话教材问题（续)》,《新闻报》12 月 12 日。

67.《小学国语课程中初年级先教注音字母问题》,《新闻报》12 月 18 日。

68.《小学国语课程中初年级先教注音字母问题（续）》,《新闻报》12 月 19 日。

69.《对于教育行政会议提案之疑问》,《新闻报》12 月 26 日。

70.《想到受平民教育者的毕业以后》,《新闻报》12 月 29 日。

71.《想到受平民教育者的毕业以后（续）》,《新闻报》12 月 30 日。

72.《恋爱与贞操》,《民国日报·觉悟》9 月 7 日。

73.《国歌问题》,《时报》10 月 10 日。

74.《提倡语体文的理由和方法（上）》,《时报》10 月 25 日。

75.《提倡语体文的理由和方法（下）》,《时报》11 月 1 日。

1924 年

76.《国语读文与儿童文学》,《国际公报》第 14 期。

77.《小学国语教学法》,《教育杂志》第 1 期。

78.《小学教学法概要》,《教育杂志》第 1 期,署名吴研因、沈百英。

79.《教育家的宣传》,《新闻报》1 月 11 日。

80.《平民教育与民众文学》,《新闻报》1 月 19 日。

81.《平民教育与民众文学（续）》,《新闻报》1 月 20 日。

82.《寒假中教员应做的事情》,《新闻报》1 月 27 日。

83.《国语读文与儿童文学》,《新闻报》2 月 10 日。

84.《国语读文与儿童文学（续）》,《新闻报》2 月 11 日。

85.《国语读文与儿童文学（续）》,《新闻报》2 月 12 日。

86.《国语读文与儿童文学（续）》,《新闻报》2 月 13 日。

87.《国语读文与儿童文学（续）》,《新闻报》2 月 14 日。

88.《国语问题杂感》,《新闻报》2 月 18 日。

89.《对于另定乡村小学课程之怀疑》,《新闻报》2 月 23 日。

90.《对于另定乡村小学课程之怀疑（续)》,《新闻报》2 月 24 日。

91.《五四运动与教育》,《新闻报》5 月 4 日。

92.《神话教材的研究》,《新闻报》5 月 25 日。

93.《国语教学种种》,《江苏第二师范区小学教育研究会年刊》5 月。

1925 年

94. 吴研因等编:《小学教学法概要》,上海:商务印书馆。

95. 吴研因、舒新城编:《小学国语教学法概要》,上海:商务印书馆。

1926 年

96. 吴研因编:《乌鹊双飞（古装历史哀情新剧)》,上海:商务印书馆。

1927 年

97.《莺莺燕燕》,《儿童世界》第 14 期,署吴研因词,吴造我曲。

98.《从小学教员的职业说到职业指导》,《新闻报》11 月 29 日。

1928 年

99.《请规定简则组织委员会编订中小学课程标准案》,收录于中华民国大学院编:《全国教育会议报告》,上海:商务印书馆。

100.《中小学各科教学应注重补充读本案》(署名吴研因、王云五),收录于中华民国大学院编:《全国教育会议报告》,上海:商务印书馆。

101.《回忆十八年前的小朋友高仁山》,《教育杂志》第 20 卷第 2 期。

102.《上海的植树节》(用萧友梅《花时》曲),《上海教育》第

3 期。

103.《学校教学法评量表》,《上海教育》第 6 期。

104.《从小学教员的职业说到职业指导》,《上海市职业指导运动汇刊》1 月。

1929 年

105. 吴研因、王志瑞著:《小学历史科教学法》,上海:商务印书馆。

1930 年

106.《党义教育问题》,《辽宁教育公报》第 13 期。

107.《教师的行动和理想》,《首都教育研究》第 2 期。

108.《全国教育会议第二次会议和第一次会议的比较》,《河南教育》第 19—20 期。

109.《改进初等教育计划》,《中央日报》4 月 7 日。

110.《改进初等教育计划(续)》,《中央日报》4 月 8 日。

111.《改进初等教育计划(续)》,《中央日报》4 月 10 日。

112.《改进初等教育计划(续)》,《中央日报》4 月 11 日。

113.《读尚仲衣君"再论儿童读物"乃知"鸟言兽语"确实不必打破》,《初等教育界》第 3 期。

1931 年

114.《儿歌九首》,《音》第 14 期。

115.《儿童读物的研究》,《儿童教育》第 8 期。

116.《儿童读物与鸟言兽语的讨论:致儿童教育社社员讨论儿童读物的一封信》,《儿童教育》第 8 期。

1932 年

117. 吴研因、吴增芥编:《新中华小学教学法》,上海:中华书局。

118.《办理地教行政应有的三个原则》,《江苏教育》(苏州) 第 9 期。

119.《对于国语教学所谓"做"的一点意见》,《儿童教育》第 7 期。

120.《对于吐骂儿童教育的简单的解释》,《儿童教育》第 10 期。

1933 年

121. 吴研因编著:《国语新读本》(全八册),上海:世界书局。

122.《慰内子迟暮》,《法治周报》第 30 期。

123.《愿词:我愿》,《儿童杂志》(高级) 第 21 期。

124.《各省县教育局应保存之意见》,《申报》6 月 3 日。

1934 年

125. 吴研因、吴增芥编:《初等教育概论》,上海:中华书局。

126. 吴研因、吴增芥编:《新小学行政》,上海:儿童书局。

127. 吴研因、翁之达编纂:《中国之小学教育》,上海:商务印书馆。

128.《关于"小学国语教材的批评"的检讨》,《江苏教育》(苏州) 第 10 期。

129.《关于"小学国语教材的疑问"之检讨》,《时代公论》(南京) 第 130 期。

130.《前文非专对柳先生而发》,《时代公论》(南京) 第 134 期。

131.《读汪懋祖先生关于小学国语教材疑问之进一步的探讨书后》,《时代公论》(南京) 第 136 期。

132.《关于小学写字教学的实际问题笔答》,《江苏省小学教师半月刊》第 1 期。

133.《教内两部前电检委员会组织概要》，收录于中国教育电影协会年鉴编辑委员会编：《中国电影年鉴(1934)》，南京：正中书局。

134.《辟小学参用文言与初中毕读〈孟子〉及指斥语体文诸说》，《中华教育界》第 2 期。

135.《吴研因先生复信》，《社会日报》第 3 期。

136.《小学国语教材问题（续)》，《国立中央大学日刊》总第 1317 期。

137.《读汪文〈中小学文言运动〉后的声明》，《申报》6 月 21 日。

138.《劳展中所发现的问题》，《申报》12 月 3 日。

139.《读〈中小学文言运动〉后声明》，《中央日报》5 月 28 日。

140.《语体文与民族复兴运动》，《中央日报》6 月 26 日。

141.《语体文与民族复兴运动(续)》，《中央日报》6 月 27 日。

142.《怎样去看职展与劳展》，《中央日报》12 月 2 日。

143.《劳展与白话文》，《中央日报》12 月 3 日。

1935 年

144. 吴研因等编：《宝宝的一家》，上海：中华书局。

145. 吴研因等编：《大众的朋友》，上海：中华书局。

146. 吴研因等编：《稻和米》，上海：中华书局。

147. 吴研因等编：《冬》，上海：中华书局。

148. 吴研因等编：《动物大会》，上海：中华书局。

149. 吴研因等编：《法兰西大革命》，上海：中华书局。

150. 吴研因等编：《各地方的人》，上海：中华书局。

151. 吴研因等编：《各样的生活》，上海：中华书局。

152. 吴研因等编：《好人的故事》，上海：中华书局。

153. 吴研因等编：《可爱的中国》，上海：中华书局。

154. 吴研因等编：《两兄弟的好习惯》，上海：中华书局。

155. 吴研因等编：《邻里故事会》，上海：中华书局。

156. 吴研因等编：《鲁智深　孙行者》，上海：中华书局。

157. 吴研因等编：《蚂蚁的一群》，上海：中华书局。

158. 吴研因等编：《猫朋友》，上海：中华书局。

159. 吴研因等编：《煤和铁》，上海：中华书局。

160. 吴研因等编：《蜜蜂》，上海：中华书局。

161. 吴研因等编：《平常的故事》，上海：中华书局。

162. 吴研因等编：《秋》，上海：中华书局。

163. 吴研因等编：《人类的进化》，上海：中华书局。

164. 吴研因等编：《人体生理》，上海：中华书局。

165. 吴研因等编：《少年诗歌》，上海：中华书局。

166. 吴研因等编：《十五个小朋友》，上海：中华书局。

167. 吴研因等编：《世界大战》，上海：中华书局。

168. 吴研因等编：《世界的人种和民族》，上海：中华书局。

169. 吴研因等编：《世界的天产和工商业》，上海：中华书局。

170. 吴研因等编：《世界重要国家》，上海：中华书局。

171. 吴研因等编：《数数算算》，上海：中华书局。

172. 吴研因等编：《水》，上海：中华书局。

173. 吴研因等编：《体操和球戏》，上海：中华书局。

174. 吴研因等编：《蛙的一生》，上海：中华书局。

175. 吴研因等编：《我家的猫》，上海：中华书局。

176. 吴研因等编：《我们出去旅行》，上海：中华书局。

177. 吴研因等编：《我们的地球》，上海：中华书局。

178. 吴研因等编：《小小美术家》，上海：中华书局。

179. 吴研因等编：《小小音乐家》，上海：中华书局。

180. 吴研因等编：《小学教材研究》，上海：商务印书馆。

181. 吴研因等编：《写些什么》，上海：中华书局。

182. 吴研因等编：《学画的故事》，上海：中华书局。

183. 吴研因等编：《学校里的一天》，上海：中华书局。

184. 吴研因等编：《音乐队》，上海：中华书局。

185. 吴研因等编：《云雨和雪》，上海：中华书局。

186. 吴研因等编：《运动会》，上海：中华书局。

187. 吴研因等编：《造一个小花园》，上海：中华书局。

188. 吴研因等编：《怎样写信》，上海：中华书局。

189. 吴研因等编：《怎样在图书馆里看书》，上海：中华书局。

190. 吴研因等编：《中华民国的成立》，上海：中华书局。

191. 吴研因等编：《中乐初步》，上海：中华书局。

192. 吴研因等编：《种草棉》，上海：中华书局。

193. 《〈水浒〉（五十回）序》，收录于王忆庵订：《水浒五十回本》，上海：儿童书局。

194. 《办教育要有精神》，《沪民》第9期。

195. 《儿童年》（吴研因词，赵元任曲），《儿童世界》（上海）第3期。

196. 《儿童年与儿童教育》，《教与学》第3期。

197. 《近年来之中国初等教育》，《光华大学半月刊》第9—10期。

198. 《强令中小学生读经》，《半月评论》第2期。

199. 《清末以来我国小学教科书概观》，《中华教育界》第11期。

200. 《全国专家对于学制改造的态度·吴研因先生的意见》，《教育杂志》第1期。

201. 《全国专家对于读经问题的意见·吴研因先生的意见》，《教育杂志》第5期。

202.《三年来之中国初等教育》，《江苏教育》(苏州) 第 4 卷第 1—2 期。

203.《上海的植树式》(吴研因词，萧友梅曲)，《我们的教育：徐汇师范校刊》第 1 期。

204.《上海市的教育》，《青年生活》(上海) 第 6 期。

205.《挽郑正秋》(郭有守、吴研因等)，《青青电影》第 2 卷第 8 期。

206.《小学教员的修养》(十月二十五日在中央广播电台对全国师范生讲)，《江西地方教育》第 27 期。

207.《小学教育的效率与方法》(十一月二十一日在中央广播电台讲)，《江西地方教育》第 29 期。

208.《小学生读经问题的商榷》，《锄声》第 9—10 期。

209.《小学作文教学漫谈（上）》，《江苏省小学教师半月刊》第 1 期，罢名吴研因、王志瑞。

210.《写字教学的基础问题》(孙绍伯讲述，吴研因补充)，《江苏省小学教师半月刊》第 2 卷第 14 期。

211.《为全国在学童向国人呼吁》，《新闻报》8 月 1 日。

212.《儿童应尽量发挥儿童的能力》《中央日报》8 月 2 日。

213.《儿童问题的核心》，《中央日报》8 月 8 日。

1936 年

214. 吴研因等编：《蚕宝宝》，上海：中华书局。

215. 吴研因等编：《春》，上海：中华书局。

216. 吴研因等编：《从读故事到演戏》，上海：中华书局。

217. 吴研因等编：《帝国主义》，上海：中华书局。

218. 吴研因等编：《电和电器》，上海：中华书局。

219. 吴研因等编：《家庭里的有害动物》，上海：中华书局。

220. 吴研因等编：《姣艳的蔷薇》，上海：中华书局。

221. 吴研因等编：《景阳冈》，上海：中华书局。

222. 吴研因等编：《老黄赵九》，上海：中华书局。

223. 吴研因等编：《奇异的游历》，上海：中华书局。

224. 吴研因等编：《汽与汽机》，上海：中华书局。

225. 吴研因等编：《十种玩具》，上海：中华书局。

226. 吴研因等编：《四季的好花》，上海：中华书局。

227. 吴研因等编：《算术竞赛会》，上海：中华书局。

228. 吴研因等编：《算术游戏》，上海：中华书局。

229. 吴研因等编：《童谣曲创作集》，上海：中华书局。

230. 吴研因等编：《王文化和张东生》，上海：中华书局。

231. 吴研因等编：《夏》，上海：中华书局。

232. 吴研因等编：《小村庄》，上海：中华书局。

233. 吴研因等编著：《小学教科书评论》，南京：正中书局。

234. 吴研因等编：《小学生的日记》，上海：中华书局。

235. 吴研因等编：《园艺的常识》，上海：中华书局。

236. 吴研因等编：《怎样读报》，上海：中华书局。

237. 吴研因等编：《怎样游戏》，上海：中华书局。

238. 吴研因等编：《中国的天产和工商业》，上海：中华书局。

239. 吴研因等编：《重重的国耻》，上海：中华书局。

240.《孩子们的活动》，《时代》第 9 期。

241.《小学作文教学漫谈（下）》，《江苏省小学教师半月刊》第 8 期，署名吴研因、王志瑞。

242.《批评小学教科书的标准》，《教与学》第 10 期。

243.《如何广置有关儿童教育的影片》，《教育与民众》第 8 期。

244.《我国的小学教科书》，《公教学校》第 19 期。

245.《我国小学课程的演变》,《青岛教育》第 1 期。

246.《小学教育的效率与方法（上）》,《小学与社会》第 11 期。

247.《小学教育的效率与方法（下）》,《小学与社会》第 12 期。

248.《小学教育与国防》,《广播周报》总第 67 期。

249.《清末以来我国小学教科书概观（一）》,《申报》1 月 30 日。

250.《清末以来我国小学教科书概观（二）》,《申报》1 月 31 日。

251.《清末以来我国小学教科书概观（三）》,《申报》2 月 1 日。

252.《儿童年儿童节关于儿童福利工作的总检讨》(上),《大公报》（上海）4 月 3 日。

253.《儿童年儿童节关于儿童福利工作的总检讨》(下),《大公报》（上海）4 月 4 日。

1937 年

254. 吴研因等编：《八个纪念日》,上海：中华书局。

255. 吴研因、吴增芥编：《小学教材及教学法：国语科、自然科、社会科、算术科》,上海：中华书局。

256. 吴研因、吴增芥编：《小学教材及教学法：卫生科、体育科、劳作科、美术科、音乐科》,上海：中华书局。

257.《湖南主席何芸樵发现的奇迹：小孩不能再读经》,《语文》第 2 期。

258.《两年来之初等教育》,《中国新论》第 4—5 期。

259.《中华儿童教育社社歌》(陶行知、吴研因词，赵元任曲),《儿童教育》第 8 期。

260.《读书法》,《民声报》2 月 16 日。

261.《一年来本会会务述要》,《中央日报》5 月 4 日。

1938 年

262.《编选中小学抗敌救国补充教材的一个建议》,《教与学》第 5 期。

263.《小学低中年级抗敌救国国语补充教材》,《教与学》第 5 期。

264.《中小学抗敌救国国语补充教材》,《教与学》第 6 期。

265.《抢救被难儿童》,《教育通讯》(汉口) 第 2 期。

266.《教育人员需要自信心》,《教育通讯》(汉口) 第 21 期。

1939 年

267.《不要再把儿童当装饰品了》,《今日儿童》创刊号。

268.《今后二年之侨民教育》,《建国教育》第 2 期。

269.《县教育行政设局设科的利弊》,《教育通讯》(汉口) 第 24 期。

270.《小学教师通讯研究》(吴研因等答问),《教与学》第 1 期。

1940 年

271. 吴研因、吴增芥、沈明达、曹懋唐编校:《新教育行政公文书牍表件集成》,上海:新生书局。

272.《实施国民教育对于县各级组织纲要的商榷》,《中央日报》(重庆) 3 月 12 日。

273.《国民教育实施声中两个极严重的问题》,《中央日报》(重庆) 3 月 18 日。

1941 年

274.《海船"皇后号"的话》,《温师通讯》第 3 期。

275.《破阵乐》(吴研因词,杨荫浏曲),《乐风》新第 7—8 期。

276.《战斗进行曲》(同声二部合唱曲)(吴研因词,李翕如曲),《乐风》新第 7—8 期。

277.《玩具抗日（儿童歌剧）》（王光莹、王光瑜编剧作词，吴研因改词，陆柏华作曲），《乐风》新第9—10期。

278.《我愿歌》（吴研因词，熊乐忱曲），《国民教育指导月刊》（桂林）第4期。

279.《中华儿童教育社社歌》（陶行知、吴研因词，赵元任曲），《活教育》第3期。

1942 年

280. 吴研因等编著：《教育行政与视导》，重庆：中央训练委员会。

281. 洪宝林、吴研因、钱卓升编著：《幼稚教育大纲》，重庆：中央训练委员会。

282.《并肩作战》（混声四部合唱）（吴研因词，陆华柏曲），《音乐与美术》第3期。

1943 年

283. 吴研因、孙邦正编：《中心国民学校的设施（上篇）》，重庆：教育部国民教育司、国民教育辅导研究委员会。

1944 年

284.《小学写字教学的实际问题》，《国民教育指导月刊》（永安）第2期。

1945 年

285. 吴研因、吴增芥、沈明达、曹懋唐编著：《新教育行政公文书牍大全》，上海：新生书局。

1946 年

286.《悼陶行知吾友》（诗歌），《风下》总第37期。

1947 年

287.《师范教育的新路线》，《大公报》(上海) 4 月 9 日。

1948 年

288. 吴研因等编:《辞渊》，上海: 青光书局。

289.《柏庐先生六十初度示以佳作次韵呈政》，《教育通讯》(汉口)复刊第 5 期。

290.《柏翁六旬诸友为之称觞祝寿夫人在座翁即席赋诗因次韵晋祝》，《教育通讯》(汉口) 复刊第 5 期。

1949 年

291. 吴研因、叶岛著:《基本教育》，上海: 中华书局。

1950 年

292.《美帝侵略下菲律宾教育的真相》，《人民教育》第 2 期。

293.《试论旧有小学教育的特质》，《人民教育》第 3 期。

1952 年

294.《北京市小学实验五年一贯制两年来的初步经验》，《人民教育》第 12 期。

295.《关于小学五年一贯制的几个问题》，《新华月报》(北京) 第 9 期。

1953 年

296.《对今年的小学毕业生讲几句话》，《小学教师》(北京) 第 7 期。

297.《各地区对小学试用课本语文第一册的批评建议》，《人民教育》第 11 期。

1954 年

298.《不升中学，将来能参加祖国的建设吗?》，收录于山东人民出版编：《高小毕业学习的前途问题》，济南：山东人民出版社。

299.《必须认真地继续进行整顿和改进小学教育工作》，《小学教师》(北京) 第 6 期。

300.《教师必须严肃地对待课本》，《小学教师》(北京) 第 7 期。

301.《认真推行少年广播体操》，《小学教师》(北京) 第 8 期。

1955 年

302.《"小学生守则"产生的经过和根据》，《小学教师》(北京) 第 3 期。

303.《关于语言统一、标准语和注音字母教学的一些问题》，《小学教师》(北京) 总第 37 期。

304.《小学教师必须立即学习并推行以"北京语音为标准音的普通话"——民族共同语》，《小学教师》(北京) 总第 39 期。

305.《读"关于小学语文教材的几个问题"——我对小学语文教材的主张兼答刘御先生》，《人民教育》第 1 期。

306.《关于"小学生守则"的一些说明》，《教育工作》(南昌) 第 5 期。

1956 年

307.《我不反对"全面发展、因材施教"的提法》，《人民教育》第 10 期。

308.《对小学教师说几句话》，《光明日报》6 月 1 日。

309.《努力做好儿童图书的指导阅读工作》，《教师报》(西安) 6 月 1 日。

310.《尊重中小学教师 (专论)》，《文汇报》10 月 4 日。

311.《教育生活回忆——文学和常识分家的主张》，《文汇报》12 月 26 日。

312.《为争取和平解放台湾试作旧诗两首》,《人民日报》10 月 17 日。

1957 年

313. 吴研因编:《小学生守则和实施原则说明》,北京:文化教育出版社。

314.《教育生活回忆——诗歌的民族形式和传统读法》,《文汇报》第 12 期。

315.《用文艺作品为语文教材》,《文汇报》1 月 19 日。

316.《教育生活回忆——常识性教材和应用文的物话化》,《文汇报》2 月 13 日。

317.《为幼儿教育事业而欢呼》,《学前教育》第 1 期。

318.《对城乡中小学教育工作的意见》,《人民日报》3 月 25 日。

319.《台湾的教育工作者应该自救并且救救青年们》,《人民日报》3 月 25 日。

1964 年

320.《对整理汉字和减轻学生负担的意见》,《文字改革》第 6 期。

321.《赞成精简通用汉字》,《光明日报》10 月 14 日。

1968 年

322.《我对"建议"的看法:"关于公办小学下放到大队来办"》,《人民日报》12 月 2 日。

后　记

　　作为既在民国又在中华人民共和国担任过小学教育司司长的著名教育家，吴研因先生在我国近现代基础教育百年史上有很高的声誉，他以自己在初等教育、语文教育教学和教材编写出版方面的丰富学识和深厚造诣，在教育领域发挥了重要引领作用。他的杰出业绩将永载中国近现代基础教育史册。他的一生富有传奇色彩，他只受过中等师范教育，没有上过大学，经过刻苦自学，逐步从一个普通小学教师成长为驰名全国的初等教育大家。他毕生献身于我国基础教育事业的经历，堪称我国近现代小学教育研究和实践探索的缩影。特别是新中国成立前夕，他毅然留在大陆，积极参加新中国教育建设，成为新中国初等教育事业的主要开拓者和奠基人之一，为新中国基础教育改革发展作出了重要贡献。为了表达对吴研因先生的敬意和缅怀之情，我在 2015 年吴研因先生逝世 40 周年之际，撰写了《吴研因语文教育思想片论》一文，于当年发表在人民教育出版社主办的《小学语文》第 5 期上。2016 年 6 月 22 日，我又在《中华读书报》发表了《推动"鸟言兽语"进民国教材的吴研因》一文。

　　吴研因先生还是著名爱国民主人士。他早年即为进步教育事业而奔走呼号。新中国成立后的 1950 年，他正式加入中国民主促进会。1955

年 3 月，他当选民进中央文教委员会副主任委员。1956 年，当选民进中央常委，1958 年再次当选。1959 年起任全国政协常委。作为民进系统的著名教育家，他立足基础教育，积极参政议政，成绩斐然。2021年，为了总结中国共产党的百年伟大历程和经验，回顾民进先辈在党的领导下在国家教育事业发展中所留下的光辉印记，民进中央特组织编写出版了《民进名人录》第二辑（开明出版社 2021 年版）。我受邀撰写的《20 世纪中国小学教育的卓越贡献者吴研因》一文被收录进该书。2022 年 1 月 12 日，我参加了朱永新先生主持召开的民进系统教育家丛书出版项目线上推进会。会后，丛书定名为"开明教育书系"，正式确定由我负责《吴研因教育文选》的选编工作。可以说，本书的选编过程也是笔者进一步学习的过程。伴随着我对吴研因先生教育事迹的了解不断深入，我对其教育思想的学习研究和论著整理也不断推进。

按照"开明教育书系"的总体设计，我力图对吴研因先生的教育论著精选精编，以重点体现吴研因先生在中国近现代教育史上不同历史时期教育理论和实践的贡献。本书按论文、标准、提案、演讲、报告、序言等分类别群，包括"课程标准""教材研究（上）""教材研究（下）""儿童读物研究""教学研究""师生研究"等共六辑。书后还附录了《吴研因著述年表》，以供读者进一步研习时参考。在本书选编过程中，充分利用了网络资源并参考了有关图书，虽已尽力整理，但仍有进一步补充完善的空间。本书尽量反映教育文献的历史原貌，为便于读者阅读，笔者对少量文章进行了必要的校勘和技术性处理。囿于水平，本书选编或有不当，祈盼读者批评指正！

在本书编选过程中，民进中央、"开明教育书系"编委会和开明出版社有关领导给予了大力指导，陈滨滨先生和卓玥女士等领导和编审人员提供了热诚帮助。谨此一并致谢！

2023 年 10 月于北京

开明教育书系（第一辑）

不安故常
——俞子夷教育文选
俞子夷著　丁道勇选编
定价：85.00 元

谋求适合中国国情的教育
——杨东莼教育文选
杨东莼著　周洪宇选编
定价：65.00 元

新人的产生
——周建人教育文选
周建人著　朱永新 周慧梅选编
定价：75.00 元

改造我们的教育
——董纯才教育文选
董纯才著　姚宏杰 王玲选编
定价：85.00 元

造就女界领袖
——吴贻芳教育文选
吴贻芳著　吴贤友选编
定价：50.00 元

教学是最渊博最复杂的艺术
——傅任敢教育文选
傅任敢著　李燕选编
定价：65.00 元

教是为了不需要教
——叶圣陶教育文选
叶圣陶著　朱永新选编
定价：130.00 元（全二册）

教育必须是科学的
——陈一百教育文选
陈一百著　裴云选编
定价：60.00 元

教育要配合实践
——车向忱教育文选
车向忱著　车红选编
定价：70.00 元

生命·生活·生态
——顾黄初教育文选
顾黄初著　梁好选编
定价：75.00 元

图书在版编目（CIP）数据

办教育要有精神：吴研因教育文选／吴研因著；
刘立德选编. --北京：开明出版社，2024.5
（开明教育书系／蔡达峰主编）
ISBN 978-7-5131-8694-0

Ⅰ.①办… Ⅱ.①吴… ②刘… Ⅲ.①教育–文集
Ⅳ.①G4-53

中国国家版本馆 CIP 数据核字（2024）第 011144 号

出 版 人：陈滨滨
责任编辑：程　刚　卓　玥

办教育要有精神：吴研因教育文选
BANJIAOYUYAOYOUJINGSHEN：WUYANYINJIAOYUWENXUAN

出　　版：开明出版社
　　　　　（北京海淀区西三环北路 25 号　　邮编 100089）
印　　刷：保定市中画美凯印刷有限公司
开　　本：710mm×1000mm　1/16
印　　张：22.75
字　　数：293 千字
版　　次：2024 年 5 月第 1 版
印　　次：2024 年 5 月第 1 次印刷
定　　价：78.00 元

印刷、装订质量问题，出版社负责调换。联系电话：（010）88817647